Michael White | Tom Corcoran
REBUILT

Michael White | Tom Corcoran

Die Geschichte
einer katholischen Pfarrgemeinde

REBUILT

Gläubige aufrütteln
Verlorengegangene erreichen
Kirche eine Bedeutung geben

Pastoral Innovation

Impressum

Titel des Originals: Rebuilt by Michael White and Tom Corcoran
Publisher: Ave Maria Press, USA 2013
www.avemariapress.com

2. Auflage 2016

Übersetzung: Elisabeth Fritzl
Lektorat: Johannes Seidel
Gestaltung und Herstellung: Tina Gerstenmayer
D&K Publishing Service, 1070 Wien, Austria

Bildverwendung:
Seite 5: Foto Fischer
Seite 17 und 206: Pfarrgemeinde Nativity
Seite 33, 42, 51, 63, 80, 124, 175: D&K
Seite 97, 137, 240, 252: istockphoto.com
Seite 157: Pastoralinnovation
Seite 192: durch Unterstützung von Dechant Walter Pischtiak
Seite 223: Plank: Osterkerze von Maria Klass, Pfarrgemeinde Graz Liebenau
ISBN: 978-3-95042-500-0
www.pastoralinnovation.org

... ZUR DEUTSCHEN ÜBERSETZUNG VON REBUILT

Wo wachsen Pfarrgemeinden und kirchliche Gemeinschaften? Es gibt auch einige wenige Pfarrgemeinden, die sprühen vor neuem Leben – wie z.b. die Catholic Church of the Nativity bei Baltimore, deren Weg in diesem Buch beschrieben wird.

Wem die Frohe Botschaft und eine lebendige und lebensnahe Kirche am Herzen liegt, findet in diesem Erfahrungsbericht von Pfarrer Michael White und Tom Corcoran eine Quelle, wie sich Vision und Strategie zu einem fruchtbaren Weg verbinden lassen.

Die wachsende Partnerschaft zwischen der Church of the NATIVITY und PASTORALINNOVATION bringt immer mehr Früchte. Das Innovationsforum PfinXten, die Pfarrentwicklungsprogramme und Besuche bei wachsenden Kirchen ermöglichen begründete Hoffnung und inspirierende Perspektiven.

Für das Zustandekommen dieser deutschsprachigen Ausgabe danke ich u.a. Bischof Alois Schwarz, Tina Gerstenmayer von D&K Publishing und last but not least Elisabeth Fritzl für die ehrenamtliche Übersetzungsarbeit und Johannes Seidel für das Lektorat.

Dr. Georg Plank – PASTORALINNOVATION
Graz, Christkönigsfest 2016

Vorworte
zum Buch

Ich lernte Pfarrer Michael White beim Innovationsforum PfinXten kennen. Er erzählte in einfachen Worten vom mühsamen, aber fruchtbaren Weg seiner Pfarrgemeinde. Aus ständigem Niedergang entstand neues Wachstum. Meine ursprüngliche Skepsis, ob sich amerikanische Erfahrungen auf die österreichische Wirklichkeit übertragen ließen, machte bald Faszination Platz. Denn vieles, wovon dieser bescheidene Pfarrer berichtete, kam mir nur allzu bekannt vor. Da gibt es so viel Engagement, so viele Bemühungen – und dennoch nur magere Früchte Dabei kann man lernen, seine Pfarrgemeinde so zu beackern, dass gute Früchte gedeihen. Innovation durch den Heiligen Geist vollzieht sich in ganz normalen Menschen wie Du und ich.

Dr. Alois Schwarz,
Diözesanbischof von Gurk–Klagenfurt

Ich bin überaus dankbar, dass ich die Church of the Nativity kennen lernen konnte. Was ich dabei erlebt habe, ist ein starkes Signal „wider die Resignation"! Während in unseren Pfarrgemeinden vieles rückläufig ist, habe ich in Baltimore die Erfahrung machen dürfen, dass auch heute Wachstum in der Kirche möglich ist. Beeindruckt hat mich in dieser Pfarrgemeinde die starke Betonung der Jüngerschaft Jesu, die Ernsthaftigkeit der Verkündigung, die lebendige Feier der Gottesdienste und die spürbare Freude der vielen Mitarbeiterinnen und Mitarbeiter, Kirche zu sein und an ihr weiterbauen zu dürfen. Durch den Besuch dieser Pfarrgemeinde bin ich voll motiviert, einiges von dem, was ich dort gesehen habe, auch bei uns umzusetzen.

Dr. Hansjörg Hofer,
Generalvikar der Erzdiözese Salzburg

Sie haben die Hoffnung schon aufgegeben? Sie sagen, die Worte „christliche Gemeinde" und „wachsen" passen nicht zusammen? Ich lade Sie ein, dieses Buch zu lesen und sich mitnehmen zu lassen auf eine spannende Reise durch alle Tiefen und Höhen eines Lebens in einer christlichen Gemeinde. Auf der Etappe „eigene Glaubensreflexion" sind Sie herausgefordert, sich der eigenen Praxis und den Möglichkeiten des Wachstums zu stellen.

Achtung! Die Etappe „Reise zu den Menschen, die nicht (mehr) da sind" wird Ihnen Räume eröffnen, die so anregend sind, dass Sie Lust bekommen, noch heute in der eigenen Gemeinde zu beginnen.

Mag[a]. Klaudia Achleitner,
Theologin,
Gemeindeberaterin und Organisationsentwicklerin
in der Erzdiözese Salzburg

„Rebuilt" ist trotz der Unterschiede zwischen den USA und Europa unbedingt lesenswert, weil wir doch eine Kirche sind und Wiederbelebung brauchen. Und weil es in „Rebuilt" auch um Prinzipien geht, die zeit-und kulturübergreifend gelten. Nicht die Lektüre dieses Buches, sondern die Transferleistung ist höchst anspruchsvoll. Denn für seine eigene Pfarrei zu profitieren, erfordert viel: Kommunikation mit denen, die ebenfalls engagiert sind, und mit denen, die ganz außen stehen; Wertschätzung aller; Vertrauen, auch in die Kraft des Gebets. Und Mut. Denn Kirche muss sich verändern und daran auch noch Freude haben. Dass das möglich ist, zeigt dieses Buch.

Dr. Claudia Maria Korsmeier,
Vorsitzende des Pfarreirats
der Pfarrei St. Liudger in Münster

Rebuilt hat mich erwischt! Beim Lesen des Buches wurde mit klar, was es heißt, für seine Gemeinde Hoffnung zu haben. Ich hatte sie nicht mehr. Ich habe viel gearbeitet in den letzten Jahren, habe viel fusioniert und organisiert und restrukturiert und so weiter. Aber Hoffnung für die Pastoral? Hier bei uns? Eine Wende im Untergang, der schon seit Jahrzehnten läuft? Damit habe ich nicht mehr gerechnet und nicht mehr darauf gehofft. Was mir am wertvollsten ist: Ansetzen bei den „Verlorenengegangenen" und „Jüngerschaft bilden". Nicht von den Bedürfnissen der Restgemeinden, sondern aus der Perspektive der „Verorengegangenen" muss die Gemeinde neu werden. Und statt „niederschwelliger" Konsumangebote in die anspruchsvolle gemeinsame Jüngerschaft einladen.

Pfarrer Dr. Christian Schmitt,
Münster, St. Liudger

Wenn ich dieses Buch mit Adjektiven charakterisieren sollte, wären es diese: erfrischend und Mut machend, weit und tief, absolut und realistisch, anfordernd und ehrlich, mutig und vertrauend. Der Blick von Michael White und Tom Corcoran ist weit. Er sieht die Fernen und die Nahen und er sieht sie als Menschen, die in die Nachfolge Jesu berufen sind und immer tiefer in die Jüngerschaft hineinwachsen können. Ein echter Eifer für die Seelen, der die Autoren in gutem Sinne ruhelos sein lässt, ist spürbar und hat Ansteckungspotential! Jüngerschaft ist nicht etwas Elitäres, sondern der Normalfall des Christseins. Wie ermutigend für uns zu hören, dass Kirche dort wächst, wo Christen ihre Jüngerschaft leben!

Alexa Weber,
Pastoralassistentin im Erzbistum München

Was mich an Rebuilt fasziniert, ist das "t" in diesem Wort. Es ist schon etwas geschehen! Woran nur noch wenige glauben, kann man in Nativity erleben: Katholische Pfarrgemeinden sind keine sterbende Struktur! (Papst Franziskus) Durch die innere Beweglichkeit und die missionarische Kreativität des Pfarrers und der ganzen Nativity-Gemeinde ist sie zu einer evangelisierenden und Jünger-bildenden Gemeinschaft geworden (EG 21), zum Vorbild für immer mehr Gemeinden. Für mich waren die Erfahrung in Baltimore und die Teilnahme an einer der über 100 Kleingruppen ein großer Ansporn. Ich freue mich, dass ich diese "Erneuerungsbewegung" mit meiner Arbeit bei Pastoralinnovation unterstützen darf. Wir leben in einer spannenden Zeit. Nützen wir sie gemeinsam.

Johannes Seidel, dipl. theol.,
seit Oktober 2016 im Team
von PASTORALINNOVATION

Wir haben in den letzten Jahren einiges darangesetzt, um unsere Pfarrgemeinden zu erneuern. Vieles jedoch basierte nur auf Theorie oder war enthusiastisch unstrukturiert. Kostbare Energie ging verloren. Wir haben den ersehnten Wiederaufbau mit zu vielen Appellen und überzogenem Aktivismus versucht. Pfarrer Michael White hat mich gerade deshalb durch sein unaufgeregtes Reden, Tun und Auftreten beeindruckt. Ganz nüchtern und klar benennt er die wichtigsten Baustellen heutiger Pastoral und spricht zeugnishaft von den wichtigsten Sanierungsmaßnahmen. Er erzählt von der Fruchtbarkeit einer systematischen und vom Heiligen Geist geleiteten Aufbauarbeit. Falls sich also in einem Pfarrbetrieb von Ermüdung und Überforderung einstellen, sollte man REBUILT zur Hand nehmen. Es ist eine effektive Präventivmaßnahme gegen pastorales Burnout, oder – falls ein solches bereits eingetreten ist – eine langfristige therapeutische Strategie zur Genesung.

Hermann Glettler
Bischofsvikar für Evangelisation und Caritas
der Diözese Graz-Seckau

Demnächst erscheinen weitere Übersetzungen:

Michael White, Tom Corcoran
TOOLS FOR REBUILDING

Christopher Wesley
REBUILDING YOUTH MINISTRY

Michael White, Tom Corcoran
REBUILDING YOUR MESSAGE

Michael White, Tom Corcoran
THE REBUILT FIELD GUIDE

Anfragen bitte an:
kontakt@pastoralinnovation.org

Detailinformationen und Materialien unter:
www.rebuiltparish.com
www.churchnativity.tv

INHALT

Die Pfarrgemeinde ist ein Ort, an dem die Kirche lebt. Pfarrgemeinden sind Gemeinschaften von Glaube, Taten und Hoffnung. Sie sind dort, wo das Evangelium verkündet und gefeiert wird, wo Glaubende geformt und gesandt werden, um die Erde zu erneuern. Pfarrgemeinden sind die Heimat christlicher Gemeinschaften; sie sind das Herz unserer Kirche.
US-amerikanische Bischofskonferenz (USCCB)[1]

Wir widmen dieses Buch:

Unserem Erzbischof für gute Leitung und für seine Freundschaft

Den Priestern der Erzdiözese Baltimore für inspirierende Beispiele und fruchtbaren Dienst

Dem Gründungspfarrer und den Mitgliedern der Pfarrgemeinde Nativity für eine gute Grundlage

Ave Maria Press für eine Plattform

Unseren Mitarbeitern/innen bei diesem Projekt für ihre Weisheit

Unseren Pfarrmitgliedern für ihre Begeisterung

Unserem Team für seinen Mut

Unseren Eltern für ihre Liebe

Tom: meiner Frau, die die Kinder zu Bett brachte, damit ich schreiben konnte

Gott, dafür, dass er zwei durch und durch unvollkommene Instrumente für sein großartiges Werk benutzt und dadurch beweist, dass – ohne den Schatten eines Zweifels – alles Gnade ist

VORWORT

E ine meiner erfreulichsten Aufgaben als Erzbischof ist die Visitation unserer Pfarrgemeinden, und wenn es nach mir ginge, würde ich mehr Zeit damit verbringen. In der Erzdiözese New York gibt es eine große Vielfalt an Pfarren. Unabhängig von Größe, Stil, Kultur oder Sprache gibt es dort viele Menschen, die ihre Pfarrgemeinden lieben. Pfarrgemeinden sind die Außenbereiche der Kirche und der Neuevangelisierung!

Und daher liebe ich dieses Buch. „Rebuilt" ist nichts anderes als die Geschichte einer Pfarrgemeinde, die aus der Perspektive eines Pfarrers und eines Pastoralassistenten geschrieben wurde. Pfarrer Michael White, den ich seit vielen Jahren kenne, und sein Mitarbeiter Tom Corcoran erzählen uns mit beeindruckender Ehrlichkeit und mit Humor, was sie erlebt haben. Durch Versuch und Irrtum, durch Erfolg und Misserfolg und mithilfe einiger unerwarteter Erfahrungen lernten sie eine Menge über das Leben in einer Pfarrgemeinde. Vor allem lernten sie, sich in ihre Pfarrgemeinde zu verlieben.

Von Anfang bis Ende bieten die Autoren wertvolle und hilfreiche Zugänge, die einfach auf andere Pfarrgemeinden übertragbar sind. Das Buch ist gleichermaßen eine reiche Quelle für Pfarrer, Mitarbei-ter/innen und Pfarrmitglieder. Darüber hinaus nimmt es die Neuevangelisierung ernst und zeigt anderen ebenfalls Wege auf. Der Zugang, den Sie hier finden werden, ist begründet in der Schrift und zutiefst einfach. Er ist auch durch und durch katholisch und versucht gleichzeitig, Menschen *neu* für die Kirche zu begeistern, indem sie den katholischen Glauben wieder entdecken, und jene zu erreichen, die *nicht* da sind.

Katholische Christ/innen, die ihren Glauben nicht mehr leben, sind den Autoren ein echtes Herzensanliegen. Diese Gruppe ist in unserem Land im Wachsen begriffen; das ist eine traurige Tatsache, die Aufmerksamkeit von uns verlangt und die verdient, dass wir unser Bestes tun, damit sich eine Trendwende einstellt und so die Menschen wieder heimfinden. Wir brauchen unbedingt auf *Pfarrebene* eine Strategie der Evangelisierung, die bei nicht aktiven und ehemaligen Katholik/innen anknüpft. Eine solche Strategie wird in Zukunft die Schlüsselfrage in unserem Pfarrleben sein. In diesem Buch finden wir eine modellhafte Antwort auf diese Frage, die funktionieren kann. Daher ist „Rebuilt" eines der wichtigsten Bücher in unserem Dienst in den Pfarrgemeinden in unserer Generation.

Wenn Sie Ihre Pfarre lieben, lesen Sie dieses Buch!

Kardinal Timothy Michael Dolan
Erzbischof von New York
27. September 2012

„Insbesondere die vorrangige pastorale Aufgabe der Neu-Evangelisierung, die das ganze Volk Gottes betrifft und einen neuen Eifer, neue Methoden und eine neue Ausdruckskraft für die Verkündigung und das Zeugnis des Evangeliums fordert, verlangt heute Priester, die radikal und vollständig in das Geheimnis Christi eingetaucht und fähig sind, einen neuen, von der tiefen Verbundenheit mit dem Papst, den Bischöfen und untereinander und von einer fruchtbaren Zusammenarbeit mit den gläubigen Laien gekennzeichneten pastoralen Lebensstil zu verwirklichen in der Achtung und Förderung der verschiedenen Rollen, Charismen und Dienste innerhalb der kirchlichen Gemeinschaft."
Papst Johannes Paul II.[2]

EINLEITUNG

In diesem Buch geht es um die örtliche Kirchengemeinde, die Katholik/innen ihre Pfarrgemeinde nennen. Wir sind zwei Männer – ein katholischer Pfarrer und sein Laienmitarbeiter –, die seit einigen Jahren in einer Pfarrgemeinde arbeiten. Das ist wohl die grundlegende Qualifikation für uns, um dieses Buch zu schreiben. In der Tat ist es unsere *einzige* Qualifikation und, um ehrlich zu sein, waren wir eine Zeit lang nicht einmal darin besonders gut.

Was die Pfarrgemeinde angeht, hatten wir mehr als genug an kleineren und größeren Katastrophen. Es ist kaum zu beschreiben, wie viele Fehlstarts und Bruchlandungen wir erlitten. Wir waren gestresst, ausgebrannt, zerschlagen, wir waren besiegt. Es gab Tage, an denen wir aufgeben wollten. Es gab Tage, die zu Wochen und Monaten wurden, in denen wir aufgeben wollten. Manchmal bestand unser Beten nur darin, dass wir Gott anflehten, er möge uns woanders hinschicken. Manchmal waren wir so weit, dass wir lieber Fast food in *Camden Yards* verkauft hätten als in unserer Pfarre zu bleiben. So wenig wir uns damals vorstellen konnten, in einer Pfarrgemeinde zu arbeiten, so wenig können wir uns jetzt etwas anderes vorstellen. Und genau darüber möchten wir Ihnen etwas erzählen.

Eines möchten wir klar sagen: Wir sind ziemlich durchschnittliche Menschen. Sollten Sie uns kennenlernen, würden Sie das sofort bemerken. Wir waren keine Vorzugsschüler – nicht einmal annähernd! Wir bringen auch weder tiefe Weisheit noch bahnbrechende Einsichten in dieses Projekt ein. Wir sind mit Sicherheit keine Visionäre. Dennoch erhaschten wir einen flüchtigen Blick auf das erstaunliche Wirken Gottes in unserer Gemeinde, an dem wir teilhaben dürfen. Darüber möchten wir Ihnen ebenfalls erzählen.[3]

Wir schreiben für Pfarrer, Pastoralassistent/innen, angestellte Mitarbeiter/innen, Diakone, Seminaristen, Verantwortliche in der Jugendpastoral und freiwillige Mitarbeiter/innen. Selbst wenn Sie nur werfenein nur die Gottesdienste besuchen, aber Ihre örtliche Pfarrgemeinde schätzen und deren fundamentale und wichtige Rolle in Ihrem Leben anerkennen, ist das ein Buch für Sie.

Besonders möchten wir die Besorgten unter Ihnen ansprechen, die der Meinung sind, dass einiges in vielen Pfarrgemeinden heute nicht so gut läuft. Ein einziges, einfaches Faktum macht das Problem sichtbar: Eine von drei katholisch erzogenen Personen hat sich von der Kirche entfernt, wodurch „ehemalige Katholik/innen" die drittgrößte Gruppe in unserem Land ausmachen.

Vielen Menschen wären nur allzu gern bereit, Ihnen zu sagen, warum das so ist und wie man es ändern kann. Doch viele der Argumente, die wir gehört haben, verkennen das Problem und begreifen es nicht. Wir glauben, dass es ein kulturelles Problem ist. Kultur ist eine starke Mischung aus Wissen, Glaube und Verhalten, die alle in einer Organisation teilen, und diese Kultur kann eine der stärksten Kräfte sein. Sie beeinflusst alles: Enthusiasmus und Moral, Produktivität und Kreativität, Effektivität und Erfolg. Bei allem, worum es in einer Gruppe geht, ist Kultur wichtiger als eine Vision oder ein Auftrag.[4] *Jede* Organisation hat eine Kultur. Wir glauben, dass eines der gravierendsten Probleme in der Kirche heutzutage die Kultur ist, und genau das ist der Punkt: Das ist ein Problem der Pfarrgemeinden. Tatsächlich ist es *das* Problem der Pfarrgemeinde. Es gibt „kulturelle" Probleme, die anscheinend alle Pfarrgemeinden gemeinsam haben, seien es große oder kleine, wachsende oder schrumpfende, urbane, suburbane, ländliche, nordöstliche, südwestliche und überall dazwischen, Spanisch sprechende, multikulturelle, asiatische, afro-amerikanische. Diese Probleme werden sicherlich noch verschärft durch die erschütternden Veränderungen, die die katholische Kirche in diesem Land erlebt und die in einigen Regionen dazu führen, dass Gemeinden aufgelöst, zusammengelegt oder neu strukturiert werden. Vieles funktioniert nicht mehr so, wie es sollte, und es findet auch keine fruchtbare Diskussion darüber statt, *warum* das so ist oder *wie* es mit dem Exodus unserer Mitglieder in Zusammenhang steht. Ein Autor den wir sehr schätzen, Gabe Lyons, drückt es so aus:

„Kulturen sind wie Wolken. Sie entstehen als Nebenprodukte vorherrschender Konditionen. Sie enthüllen die Strömungen, die Einfluss auf die Welt nehmen, während sie über die Landschaft ziehen. Und wenn Sie mitten drin sind, ist es schwierig zu sehen, was um sie herum geschieht."[5]

Wir bieten dieses Buch Menschen an, die eine Ahnung oder sogar wie wir eine Überzeugung haben, dass die Dinge besser werden könnten. Sie wissen es bereits, es fällt ihnen nur schwer zu sehen, was wirklich passiert. Wir schreiben dieses Buch, um unsere Geschichte zu erzählen: was uns passiert ist, was wir gelernt haben und was wir darüber wissen, was in einer Pfarre in Timonium, Maryland, genau heute funktioniert.

Wie Sie sehen werden, haben wir uns nicht so sehr mit Fragen betreffend Ekklesiologie, Kirchenrecht und katechetischer Praxis beschäftigt. Wir vermeiden schwierige, aber festgelegte Themen, und im Minenfeld der Liturgie haben wir versucht, sehr vorsichtig vor-

zugehen. Wir interessieren uns für die „Kultur" unserer Pfarrgemeinde. Denn genau die Kultur ist es, die wir mithilfe einer neuen
Strategie verändern wollten. Ein Zuwachs der Mitgliederzahl ist die
erste und offensichtliche Frucht. Während unsere Nachbarschaft
nicht wächst, tut es unsere Gemeinde. Tatsächlich kommen wir mittlerweile mit unserer Infrastruktur nicht mehr aus.

Der Grund, warum Sie dieses Buch lesen sollten, ist, weil Sie Ihre Pfarrgemeinde ebenfalls wiederaufbauen bzw. eine gesunde Pfarrgemeinde entwickeln können.

Andere Früchte unserer neuen Strategie sind drastisch gestiegene Spenden, es gibt viel mehr Freiwillige und Dienste und ständig mehr Schwung und Begeisterung.
Weniger messbar, aber wichtiger, gibt es Hinweise auf einen lebhaften, authentischen katholischen und spirituellen Wiederaufbau unserer Gemeinde. Nun aber zu Ihnen, den Lesern und Leserinnen dieses Buches: Der Grund, warum Sie dieses Buch lesen sollten, ist, weil Sie – mit Gottes Gnade – Ihre Pfarre ebenfalls wiederaufbauen können bzw. eine gesunde Pfarre entwickeln können.

Wir geben nicht vor, irgendetwas über Ihre Gemeinde zu wissen, oder was dort funktionieren könnte. Wir bemühen uns, Ihre Herausforderungen und Bemühungen zu respektieren. Selbstverständlich wird nicht jede Kleinigkeit, die wir erörtern, überall umsetzbar sein. Unsere Strategie muss in Ihre Situation übersetzt werden, damit sie überhaupt funktionieren kann. Wir gehen auch nicht davon aus, dass alle unsere Grundsätze auf Ihre Pfarre übertragbar sind. Doch wir glauben, dass die meisten davon übertagbar sind.

In welcher Pfarrgemeinde Sie auch sind, welche Sie auch leiten, welche Kultur in Ihrer Gemeinde vorherrscht, Sie können eine gesunde Pfarrgemeinde entwickeln. Lenken Sie ihr Augenmerk nicht nur auf die Menschen in den Kirchenbänken, sondern auf die Menschen, die nicht da sind Bereiten Sie ihnen einen Weg, um zu Ihnen zu kommen und begleiten Sie sowohl die Kirchgeher/innen als auch

die Neuen dabei, die Jüngerschaft Jesu Christi zu leben. So können
Sie die Kultur Ihrer Pfarrgemeinde wiederaufbauen und der Kirche
wieder eine Bedeutung geben. Als Unterstützung auf diesem Weg
bieten wir Ihnen gerne im Internet Handwerkszeug als Starthilfe an.
Hinweise für „Schritte, die Sie in Ihrer Pfarrgemeinde gehen können", Checklisten und anderes Material als Gratis-Download, Video-
Inputs zu „Wollen Sie mehr wissen? Wollen Sie tiefer gehen?".
Erhältlich sind die Materialien auf *rebuiltparish.com*. Mehr Informationen dazu auch im dritten Teil dieses Buches.

Sie schaffen das!

HINFÜHRUNG: GENÜGEND PARKPLÄTZE

„Weh, wie einsam sitzt da die einst so volkreiche Stadt."
(Klg 1,1)

Erlauben Sie uns in der Hinführung eine starke Vereinfachung. Sie
können die Geschichte der katholischen Kirche in den Vereinigten
Staaten zusammenfassen, wenn Sie das Zitat aus *Field of Dreams*[6] einfach umdrehen: *„Sie sind gekommen; beginnen Sie zu bauen."* Generation um Generation kamen Katholik/innen in Amerika an, viele von
ihnen gründeten Familien, nicht wenige davon große Familien.
Wenn eine Kirche zu klein wurde, baute man eine neue, nicht selten
in derselben Straße. Das sehen wir hier ganz deutlich im Norden
von Baltimore, besonders im York Road Tal, wo es eine ganze Reihe
von katholischen Kirchen gibt zwischen dem Hafen von Baltimore
bis zur Grenze von Pennsylvania.

Die meisten Katholik/innen, die in diesem Land ankamen, waren
arm und verletzlich. Die meisten wurden in der amerikanischen Gesellschaft marginalisiert, genauso, wie es in ihren Herkunftsländern
der Fall war. Man muss es der Kirche auf ewig zugutehalten, dass sie
sich um die Basisversorgung dieser Immigrant/innen kümmerte.
Neben der Seelsorge stellte die Kirche sehr oft medizinische Versor-

gung, Schulbildung und Netzwerke sozialer Unterstützung bereit. Katholik/innen bauten Krankenhäuser, Schulen und Waisenhäuser und Kirchen. Gläubige Katholik/innen befanden sich in der Rolle von **bedürftigen Konsument/innen**, und die Kirche diente ihnen hier.

Als Katholik/innen den amerikanischen Traum verfolgten und auf der wirtschaftlichen Leiter nach oben kletterten, wurden diese Grundbedürfnisse weniger dringlich, und die Beziehung der Menschen zur Kirche veränderte sich. Sie empfingen die Sakramente, nahmen seelsorgliche Angebote an, bekamen religiöse Unterweisung und soziale Unterstützung. Im Gegenzug wurde von ihnen Gehorsam verlangt. Dieser Gehorsam gegenüber Kirchengesetzen und Regeln, ja sogar gegenüber regionalen Sitten und Bräuchen, war weit verbreitet. Die Gläubigen wurden zu **fügsamen Konsument/innen**, und die neue Strategie kirchlicher Leitung war „Wir bauen; sie werden kommen".

Einige Zeit nach dem Zweiten Vatikanischen Konzil veränderte sich das Rollenbild der Pfarrkinder ein weiteres Mal. Niemand weiß, wann genau das passiert ist, aber der Knackpunkt könnte die Veröffentlichung der Enzyklika *Humanae vitae* gewesen sein, in der Papst Paul VI. die traditionelle Lehre der Kirche zur Geburtenregelung erneut festschrieb. Andere wesentliche Entwicklungen dieser Zeit waren eine Zunahme gebildeter Lai/innen und die Tatsache, dass weniger Schüler/innen katholische Schulen besuchten, die ersten Wolken in einer heraufziehenden „Berufungskrise" und der beinahe völlige Zusammenbruch der Beichtpraxis.

Gleichzeitig wurde die Welt völlig verändert: durch den Vietnamkrieg, die „Weißenflucht", die Bürgerrechtsbewegung, die sexuelle Revolution, durch tiefgehende Veränderungen in Gesundheitswesen, Nachrichtenwesen und Reisen, Infragestellung jeglicher Autorität und der Abhängigkeit von Institutionen, sowie den fortschreitenden Niedergang von institutionalisierter Religion. All diese Veränderungen innerhalb und außerhalb der Kirche mündeten in den Beginn des sogenannten „Taufscheinchristentums", das, was wir **fordernde Konsument/innen** nennen. Das wirft ein neues Licht auf eine neue Wirklichkeit: „Sie kommen nicht." Und genau hier beginnt unsere Geschichte.

TIMONIUM

Die Pfarrgemeinde, in der wir arbeiten, Church of the Nativity, war Teil einer großen Pfarrgemeinde, die 1968 aus allen Nähten zu platzen drohte. Gegen Ende des Baubooms im Norden Baltimores nach dem Zweiten Weltkrieg wurde diese Pfarrgemeinde gegründet. Das war auch das Ende der Zunahme der europäischen Katholik/innen, die bis dahin mühelos unsere Kirchenbänke gefüllt hatten.

Die Pfarrgemeinde wurde geschaffen durch eine Ankündigung von der Kanzel in der Mutterpfarre durch den neuen Pfarrer: „Wenn Sie südlich der Timonium Road wohnen, gehören Sie ab sofort zur neuen Pfarrgemeinde. Melden Sie sich bitte nächstes Wochenende in der Ridgely Road Mittelschule." Stellen Sie sich heute eine solche Ankündigung vor! 1968 konnte man noch annehmen, dass die Mehrheit aller Katholik/innen im Norden Baltimores noch regelmäßig sonntags in die Kirche gingen, und man konnte auch noch annehmen, dass sie sich sagen ließen, wohin sie zu gehen hatten.

Die Gemeinden von Lutherville und Timonium, für die diese Pfarrgemeinde da sein sollte, sind grüne und wohlhabende Vororte, wo es kaum Kriminalität, Arbeitslosigkeit und Armut gibt. Nur wenige Minderheiten sind vertreten, und oft sind diese reicher als ihre Nachbarn. Die Unterschiede beschränken sich darauf, welche Schule sie besucht haben bzw. welchem Club sie angehören. Es ist nicht das Land der Superreichen, es sind einfach Menschen, die mehr als genug haben.

Die Kirche wurde auf einem wunderschönen Gelände mit vielen Bäumen im modernen internationalen Stil errichtet. Der talentierte Gründungspfarrer hatte eine schlichte Vision eines zweckmäßigen Gebäudes, das wunderbar zur restlichen Architektur passte. Viele große Häuser wurden damals gebaut, und junge Familien wurden rasch von der neuen Kirche in ihrer Gemeinde angezogen. In ihren Anfangsjahren wuchs sie sehr rasch. Auf vielerlei Weise war sie erfolgreich und für ihre Zeit sogar innovativ. Es gab Sanitäranlagen, multifunktionale Räume und sogar bereits einen barrierefreien Zugang.

30 Jahre später: Wir kamen beide unerwartet in die Gemeinde Nativity, ohne große Ambitionen und ohne die Absicht, lange dort zu bleiben. Keiner von uns wusste, wie man eine Pfarrgemeinde leitete. Wir waren schlecht ausgebildet und dazu noch wenig interessiert.

Pfarrer Michael White: *Die meiste Zeit meines Erwachsenenlebens hatte ich bisher mit meiner Ausbildung verbracht, ich hatte Theologie studiert mit dem Schwerpunkt Ekklesiologie – also die Lehre über die Kirche an sich –, was mir für die Leitung einer Pfarrgemeinde nicht brauchbar schien. Mit Ausnahme eines kurzen Einsatzes in einer Pfarrgemeinde war mein einziger wirklicher Job bisher, der Sekretär des Erzbischofs hier in Baltimore zu sein. In dieser Rolle machte ich viele interessante Erfahrungen, die ich aber nicht wirklich in die Pfarrarbeit übersetzen konnte. Ich war eher jemand in der zweiten Reihe, der das Rampenlicht scheute, aber trotzdem irgendwie ein Macher war. Als der Kardinal mich zum Pfarrer von Nativity machte, war ich überzeugt davon, dass das nicht das Richtige sei, aber ich tat, was mir gesagt wurde. Ehrlich gesagt war ich unglücklich mit der Aufgabe. Die Probleme, die ich hier sehr bald entdeckte, weckten in mir den Wunsch, wegzugehen und ich hielt die Augen offen für andere Optionen, falls sich welche ergeben sollten.*

**Du sagst tschüss, und ich sag hallo hallo hallo.
Ich weiß nicht, warum du tschüss sagst,
ich sag hallo hallo hallo[7].**

Tom: *Ich hatte gerade ein Jahr zuvor mein Studium der Politikwissenschaften abgeschlossen, das mir viel Spaß gemacht hatte. Ich stellte mir ein Leben und einen Job irgendwo im politischen Umfeld in Washington vor; doch ein kurzer Ausflug in diese Arbeitswelt belehrte mich eines Besseren. Ungefähr zur selben Zeit bekam ich einen Anruf meiner Mentorin, die gleichzeitig eine gute Freundin von Pfarrer Michael ist. Sue muss irgendwas in mir gesehen haben, das ich selbst nicht sah, und sie stellte mich Pfarrer Michael vor, der mir schließlich einen Job als Jugendverantwortlicher anbot. Da ich verlobt war und heiraten wollte, dachte ich, dass es schlau wäre, den Job an-*

zunehmen. Ich wollte ca. zwei bis drei Jahre in Nativity bleiben, meinen Master in Politikwissenschaften machen (da ich immer noch dachte, dass meine Zukunft darin läge) und danach weiterziehen, um zu unterrichten.

Bestenfalls nahmen wir an, dass unsere Anstellung hier ein kurzer Übergang zu größeren oder sogar besseren Dingen sein würde. Wer möchte schon in einer kleinen Pfarrgemeinde in den Wäldern festsitzen? Wir nicht!

ANFÄNGLICHE BEOBACHTUNGEN

Unser eigener Mangel an Eifer und Vision deckte sich perfekt mit der Einstellung, die wir hier vorfanden. Was wir in Nativity in den späten 90er Jahren entdeckten, war eine träge und kraftlose Gemeinde, die einfach alterte. Um die Situation besser zu verstehen, engagierten wir in unserem ersten Jahr das Georgetown University's Center for Applied Research in the Apostolate, um unsere Gemeinde zu analysieren. Auf die Frage, was sie an ihrer Pfarrgemeinde anziehend fanden, reihten 96% der Befragten „gute Parkmöglichkeiten" an die erste Stelle. Folgende Dinge haben wir ebenfalls herausgefunden:

- Die Kinder hassten unseren pfarrlichen Religionsunterricht, und es war fast unmöglich, genügend freiwillige Katechet/innen zu finden. Niemand wollte sich engagieren.
- Es gab keine Jugendleiter/innen; Teenager und junge Erwachsene waren in der Pfarrgemeinde nicht präsent.
- Die Musik war nicht einfach schlecht: Sie war eine Qual für die Ohren, „bitte, bitte, bitte um Gottes willen hört auf!"
- Verschiedene Aushilfspriester sorgten für eine sehr unterschiedliche Qualität der Predigten und gaben manchmal auch unterschiedliche Botschaften.
- Die Messen am Wochenende waren wie erstarrt und deprimierend. Wenn wir nicht hier gearbeitet hätten, wären wir hier sicher nicht in die Kirche gegangen.

- Mit der Spendenfreudigkeit der Gemeinde konnten wir nicht einmal die laufenden Rechnungen bezahlen (und wir hatten ein sehr knappes Budget). In früheren Jahren gab es immer wieder einmal Defizite. Die Pfarrgemeinde hatte so gut wie keine Ersparnisse oder Reserven. Inmitten einer wohlhabenden Gemeinde waren wir eine ziemlich arme Pfarre.
- Die Gebäude waren schmutzig und teilweise nicht mehr brauchbar. Verzögerte Instandhaltung schien der Plan zu sein. Überraschend große Flächen waren zu Stauraum umfunktioniert worden, ohne dass jemand gewusst hätte, was da aufbewahrt werden soll.
- Die Außenanlagen waren vernachlässigt und überwachsen. Der Eingang sah aus, als wäre der Ort für immer geschlossen.
- Die wenigen Mitarbeiter/innen waren gespalten und zutiefst untauglich. Sie arbeiteten völlig unabhängig voneinander. Sie waren eine außergewöhnlich unproduktive Gruppe, aber fast alles, was in der Pfarrgemeinde zu tun war – vom Telefondienst bis zum Blumenschmuck –, wurde von ihnen gemacht. Tratscherei und Pausen waren das einzige, dem sie sich mit Begeisterung hingaben. Es muss dazu gesagt werden, dass sie fast gar nichts bezahlt bekamen.
- Schilder, die überall von einer nicht identifizierten Autorität angebracht waren, wiesen mit zahlreichen Ausrufezeichen auf Vorschriften hin: „Halten Sie die Türen immer geschlossen!", „Lassen Sie diesen Tisch stehen!!", „Keine Zitronen in den Müll!!!"
- Anschlagtafeln und Plakate überall versuchten die Aufmerksamkeit der Pfarrmitglieder auf alles, von vermissten Hunden bis hin zu Fundraising, zu lenken. Soweit wir wissen, ist niemals jemand stehen geblieben, um das alles zu lesen.
- Es gab einen Wochenbrief, aber es war bekannt, dass „niemand das liest". Daher wurde er an den meisten Wochenenden nach der Kommunion von der Kanzel verlesen. Wahrscheinlich sind deswegen die meisten Leute nach der Kommunion gegangen.
- Die „Freiwilligen" hatten ihre eigenen Regeln, sie fühlten sich niemandem gegenüber verantwortlich (außer vielleicht dem früheren Pfarrer). Sie waren:

1. Die Platzanweiser/Geldzähler: Diese Männer (es gab dort keine Frauen) waren die Polizeieinheit des Pfarrers, mit der Verantwortung ausgestattet, die Hausregeln des Pfarrers durchzusetzen.
2. Die Religionslehrerinnen: Niemand wusste, was diese Frauen (es gab keine Männer) in ihren Klassenzimmern taten. Und niemanden schien das zu kümmern.
3. Die Kantor/innen, Lektor/innen und Kommunionspender/innen: Ihre Aufgabe war es, sich das Rampenlicht mit dem Zelebranten zu teilen und wie absolute Insider auszusehen.

- Kleriker und Insider/innen wurden von den Pfarrmitgliedern wie Angestellte behandelt – manchmal feindselig, manchmal gleichgültig, und wenn wir wenigstens taten, was sie wollen, herablassend.

- Beschwerde war die Standardform der Kommunikation. Egal, ob eine Messintention vergessen wurde oder ob es um die Heizung ging.

- Unerklärlicherweise gab es eine selbstzufriedene und selbstgefällige Grundstimmung in der ganzen Gemeinde. Sonst gab es wenig, was sie verband.

- Abgesehen von den Leuten, die jahrelang gekommen waren, entweder aus Bequemlichkeit oder Gewohnheit, war die Pfarrgemeinde für die Kommune unbekannt und irrelevant. Die häufigste Aussage von Menschen außerhalb der Pfarre, mit denen wir ins Gespräch kamen, lautete: „Ich wusste gar nicht, dass es da hinten eine Kirche gibt."

- Angehörige einer neuen nicht konfessionsgebundenen Kirche in unserer Gegend trafen sich in einem Lagergebäude. Sie war halb so alt wie unsere, zweimal so groß, und sie war im Wachsen begriffen. Nach deren eigener Aussage waren ca. 60% von ihnen früher Katholik/innen, inklusive ihrem Pfarrer. Somit hatten sie größeren Zulauf von getauften Katholik/innen als jede katholische Pfarrgemeinde in Baltimore.

Diese Erkenntnisse überraschten und schockierten uns. Aber es gab noch eine Kleinigkeit, die wesentlich schockierender war: Unsere

Pfarrgemeinde lag im Sterben. Es hatte sich in den letzten 20 Jahren ergeben, dass zwischen 30 und 50 Personen pro Jahr entweder starben oder die Pfarrgemeinde verließen, die von niemandem ersetzt wurden.

Da wir das offensichtliche Alter der Gemeinde kannten, wussten wir, dass diese Entwicklung rasch so weitergehen würde. Wir waren auf einem stetigen und sicheren Weg des Rückgangs. Teilweise hatten wir schon das Gefühl, dass wir an einem verlassenen Ort waren.

Im Geheimen machten wir die Mitarbeiter/innen für unsere sterbende Pfarrgemeinde verantwortlich, offiziell beschuldigten wir niemanden, da wir das Problem nicht einmal zugaben. Wir haben alles getan, um das Problem zu verstecken. Trotzdem wussten wir, dass wir etwas tun wollten, um es zu lösen. Wir hatten den Eindruck, dass unsere Pfarrmitglieder wie Konsument/innen agierten, und wir hier wären, um sie zu bedienen. Die demografische Entwicklung der Kommune war stabil, wir lebten in einem wohlhabenden Gebiet, wir hatten ein neues „Macy's" (großer Warenhausbetreiber in den USA) in der Straße, also war es offensichtlich, dass wir den Grund für den Rückgang der Pfarre darin sahen, dass wir unsere Kund/innen schlecht bedienten und dass unser Produktangebot nicht gut genug war.

Wir waren auf einem stetigen und sicheren Weg des Rückgangs. Teilweise hatten wir schon das Gefühl, dass wir an einem verlassenen Ort waren.

RELIGION VERKAUFEN

Also haben wir begonnen, das zu ändern. Mit viel Anstrengung und Fantasie stellten wir Programme und Angebote zusammen, um unsere Pfarrmitglieder zu beeindrucken und sie zum Wiederkommen zu bewegen.

Für Kinder erneuerten wir den Lehrplan der Religionsstunden und führten Weiterbildungsprogramme für Lehrer/innen ein. Außerdem entwickelten wir kreative und ansprechende Events für Kinder im Jahreskreis: Frühstück mit dem Weihnachtsmann, Ostereier suchen, Puppentheater, Hirtenspiele und andere Theaterspiele.

Wir initiierten ein Programm für kirchliche Jugendarbeit, das in Wirklichkeit ein Unterhaltungsprogramm mit endlos vielen Aktivitäten war, damit sie lernten, „sich einzubringen" (damit meinten wir, dass sie einfach kommen sollten): Jugendtage, Skiausflüge, Filmabende, Übernachtungspartys und Tanzveranstaltungen.

Wir stellten talentierte Musiker/innen an, um in unseren Gottesdiensten eine breite Palette von Musikstilen auf hohem Niveau anbieten zu können. Außerdem stellten wir unsere Kirche für Konzerte und Aufführungen zur Verfügung.

Wir ließen uns verschiedene Gemeinschaftsangebote einfallen: Empfänge, Ausflüge und Lesungen. Wir überarbeiteten unseren Wochenbrief und gaben einen Hochglanzjahresbericht heraus. Wir hatten eine Webseite (lange bevor das andere Pfarrgemeinden hatten). Wir erweiterten die Fürsorge für unsere Mitglieder, so lange wir Ideen hatten: von der Bereitstellung von Agapen nach Begräbnissen bis hin zum Kaffeehausbetrieb nach jeder täglichen Messe.

Es war Zeitverschwendung. Im Nachhinein erinnerte unsere Situation an das Rennen der Roten Königin aus Lewis Carrolls „Alice im Wunderland": *„Hierzulande musst du so schnell rennen, wie du kannst, wenn du am gleichen Fleck bleiben willst."*[8]

Je mehr wir anboten, desto schneller mussten wir rennen, um am selben Platz zu bleiben. Aber je mehr wir anboten, desto mehr wurde

verlangt. Genau wie Alice, die nicht stehenblieb um darüber nachzudenken, warum sie diese absurde Übung für die unersättliche Königin machen sollte, hatten wir nicht darüber nachgedacht, warum
wir taten, was wir taten oder was wir damit erreichen wollten.

Es war uns nicht klar, aber wir hatten es mit einer Konsumkultur zu tun. Wir verstanden nicht, was das war. Die Konsumkultur entwickelte sich aus der Industrialisierung, Urbanisierung
und dem Aufkommen allgemeiner Bildung.[9] Das ist wunderbar
für ein Handelsunternehmen, das Geld verdienen will. Das ist
nicht so wunderbar, wenn Sie eine Pfarrgemeinde sind. Tatsächlich höhlt eine Konsumkultur die Zukunftsfähigkeit von Kirchengemeinden aus, weil sie die Mitglieder die Haltung oberflächlicher
Bindung und endloser Forderungen einnehmen lässt. Der Autor
Rodney Clapp drückt das folgendermaßen aus:

„Konsument/innen sind darauf konditioniert, unersättlich zu
sein. Man kann sie nie zufriedenstellen, zumindest nicht auf Dauer.
Das Menschenbild der Konsumkultur besagt, dass Personen vor
allem durch unbefriedigte Bedürfnissen bestimmt sind, die mit ent-
sprechenden Gütern oder Erfahrungen gestillt werden können.
Demzufolge sollten Konsument/innen zuerst und vor allem an sich
selbst und die Erfüllung seiner/ihrer Bedürfnisse denken."[10]

Wahrscheinlich könnte nichts diese Schlussfolgerung und diese Zeit
besser unterstreichen als unser jährliches Angebot zur Fastenzeit. Innerhalb von fünf Jahren hatten wir ein Angebot für Freitage in der
Fastenzeit entwickelt, das wir „familienfreundliche Freitage" nannten. An sechs aufeinanderfolgenden Freitagen setzten wir diese Initiative an oberste Stelle unserer Angebote.

Es war unglaublich arbeitsintensiv und erforderte viele Mitar-
beiter/innen. Es enthielt ein (gratis) Abendessen, Kinderbetreuung,
Abendprogramm und einen thematischen Impuls. Vor dem Abendessen feierten wir die Messe und danach den Kreuzweg. Wir boten
Live-Musik und sogar eine Weinbar. Hunderte Menschen kamen
und nahmen teil. Kirchliche Kolleg/innen (die sonst nicht gerade

großzügig mit Lob waren) lobten unser Angebot und wiederholten es in ihren Pfarrgemeinde . Fragen Sie uns nicht, was der Sinn dahinter war, weil wir es selbst nicht wussten. Wir taten einfach etwas, damit wir irgendetwas taten und vielleicht um das schleichende Gefühl der Irrelevanz abzuschütteln.

GRATIS-ESSEN IST NICHT GUT GENUG

Pfarrer Michael White: *Mein Leben veränderte sich an einem dieser Freitage. Es war der sechste und letzte Abend. Zu diesem Zeitpunkt schien es so, als hätten wir nie etwas anderes gemacht. Es war jedes Jahr das absolute Burnout für alle Mitarbeiter/innen. Naja, jedenfalls servierte ich gerade Abendessen (das machte ich tatsächlich), und eine Frau kam zu mir, um sich über das (GRATIS!) Essen zu beschweren. Sie war wirklich laut und unangenehm. Wirklich biestig. Und schnell fand sie Gleichgesinnte, die sich alle über das (gratis) Essen beschwerten. Irgendetwas machte Klick in mir; eine Arterie explodierte. Plötzlich (wenn man die letzten fünf Jahre nicht zählte) wusste ich, dass ich das nicht länger durchhalten könnte. Ich verschwendete meine Zeit (das war mein Leben, und ich verschwendete meine Zeit). Es war nicht nur die Undankbarkeit. Es war das Fehlen eines Ziels und der Mangel an Wirkung.*

Wir arbeiteten so hart wir konnten, aber nicht nachhaltig, und es veränderte nichts und niemanden. Es gab bei niemandem eine Veränderung. Jetzt verstand ich, warum auf der Fußmatte meines Vorgängers stand: „Gehen Sie".

TEIL I
DAS PROBLEM
BENENNEN

„Eine einzige komplexe
Wirklichkeit…"
Zweites Vatikanisches
Konzil[11]

1 KIRCHE IST NICHT EINFACH

Fünf Jahre! Fünf Jahre lang haben wir unglaublich viel Zeit und einen wahren Ozean an Energie aufgewendet, um das Beste für unsere Pfarrgemeinde zu leisten. Es hatte keinen Bestand. Das Problem war, diese Arbeit an sich war ohne Wirkung. Wir fühlten uns ausgebrannt und verbraucht. Wir waren überarbeitet und fühlten uns unterschätzt. Wir waren traurig und hatten Selbstmitleid, weil all unsere Bemühungen keine Frucht brachten. Und es war uns peinlich, dass wir traurig waren und in Selbstmitleid badeten.

WAS HATTEN WIR FALSCH GEMACHT?

Sehr viel. Hier unsere zehn Favoriten:
1. Wir nahmen an, dass je mehr und je besser wir arbeiteten, desto eher würden die Menschen reifen und sich verbindlich engagieren.
Das war falsch: Sie taten es nicht. Wir waren den ganzen Weg einer „Verkaufsreligion" gegangen. Angesichts einer erschreckenden

konsumorientierten „Ich zuerst"-Kultur nahmen wir uns der Konsument/innen an, die eigentlich nur bequem parken wollten, und machten aus ihnen gefräßige Super-Konsument/innen, die nun auch ein Abendessen gratis verlangten.

2. Wir dachten, dass, wenn wir mehr und besser arbeiteten, die Menschen automatisch mehr (Geld) geben würden.
Das war falsch: Wir hatten unterschätzt, wie schwierig es sein würde, die Spendenbereitschaft zu heben. Wir verstanden nicht, wie fest verwurzelt unsere Leute im sparsamen Umgang mit Ressourcen waren, und wie bequem es für sie war, ignorant zu bleiben, wenn es um die Kosten für die Erhaltung einer Pfarrgemeinde geht. Wir blieben also auch finanziell instabil.

3. Wenn wir mehr machten und das auch noch besser, nahmen wir an, dass Menschen sich automatisch einbringen und einspringen würden.
Das war falsch: Wir hatten keine Ahnung davon, dass sich die meisten Menschen in unseren Kirchenbänken wohl fühlten und erwarteten, dass man sie bediente. (Sie waren schließlich fordernde Konsument/innen.)

4. Wir betrachteten unsere treuen Kirchgeher/innen (Senior/innen) als unsere natürlichen Verbündeten auf unserem Weg in die Zukunft.
Das war absolut falsch! Wir hatten ihre Unnachgiebigkeit hinsichtlich jeder Veränderung unterschätzt. Jedes Mal, wenn wir einen Schritt nach vorne machten, etwas veränderten oder ausprobierten, waren sie eine verlässliche, manchmal hysterische Quelle für Beschwerden. Es gab da einen bezeichnenden Vorfall in unserem ersten Sommer hier, den ich nie vergessen werde. Wir hatten den Gang vor dem Büro ausgemalt und hängten dann die Bilder wieder auf. Also dieselben Bilder, nur in anderer Anordnung. Das führte zu einer ungeheuren Debatte, angeführt von einer Gruppe Senior/innen. Sogar der Bischof wurde eingeschaltet.

Wir waren überrascht von ihrer Ärgerlichkeit besonders jüngeren Menschen gegenüber, weil diese ihre Werte bezüglich Kirche nicht teilten. Wir verstanden ihr tiefes Gefühl des Anspruchs auf etwas, das sie hier zu bekommen erwarteten, nicht. Wir erkannten nicht, dass bereits unsere Senior/innen zu diesem Zeitpunkt die erste Generation der fordernden Konsument/innen darstellten. Katholik/innen früherer Generationen hatten katholisch sein als eine Übung betrachtet, wie man „in den Himmel kommt", indem sie die Verpflichtungen erfüllten, die die Kirche ihnen auferlegte. Unser Senioren- Konsument/innen agierten weiterhin so, allerdings ihren eigenen Autoritäten und Mustern folgend. Tatsächlich hatten sie die Liste der Verpflichtungen zu einem Paket einfacher Pflichten reduziert und erwarteten von der Pfarrgemeinde, deren leichte Erfüllbarkeit sicherzustellen.

5. Wir haben es unterschätzt, wie abgeklärt die zweite und dritte Generation der fordernden Konsument/innen geworden war.
Nun wissen wir ganz genau, dass sie sich absolut wohl fühlen, wenn sie eine lose Verbindung mit einer Institution haben, deren Ausgestaltung sie nicht mögen und deren Lehre sie nicht akzeptierten bzw. respektieren. Was sie wollen, nehmen sie sich und ignorieren alles andere.[12]

Man muss ihnen zugute halten, dass unsere Konsument/innen zielgerichtet und konsequent in ihren Forderungen sind. Sie wollen Kirche für ihre Kinder – vor allem Taufe, Erstkommunion und eine Rolle im Hirtenspiel; sie wollen Kirche als Zierelement im Familienkalender – Heiligabend, Ostersonntag, vielleicht Muttertag (abhängig von der Uhrzeit der Reservierung im Lokal); sie wollen Kommunion, wenn sie Lust haben, bei der Messe aufzutauchen (egal, ob sie in „Communio" mit der Kirche sind). Sie wollen die Kirche als Kulisse für Beerdigungen und vielleicht Hochzeiten – aber nur, wenn die Kirche schön ist (Hochzeitsfeiern hängen von der Lokalität ab).

Über das hinaus sind wir meist eine ärgerliche Ablenkung.

Aber wir waren inkonsequent mit unseren Forderungen. Unser System verstand sich stillschweigend so, dass wir einen „Haken" in

ihrem Leben hatten, der sie im Grunde dazu zwang, all die Dinge
zu tun, die sie nicht wollten: regelmäßig zu kommen, uns Geld zu
geben und ihre Kinder im Religionsunterricht zu lassen.[13]

Wir erfanden immer neue Regeln, damit das System für uns funktionierte, während sie immer neue Wege erfanden, um unsere Regeln
zu umgehen, damit das System für sie funktionierte. Das Ergebnis war
eine Haltung gegenseitigen Zynismus', zu dem eine Konsum-Mentalität leicht führen kann. Der Autor Dallas Willard glaubt:

*„Konsum-Christentum ist eines, das die Gnade Gottes zur Verge-
bung und das Angebot der Kirche für besondere Anlässe nützt, aber sie
übergeben ihr Leben, ihre innersten Gedanken, Gefühle und Vorhaben
nicht dem Reich Gottes. Solche Christ/innen werden innerlich nicht verwandelt und fühlen sich der Religion nicht verbunden."*[14]

**6. Über diesen grundlegenden Konsum hinaus verstanden wir nicht,
wie sehr das ganze Unternehmen von Glaube und Religion im
Leben unserer „Pfarrmitglieder" an den Rand gedrängt worden war.**
Grundsätzlich können wir nun sagen, dass alles ein Hindernis für
die Anwesenheit der Menschen darstellt: gutes Wetter, schlechtes
Wetter, ein Heimspiel der Ravens[15], ein langes Wochenende, die Pa-
rade am St. Patrick's Tag, der Super-Bowl-Sonntag, Straßenarbeiten,
das jüdische Neujahr, und alles, was Ihnen sonst noch einfällt. Aber
das größte Hindernis in unserer vorstädtischen Kultur in Baltimore
ist das Sportprogramm der Kinder.

Der Sport reguliert das ganze Wochenende und übertrumpft alles
andere, was im Ort angeboten wird, angefangen bei der Kirche. Wir
stehen im Wettbewerb mit dem Sportprogramm der Kinder, das zu
einer Art neuer Religion geworden ist. Wir hatten das nicht verstanden. Alles, was mit Kirche zu tun hat, kommt als letztes auf die To-
do-Liste und wird als erstes gestrichen. Leute, die regelmäßig
kommen, sind ein- oder zweimal im Monat da. Das wöchentliche Mitfeiern der Sonntagsmesse ist unter praktizierenden Katholik/innen in
Baltimore nicht an erster Stelle. Wir verstanden nicht, dass Pfarrge-

15) Anmerkung der Übersetzerin: Football-Mannschaft in Baltimore

meinde im Wettbewerb um die freie Zeit und um das Geld ihrer Mitglieder steht und dabei immer mehr auf den letzten Platz gerät.
Wir versuchten weiterhin Kirche zu vermarkten als etwas, was sie nicht ist, ein weiteres Produkt, das um ein frei verfügbares Zeitsegment in ihrem Leben kämpft. Die Medien und die Werbung haben den Konsumismus so weit gebracht, dass Kirche hier nicht mithalten kann. Der Bestsellerautor Malcolm Gladwell beschreibt diesen Trend:

„In unserer Gesellschaft sind wir überwältigt worden durch Menschen, die lautstark unsere Aufmerksamkeit fordern… dieses Übermaß an Information wird das „Wirrwarr-Problem" genannt, und dieses Wirrwarr macht es schwerer und schwerer, eine Botschaft zu vermitteln, die hängenbleibt."[16]

Unsere kleine Pfarrgemeinde hatte nicht die nötigen Ressourcen, um mitzuhalten. Wir kämpften mit Messern in einer Schießerei.

7. Trotz all unserer Bemühungen konnten wir die älteren Schüler nicht erreichen.
Die jungen Menschen, die wir in der Kirche trafen, waren zurückhaltend und fühlten sich uns nicht verbunden. Es war einfach nichts für sie, und sie wussten es auch. Wir gaben die Schuld den Eltern. Und soweit es die Eltern überhaupt kümmerte, gaben diese uns die Schuld.

8. Wir hatten keine Ahnung davon, wie groß das Desinteresse der Menschen war, die nicht in die Kirche gingen, wie misstrauisch sie all unseren Anstrengungen begegneten, und wie zynisch sie allem gegenüber standen, was mit kirchlichen Angeboten zu tun hat.

> **Wir waren für ihr Leben völlig bedeutungslos.**

Wir wussten auch nicht, dass es Menschen in unserer Gegend im Norden von Baltimore gab, die die katholische Kirche hassten und somit auch uns. Währenddessen fuhren täglich Tausende Menschen in unserer Gemeinde an unserem Eingang vorbei. Niemals würden sie uns eine Chance geben. Wir waren für ihr Leben völlig bedeutungslos.

9. Wir waren nicht Gott zugewandt. Wir vertrauten nicht auf seine Führung. Und wir sahen nicht, wohin wir gehen sollten, wo er uns seinen Segen schenkte.
Wir versuchten hartnäckig, weiterhin unser System aufrechtzuerhalten und unsere Abläufe, die es schon immer gab, auch wenn sie nicht mehr funktionierten.

10. Wir dachten, dass es einfach sein würde.
Das war falsch: Kirche ist nicht einfach. Trotz all unserer Bemühungen war die Pfarrgemeinde immer weiter im Niedergang begriffen.

WARUM HABEN WIR ES NICHT VERSTANDEN?

Pfarrer Michael White: *Hier einige meiner Führungsschwächen, inspiriert von Pastor Perry Nobles Blog.*[17]

Fehler Nr. 1: Alles kontrollieren.
Das ist doch die Aufgabe eines Pfarrers, oder?

Fehler Nr. 2: Versuchen perfekt zu sein.
Ich bin ein Perfektionist, und mit dieser perfektionistischen Einstellung weiß ich, wie etwas gemacht werden sollte, und alles hängt von mir ab. Das verlangsamt das System und untergräbt die Moral.

Fehler Nr. 3: Zuviel Zeit mit Details verbringen.
Wenn ich mich in Details verliere, in dem, was ich gern tue, verliere ich aus den Augen, wohin wir gehen und wohin Gott uns führen möchte.

Fehler Nr. 4: Probleme lösen … anstatt Systeme verbessern
Leider passierte es mir viel zu oft, dass ich auf Probleme reagierte, anstatt mich mit den Prozessen oder Systemen zu beschäftigen, die überhaupt zu diesen Situationen führten. Es braucht wesentlich

mehr Disziplin als ich normalerweise habe, um jenseits von Druck und Emotion in schwierigen Situationen zu agieren und festzustellen, wie man ein kaputtes System verbessern kann.

Fehler Nr. 5: Versuchen, es allen recht zu machen.
Das kann überall zu Belastungen führen. Es ist ein neuralgisches Problem in der Arbeit innerhalb der Kirche, weil wir überzeugt davon sind, dass wir es allen recht machen sollten, dass das unsere Hauptaufgabe sei. Es war schwierig für mich zu lernen, dass nicht alle mich mögen werden. Ich werde nicht alle zufriedenstellen können. Und als ich mit fordernden Konsument/innen konfrontiert wurde, war das eine Lektion, die ich immer wieder neu lernen musste. Es gab Zeiten in meinem Leben, in denen ich mich selbst fertig machte und meine Mitarbeiter/innen demoralisierte, um die Erwartungen unserer Konsument/innen zu erfüllen, sowie jede ihrer Forderungen ... nur um sie bei Laune zu halten.

Fehler Nr. 6: Projekte vor Menschen stellen
Gleichzeitig bin ich aber auch aufgabenorientiert und projektgeleitet. Das war für viele Menschen ein Problem. Manche Menschen habe ich dadurch übersehen, oder sie gingen sogar im Getriebe unter. Gute Leiter/innen bemühen sich, die richtige Balance zu finden zwischen der Erledigung der Aufgaben und der Rücksichtnahme auf Beziehungen, die manchmal Prozesse verlangsamen, zumindest auf kurze Sicht.

Fehler Nr. 7: Vorschnelle Anstellungen und zu langsame Kündigungen
Wenn es eine freie Stelle und keine geeignete Person dafür gab (oder ich nicht einmal wusste, wer die richtige Person sein könnte), konnte ich kaum warten. Meine Tendenz war es, die Stelle mit der gerade verfügbaren Person zu besetzen und dann zu hoffen, dass es funktionieren würde. Vorschnelle Anstellungen bringen Menschen oft in falsche Positionen. Dies brachte uns auch Menschen, die mir nicht

sympathisch waren (und umgekehrt), oder Menschen, die nicht in unser Team passten.

Ich machte auch den Fehler, zu lange zu warten, wenn es darum ging, jemanden gehen zu lassen. Probleme zogen sich so über Jahre hin, weil ich Angst vor Konflikten hatte, oder weil ich mir nicht eingestehen wollte, dass ich einen Fehler mit der Anstellung dieser Person gemacht hatte. Manchmal übersah ich auch Charakterfehler, wenn jemand nur genug einbrachte, und diese Entscheidungen rächten sich immer. Es gab auch Zeiten, in denen ich dachte, ich könnte die Person „verbessern", oder ich hoffte, dass es besser würde (ich konnte es nicht, und die Dinge wurden nicht besser).

Fehler Nr. 8: Zeit- und Geldverschwendung

Viele meiner Misserfolge und Fehltritte waren teuer und raubten Zeit. Ich bereue z.B. dass wir so viel Geld wir ausgegeben haben, um ein tolles Musikprogramm aufzubauen, ohne dass mir klar war, was genau für unsere Gemeinde angemessen wäre.

Fehler Nr. 9: Angst vor Führung haben.

Ich bin von Natur aus pessimistisch. Ich denke immer an das Schlimmste, das passieren kann. Das passiert dann, wenn ich meinen Fokus von Gott weg auf die möglichen Probleme richte. Es ist angemessen zu planen und etwas zu unternehmen, um Probleme gar nicht erst entstehen zu lassen. Aber es ist eine Sünde, wenn dies zu zwanghafter Besorgnis führt. Und es ist ein Mangel an Führungsqualität, wenn ich erstarre oder mich nicht vorwärts bewege.

Fehler Nr. 10: Führen ohne Demut.

Ich trat meine Stelle als Pfarrer mit der vollen Überzeugung an, dass ich wüsste, was ich tue, was nicht der Fall war. Arrogant und zugleich idiotisch nahm ich an, dass ich nach meiner Weihe alles wüsste, und genauso verhielt ich mich auch.

Unabhängig von meiner Ausbildung war ich ein Anfänger, wenn es darum ging, eine Gemeinde zu leiten. Es ist erstaunlich, wie viel ich nicht wusste, und es ist einfach nur peinlich, wenn ich an all die Anstrengungen und die Energie denke, die es gekostet hat, diese Tatsache zu verheimlichen und so zu tun, als hätte ich eine Ahnung. Dieser Mangel an Demut machte mich tatsächlich blind für den Ernst der Probleme, die ich hatte, und überzeugte mich von schnellen Lösungen. Das führte mich dazu, mich falschen Lösungen zuzuwenden. Jedes Mal machte das die Sache noch schlimmer. Aber noch mehr als meine emotionale Unreife deckte mein Stolz meine geistliche Unreife auf, meinen Unwillen, mich auf Gott zu verlassen. Ich sollte eine Herde seiner Gläubigen leiten und hörte nicht einmal auf seine Weisungen.

Das waren einige der Fehler, die ich gemacht hatte, aber ehrlich gesagt, kratzt das nicht einmal an der Oberfläche des einen Fehlers, den wir begangen hatten. Es gab noch etwas, das wir falsch machten, etwas, das grundlegend und wichtig für das ganze Unternehmen war, und wir wussten es nicht einmal.

*„Dein vermessener Sinn
hat dich betört"*
(Obajda 1, 3)

2 PHARISÄER
IM HERZEN

Eines Tages fand in Nativity eine Weiterbildung für Priester zum Thema „Jugendseelsorge in der High School" statt. Sie kennen das: Weil man das Essen gratis bekommt, hört man Vortragenden zu, wenn sie über neue Methoden und Materialien sprechen, die sie Ihnen verkaufen wollen. Dutzende Male haben wir schon an so etwas teilgenommen, aber dieses Mal war es anders. Irgendetwas lief falsch. Es lag eine Schwere auf der Veranstaltung, die niemandem entgehen konnte, ein 400 Kilogramm schwerer Gorilla war im Raum, den niemand sehen konnte, dessen Gegenwart jedoch jede/r fühlte.

Während der „Frage und Antwort- Runde" gegen Ende der Präsentation stellte ein ungewöhnlich ehrlicher Pfarrer aus einer deutlich erkennbaren Frustration heraus und mit tiefer Emotion die Frage: „Bin ich der einzige, der kein Angebot für die Schüler/innen der High School hat? Gelingt es nur mir nicht?" Er war nicht der einzige, aber er war der einzige, der sich und den anderen nichts vormachen wollte. Wir alle waren da und heuchelten Interesse an Materialien, die wir für Programme brauchten, die wir gar nicht hatten.

Erstaunlich war, dass niemand von uns über seine offensichtlichen Probleme sprechen wollte. Aber an diesem Tag begannen wir endlich damit. Natürlich war es enttäuschend, dass unsere anfänglichen Anstrengungen nichts bewirkt haten. Enttäuschung ist allerdings nicht immer etwas Schlechtes. In unserem Fall wurde sie quasi zu einem Katalysator für den Wettbewerb unter uns und zur tiefsten Überzeugung, dass Gemeinde funktionierten sollte. Jesus Christus hat schließlich versprochen, dass das möglich ist.

Trotz unseres ursprünglichen Mangels an Interesse waren wir immer faszinierter von den Problemen, die wir entdeckten und entwickelten schließlich Ehrgeiz, uns den Herausforderungen zu stellen. Wie konnten wir den Rückgang aufhalten, unsere Pfarrgemeinde wiederbeleben und sie schließlich zum Wachsen bringen? Wie konnten wir erfolgreich sein angesichts so vieler Misserfolge?

MUTTER TERESA, ERFOLG UND WACHSTUM

Sagen Sie es nicht, wir wissen es schon! Wenn Sie in der Kirche arbeiten, hören Sie solche Aussagen nicht gern. „Gewinnen", „erfolgreich sein", und „wachsen" sind schmutzige Wörter in der Nähe von Pfarrbüros. Wir alle haben Menschen gehört, die angesichts stumpfer Anstrengungen und bedrückenden Scheiterns die selige Mutter Theresa zitieren: „Gott hat mich nicht dazu berufen, Erfolg zu haben, sondern treu zu sein." Aber vielleicht hat sie nicht über Scheitern gesprochen. Vielleicht hat sie über gehorsames Dienen gesprochen, das in ihrem Fall (das muss man zugestehen) einzigartig erfolgreich war. Tatsächlich ist die heilige Mutter Teresa eine der innovativsten und erfolgreichsten kirchlichen Führungspersonen des 20. Jahrhunderts, die eine der größten und am schnellsten wachsenden religiösen Bewegungen weltweit anführte.

Kirchengemeinden sind lebendige Organe. Sie wachsen und schrumpfen die ganze Zeit. Es gibt Kirchen, die wachsen, weil sie in wachsenden Gegenden sind. Sie wachsen ungewollt oder zumindest automatisch. Nativity war eine Pfarrgemeinde, die automatisch gewachsen war. Aber als der Bauboom in diesem Teil von Baltimore endete, was ganz normal ist, wurde aus Nativity eine Pfarrgemeinde, die langsam aber stetig zurückging und die am absteigenden Ast war. Das passiert Pfarrgemeinde heutzutage. Die organisierte Religion befindet sich im freien Fall, mit schwindenden Mitgliedern und täglich sterbenden Gemeinden. Heute folgen tausende Gemeinden einem Muster von beschleunigtem Rückgang, andere sind in langsamem, aber stetigem Rückgang. Einige Studien belegen, dass 95% aller christlichen Pfarrgemeinden in unserem Land in die falsche Richtung unterwegs sind. Sogar Kirchen in wachsenden Gemeinden sind nicht länger vor Zerfall und Erosion gefeit. Viele Kirchen werden nur überleben, wenn sie geplant wachsen, indem sie nicht einfach nur ihre Mitglieder halten, sondern anziehend für neue werden.

Die Heilige Schrift macht klar, dass Gott von uns erwartet, dass wir treu und fruchtbringend sind. Unmittelbar vor seinem Tod sagte Jesus im Hof des Tempels den erfolglosen religiösen Führern seiner Zeit, den Pharisäern: *„Darum sage ich euch: Das Reich Gottes wird euch weggenommen und einem Volk gegeben werden, das die erwarteten Früchte bringt."* (Mt 21, 43) In der Apostelgeschichte lesen wir, dass Hunderte, ja Tausende (dreitausend an einem Tag) zur neuen Gemeinschaft des Glaubens hinzugefügt wurde – zur Kirche. *„Und der Herr fügte täglich ihrer Gemeinschaft die hinzu, die gerettet werden sollten."* (Apg 2, 47)

Gott möchte nicht, dass seine Kirche scheitert. Und er hat uns versichert, dass das nicht passiert. Nicht einmal die Pforten der Hölle werden sie besiegen. Das ist eine Bewegung, an der wir teilhaben wollen. Gut, wie machen wir es? Wie schaffen wir es, dass unsere Pfarrgemeinde wächst? Das ist die falsche Frage. Wir lassen sie nicht wachsen, nur Gott tut das. Wie der Heilige Paulus uns lehrt, ist Gott der Handelnde des Wachstums seiner Kirche: *„Ich habe gepflanzt, Apollos hat begossen, Gott aber ließ wachsen. So ist weder der etwas, der pflanzt, noch der, der begießt, sondern nur Gott, der wachsen lässt. ... Denn wir sind Gottes Mitarbeiter"* (1 Kor 3, 6–7; 9)

> **Hier und jetzt**
> **gibt es keinen anderen Ort,**
> **an dem ich sein möchte.**
> **Hier und jetzt,**
> **während ich der Welt zusehe,**
> **wie sie aus der Geschichte erwacht.**
> Jesus Jones[18]

Im Buch „Kirche mit Vision" schreibt Rick Warren, Gründer der Saddleback Gemeinde: Wenn Sie versuchen, ihre Gemeinde wachsen zu lassen, ist das so, als ob Sie sagen:

„Wie können wir eine Welle bauen? Die Frage sollte stattdessen sein: Was hält unsere Kirche von Wachstum ab? Die Aufgabe von Führungskräften in der Kirche ist es, wachstumseinschränkende Krankheiten und Barrieren zu entdecken und zu entfernen, so dass normalem Wachstum nichts im Wege steht."[19]

JESUS CHRISTUS HAT VERSPROCHEN, DASS ES GELINGEN WIRD

Wir fragten uns: „Sind wir kaputten Systemen und einer falschen Kultur gegenüber gehorsamer als Gottes Willen für seine Kirche?" Gottes Wille ist Wachstum. Gott erwartet von uns, dass wir Früchte bringen. Wenn wir also keine Früchte bringen, sollten wir dann nicht pausieren und darüber nachdenken, ob wir wirklich treu sind? Wenn wir keine Früchte bringen, müssen wir dann nicht evaluieren, was wir falsch machen und mehr darüber lernen, was Gott von uns möchte, und – wenn es nötig ist – die Dinge anders angehen?

Tatsächlich wurden wir von Mitgliedern schrumpfender Kirchen angegriffen, die behaupteten, dass unser Wachstum ein Beweis für unsere Untreue sei, und dass ihr Niedergang ihre Treue beweise. Erstaunlicherweise haben sie alles verdreht. Wenn Sie eine wachsende Pfarrgemeinde sein und das auch bleiben wollen, müssen Sie eine gesunde Pfarrgemeinde haben, alles daraus entfernen, was das Wachstum hindert und Es ist nicht nötig, Kompromisse in Bezug auf Ihre Treue oder Rechtgläubigkeit einzugehen. Kardinal Avery Dulles

> **Der Hochmütige schaut immer auf Menschen und Dinge herab; aber solange wir herabschauen, können wir nicht sehen, was über uns ist.**[20]

drückt es so aus: „Die Kirche verändert sich ständig, um eine fruchtbringende Beziehung zwischen einem Volk, eingetaucht in die Geschichte, und dem Gott, der sich selbst in Jesus Christus offenbart hat,
aufrecht zu erhalten."[21]

Als wir uns schließlich aufgemacht hatten, war einer der Schlüs-
selfaktoren die Bereitschaft zu lernen, wie wir vorankommen können und zwar durch die Hinwendung zu Leuten, die bereits auf
diesem Weg unterwegs waren. Strategisch betrachtet war das die
wichtigste Entscheidung, die wir jemals getroffen haben: Hinauszu-
gehen und offensiv von wachsenden Gemeinden zu lernen. Wenn
Sie wachsen wollen, warum dann nicht von gesunden Pfarrgemeinden lernen? Wenn Sie wachsen wollen, warum sollte man dann nicht
das machen, was geplant wachsende, gesunde Gemeinden tun?
Selbst wenn das bedeutet, sich *ihnen* zuzuwenden: … den Protes-
tant/innen!

OHNE EIN WORT DER ENTSCHULDIGUNG

Wir begreifen uns selbst als dem Lehramt gegenüber gehorsam, gänzlich rechtgläubig in unserer Katholizität und von konservativem Charakter. Wir würden niemals Kompromisse unseren Glauben betreffend
eingehen oder irgendetwas tun, das unsere Kirche oder unseren Erzbischof in Verlegenheit bringen würde. Aber warum sollte unsere Katholizität uns daran hindern, erfolgreiche Methoden anderer Christ/innen
kennenzulernen und sie auf unsere Situation anzuwenden?

Wenn wir Protestant/innen unsere „getrennten Geschwister"
nennen, bedeutet das nicht, dass wir bereits in einer familiären Beziehung mit ihnen sind? Und vielleicht können sie uns etwas beibringen, wenn wir bereit sind, von ihnen zu lernen? Wenn wir uns
von ihnen und ihren Ideen trennen, die fruchtbar sind, trennen wir
uns dann nicht auch davon, zu verstehen wie Gott heute wirkt?
„Denn der Geist Jesu Christi hat sich gewürdigt, sie als Mittel des
Heils zu gebrauchen …"[22]

Wäre es nicht stolz, etwas zu ignorieren, das woanders funktioniert, nur weil wir nicht zuerst draufgekommen sind? Fr. Michael Scanlan, ein Franziskaner-Tertiar, der frühere Rektor der Franziskanischen Universität in Steubenville, berichtet von ähnlichen Überlegungen zur Notwendigkeit, von den Protestant/innen zu lernen: *„Ich bemerkte, dass viele Bereiche katholischen Lebens, die von der Reformation herausgefordert werden, die sind, die einer Änderung bzw. eine Erneuerung bedürfen. Katholik/innen brauchten (und brauchen sie noch immer) die wiederholte Bestätigung der Wichtigkeit der Verkündigung des Wortes Gottes, der Schlüsselrolle des inspirierten Wortes in der Schrift, der Notwendigkeit der Erkenntnis von Gottes rettender Gnade, der Lehre der Rechtfertigung durch den Glauben, die Notwendigkeit wahrer Reue und nicht nur den sakramentalen Akt der Absolution."*[23]

Die Genialität jeder erfolgreichen Organisation besteht immer in ihrer Empfänglichkeit für Veränderung und Offenheit für gute Ideen, wo immer man sie auch finden kann. Viele Heilige waren ebenfalls Menschen, die ihren Glauben lebten und auf immer neue Art und Weise teilten, Menschen die ihre Kultur erfolgreich mit der Botschaft des Evangeliums in Verbindung brachten.

Ohne ein Wort der Entschuldigung und schließlich ohne uns zu schämen begannen wir von erfolgreichen, wachsenden Kirchen zu lernen. Fast alle sind evangelikale Gemeinden, die marktführend sind, wenn es um international vergleichbares Wachstum von Kirchen in der amerikanischen Landschaft geht.[24] 75% der Katholik/innen, die zu protestantischen Gemeinden konvertierten, wählten evangelikale Gemeinden, also schien das ein guter Ausgangspunkt für uns zu sein.[25] Sie haben uns wirklich etwas zu sagen.

WIR ÄNDERN UNSERE MEINUNG ÜBER KIRCHE

Ironischerweise werden wir nun sowohl von konservativen als auch von liberalen Katholik/innen verdächtigt (und manchmal verurteilt), weil wir erfolgreiche Strategien von protestantischen Gemeinden übernommen haben.

Pfarrer Michael White: *Sehr früh in diesem Prozess las ich einen Artikel über eine der größten Kirchengemeinden im Land, eine Gemeinde in einem Vorort von Chicago namens Willow Creek. Dort wurde unter anderem beschrieben, dass es eine Cafeteria im Foyer der Kirche gab, in der viele Pfarrmitglieder dem Gottesdienst am Bildschirm folgten, während sie ihre Cappuccinos schlürften. Ich erinnere mich daran, wie ich diesen Artikel gelesen hatte und die Zeitschrift hinlegte, als ich versuchte, das Konzept dahinter zu verstehen. Gab es einen Unterschied zwischen ihren und unseren gescheiterten Bemühungen um die konsumorientierten Menschen? Ich wusste es nicht, spürte aber intuitiv, dass da was dran war.*

Tom: *Einige Jahre später entdeckte ich ein interessantes Buch eines Jugendseelsorgers namens Doug Fields, der in einer Gemeinde im kalifornischen Orange County, tätig war. Zu dieser Zeit war ich Jugendleiter hier. Die meiste Zeit war ich damit beschäftigt, so viele Angebote wie möglich aufzustellen. Der Output war gering, dazu kam meine eigene Frustration und Erschöpfung. Doug steht für eine Pastoral mit Sinn ein, nämlich mit dem, was Gott im Sinn hat. So einfach das klingt, genau das taten wir in Nativity nicht.*

Nachdem ich das Buch gelesen hatte – und es war alles sehr plausibel für mich –, begann ich, meine Angebote zu evaluieren, auf der Basis der fünf biblischen Prinzipien für die Pastoral, wie Doug sie zeichnet: Gottesdienst, Gemeinschaft, Nachfolge, Dienst und Evangelisierung. Ich begann damit, Ausflüge in Evangelisierungsevents zu verwandeln; wir verwandelten Religionsstunden in Gemeinschafts- und Jüngerschaftserlebnisse. Wir begannen damit, ältere Schüler/innen zum Ministrieren einzuladen und sie in den Gottesdienst einzubinden. Diese anfänglichen Anstrengungen waren einfach und zugleich erfolgreich, weit mehr als es die arbeitsintensiven davor gewesen waren. Es fühlte sich ganz anders an. Nach einigen Jahren der Umsetzung dieser Methode – die wir immer noch nicht vollständig begriffen hatten – erfuhr ich, dass es in Dougs Kirche eine „Wie setze ich um"-Konferenz geben würde. Ich fragte Michael, ob er dorthin wollte, und er stimmte ohne zu zögern zu ...

Pfarrer Michael White: *Aber mit einem flauen Gefühl im Magen. An einer Konferenz teilzunehmen, die von einer protestantischen Gemeinde ausgerichtet wurde, fühlte sich von unserem Hintergrund aus unangenehm an. Trotzdem nahmen wir teil. Es war es uns wert. Wir waren auf der Suche nach intelligentem Leben auf unserem Kirchenplaneten.*

Als wir das Gelände betraten, waren wir überwältigt. Es war tatsächlich, als würden wir eine neue Lebensform entdecken. Ich erinnere mich, als ich das Auto parkte, und wir uns einem Gebäude näherten, das wir für die Kirche hielten, nur um zu entdecken, dass es sich um eine Sonntagsschule handelte – ein eigenes Gebäude dafür! Und es war groß, neu und schön. Als wir dann endlich die Kirche fanden, war sie unspektakulär, obwohl sie riesig war. Große Kirchen bedeuteten in meiner Welt kunstvolle Bauten, Kirchen mit kunstvollem Interieur, teuren architektonischen Details und viel künstlerischer Innenausstattung. Das jedoch war ein Wal-Mart mit Stühlen. Die ganze Erfahrung war ein Paradigmenwechsel für mich.

Tom: *Natürlich besuchten wir die Konferenz mit der Angst, als Katholiken „geoutet" zu werden, hatten wir doch evangelikalen Boden betreten, wo Menschen von ihrer DNA her Südliche Baptisten waren. Aber diese Hürde zu überwinden war wichtig, damit wir etwas lernen konnten.*

Pfarrer Michael White: *Es zeigte sich, dass diese Kirche einer der gastfreundlichsten Orte war, die ich jemals besucht hatte. Trotz meines anfänglichen Unbehagens wollte ich bald wieder dorthin. Es gab einfach zu viel zu entdecken. Die nächste Gelegenheit ergab sich bereits im Frühling bei einer Konferenz für Pastoren. Diese Konferenz war genauso gehaltvoll und herausfordernd wie die Jugendkonferenz und beschäftigte mich einige Tage lang. Es machte viel Freude, Zeit mit Pastoren der Südlichen Baptisten zu verbringen. Am letzten Tag schöpfte der Hauptredner schließlich aus dem Vollen und hielt eine „Feuer-und-Schwefel-Predigt" in bester Baptistenmanier. Viele waren bereits gegangen, vielleicht weil es Freitagnachmittag war und manche für das Wochenende nach Hause wollten, vielleicht weil sie wussten, was kommen würde. So war ich in einem Teil der Kirche fast mit mir allein. Und ich hatte das Gefühl, dass er nur für mich predigen würde, ich meine nur für mich allein. Es fühlte sich so an, als würde er mich ansehen und direkt zu mir sprechen. Das war mir sehr unangenehm, und ich wäre am liebsten gegangen, aber das wollte ich dann doch nicht.*

Das Unangenehmste von allem war seine Botschaft: Sie war zutiefst überzeugend. Er sprach auf berührende Art und Weise über die Gemeinde vor Ort als Mittlerin von vielem, das Gott in der Welt tun wollte. Er beschrieb den Beruf eines Pastors als einen der wichtigsten auf der Erde. Er sprach über hochmütige Mutmaßungen, amateurhafte Zugänge und traurige „Erfolge" vieler Pastoren, die Menschen verletzten und Gott nicht achteten. Ich glaube, er sagte, dass Gott – wenn wir Kirche nicht mit den Prinzipien von Gott her leben – uns seinen Segen entziehen würde. Wir würden scheitern, weil Gott uns ebenfalls seinen Segen entziehen würde wie den religiösen Führern, den Pharisäern, die Jesus heftig verurteilte. Ich glaube, dass er sagte, dass viele Pfarrer „im Herzen Pharisäer" seien.

Ich hörte ihm mit wachsendem Ärger zu, der sich in Zorn, dann in Rage verwandelte. Es war mir egal, ob er mich sah, ja, ich hoffte es sogar. Diese tiefen Gefühle spülten mein Unbehagen hinweg, und ich stürmte hinaus. Ich ging nach draußen zu meinem Auto. Was glaubte er, wer er sei? Ich bin Pfarrer. Ich muss mir das nicht anhören.

Ich machte mich auf den Weg zum Parkplatz. Wie bereits erwähnt, war das Gelände sehr groß, und ich hatte in großer Entfernung von der Kirche geparkt. Also hatte ich mich wieder beruhigt, als ich mein Auto erreicht hatte und begann klarer zu sehen, mitten in mein Herz hinein. Ich akzeptierte schließlich, dass alles, was dieser Typ gesagt hatte, richtig war und dass es auf mich zutraf.

Rick Warren hatte mich herausgefordert.

TEIL II
EINEN WEG NACH
VORNE FINDEN

„Muss ich auch wandern
in finsterer Schlucht,
ich fürchte kein Unheil;
denn du bist bei mir."
(Ps 23, 4)

3 VERLORENGEGANGENE MENSCHEN
IN DER WELT DER KIRCHE

Tom: *Sie werden glauben, dass ich mir das ausdenke. Ich besuchte ein Treffen für pfarrliche Mitarbeiter/innen, gesponsert von einer großen Diözese. Der Hauptredner, der eine wichtige Position in der Diözese innehatte, begann mit „Da Jesus der Kirche kein Leitbild mitgegeben hat, habe ich mich daran versucht." Was? Jesus hat der Kirche kein Leitbild gegeben?*

Denken Sie darüber nach. Jesus, der Sohn Gottes, der größte Prediger und Lehrer aller Zeiten, durch den alle Weisheit kommt, der Folter und Geißelung ertrug und sein Leben für die Kirche hingab, hat es verabsäumt, uns zu sagen, was wir als Kirche tun sollen. Hmmm. Hat er das wirklich vergessen? Oder haben wir es vergessen?

Als Beitrag zu dieser Diskussion schreibt der Paulistenpater Robert Rivers:

„Alle Organisationen brauchen eine Mission, wenn sie gesund bleiben wollen. Die Organisationsentwicklungstheorie sagt uns, dass gesunde Or-

ganisationen solche sind, die einen klaren Grundauftrag haben. Eine niedrige Arbeitsmoral resultiert oft aus der Ziellosigkeit und dem Unbehagen, die aus einer fehlenden Mission kommen. Wenn wir einen klaren Fokus auf etwas außerhalb von uns haben, werden einige unserer internen Probleme kleiner erscheinen. Wenn wir nicht in unserem Grundauftrag aufgehen, werden die internen Probleme riesengroß."[28]

WAS IST UNSER AUFTRAG?

Das war genau unser Problem. Wir waren überwältigt von den Forderungen unserer Konsument/innen und erkannten unseren tatsächlichen Auftrag nicht. Bis zu unserem Ausflug zu Rick Warrens Gemeinde hatten wir nie darüber nachgedacht.

Jesus hat der Kirche tatsächlich einen klaren Auftrag gegeben, und er hätte sich nicht klarer ausdrücken können. An erster Stelle steht das „größte Gebot", eigentlich aus zwei Geboten bestehend, die wichtiger als alle sind.

Toto, ich habe das Gefühl, wir befinden uns nicht mehr in Kansas.
Dorothy in
Der Zauberer von Oz

„Du sollst den Herrn, deinen Gott, lieben von ganzem Herzen, von ganzer Seele und von ganzem Gemüt. Dies ist das höchste und größte Gebot. Ebenso wichtig ist das zweite: Du sollst deinen Nächsten lieben wie dich selbst." (Mt 22, 37–39)

Und nach seiner Auferstehung und vor seiner Himmelfahrt versammelte er die elf Apostel, die noch immer zu ihm hielten, um sich und gab ihnen den „Missionsbefehl". *„Darum geht zu allen Völkern und macht alle Menschen zu meinen Jüngern."* (Mt 28, 19)

Jesus, der am Kreuz gelitten hat, um für die Menschen die Vollmacht zurückzugewinnen, die unsere Vorfahren verloren hatten; er hat sie weitergegeben an die Apostel und deren Nachfolger. Und er sagte ihnen, was sie damit tun sollten: Liebt Gott und einander, indem ihr andere Menschen zu meinen Jünger/innen macht. Falls sie sich wundern sollten, wie viele Jünger/innen sie gewinnen sollten und wo, sagte Jesus ihnen klar: Macht alle Menschen zu meinen Jünger/innen überall auf der Welt. Die Kirche hat also einen Missionsauftrag: Macht Menschen zu Jünger/innen Jesu. Das ist alles.

Jünger/innen sind Lernende. Es ist Aufgabe der Kirche, sie Jesus näherzubringen. Wie der Besitzer im Gleichnis von der Talenten (vgl. Mt 25, 24), erntet er, wo er nicht gesät hat und sammelt ein, wo er nicht ausgestreut hat. In anderen Worten: Er möchte, dass wir es für ihn tun und so wie er handeln. Er hat uns darauf vorbereitet, als er auf Erden lebte.

Früh in seinem Wirken musste Jesus seinen ersten Jünger/innen genau das klarmachen. Es stellte sich heraus, dass er nicht nur für die Menschen in seiner Heimatstadt und die Menschen, die regelmäßig die Synagoge besuchten, gekommen war. Er bestand darauf, jene zu erreichen, die Gott nicht kannten. Er sagte ihnen in Lk 4, 43: *„Ich muss auch den anderen Städten das Evangelium vom Reich Gottes verkünden; denn dazu bin ich gesandt worden."*

> **Die Kirche hat einen Missionsauftrag: Macht Menschen zu Jüngern und Jüngerinnen Jesu. Das ist alles.**

Seine Verkündigung und seine Lehre, seine Wunder, die Sammlung und Sendung seiner Jünger/innen, ja sogar sein Kreuz und seine Auferstehung sind Teil dieser grundlegenden Predigt, die wir Evangelisierung nennen. Für Jesus war Evangelisierung seine Verpflichtung, die frohe Botschaft vom Reich Gottes allen Menschen zu bringen, auch solchen, die aus Sicht religiöser Menschen vielleicht keine Zielgruppe wären. Er selbst sagte es immer und immer wieder: *„Denn der Menschensohn ist gekommen, um zu suchen und zu retten, was verloren ist."* (Lk 19, 10)

DIE VERLORENGEGANGENEN SUCHEN UND RETTEN

Verlorengegangene Menschen sind nicht böse oder gar amoralisch oder schlecht. Sie sind einfach durcheinander und konfus, was Gott betrifft. In dieser Konfusion oder diesem Missverständnis:

- folgen verlorengegangene Menschen der Welt und was sie ihnen anbietet.
- glauben verlorengegangene Menschen, dass der beste Weg, ein gutes Leben zu führen, darin liegt, es selbst zu kontrollieren
- können verlorengegangene Menschen glauben, dass Geld, Sex, Macht, Vergnügungen oder Sport auf irgendeine Art und Weise den Schmerz ihres Herzens, die Lücke in ihrer Seele für Gott füllen können.

So oder so versuchen verlorengegangene Menschen (die sich entweder von der Kirche verabschiedet haben oder die nie mit ihr in Kontakt waren), ein Leben außerhalb einer Beziehung mit Gott zu finden. Sie übersehen Gott. Meistens kommen sie mit ihrem Leben nicht zurecht. Für Jesus standen diese verlorengegangenen Menschen an erster Stelle. Und er ist dafür sehr, sehr weit von seinem Weg abgewichen. Er verbrachte seine Zeit dort, wo diese Menschen lebten. Er wusste, wie er mit ihnen sprechen musste und was für sie wichtig war. Er kannte ihre Ängste und Sorgen, ihren Kummer und ihre Sünden. Er verstand sie von Grund auf, und er liebte sie und baute auf ihnen auf. Jesus fand verlorengegangene Menschen und machte sie dann zu seinen Jünger/innen.

Eines Tages traf Jesus einen Mann, der sein Geld damit verdiente, Menschen zu betrügen und lud ihn ein, mit ihm zu kommen und ein Jünger zu werden (Mt 9, 9–13). Später schrieb dieser Typ ein Buch in der Bibel.

Ein anderes Mal war Jesus unterwegs in eine Stadt namens Jericho. Die Bürger/innen grüßten ihn freudig, und er hätte bei jeder und jedem von ihnen zu Gast sein können. Aber zum Erstaunen der religiösen Menschen ging Jesus in das Haus des Zachäus, eines sehr areligiösen Menschen. Zachäus war ein Zöllner und somit wurde er als Landesverräter und Dieb betrachtet. Seine Nachbar/innen misstrauten ihm oder hassten ihn sogar für seinen Reichtum. Warum ging Jesus in dieses Haus? Im Grund, weil er verloren war. Und Zachäus reagierte begeistert, ebenso wie Matthäus. (Lk 19, 1–9)

Pastor Andy Stanley von der North Point Kirche in Atlanta schreibt: „Menschen, die Jesus völlig unähnlich waren, mochten ihn."[29] Menschen, wie die samaritanische Frau am Brunnen, die für viele Juden eine Geächtete war, Maria Magdalena, die von Dämonen befreit wurde, und Zachäus. Jesus offenbart die Botschaft des himmlischen Reiches den Verlorengegangenen. Das macht sie mit der frohen Botschaft eines Lebens vertraut, das erfolgreicher sein kann, wenn es eine wirkliche Beziehung mit dem lebendigen Gott gibt.

Sie mochten ihn, und ihr Leben veränderte sich, als sie ihm ähnlich wurden. Und dann brachten sie andere Menschen zu ihm, und alles begann von vorne. Das ist das Muster für das Leben der Kirche. Papst Paul VI. schreibt in Evangelii Nuntiandi: *„Evangelisieren ist in der Tat die Gnade und eigentliche Berufung der Kirche, ihre tiefste Identität. Sie ist da, um zu evangelisieren."*[30]

KEIN PLATZ FÜR DIE VERLORENGEGANGENEN

Nativity war ein bequemer Platz für fordernde religiöse Konsument/innen. Am meisten verlangten sie danach, es schnell hinter sich zu bringen (mit es war die Kommunion gemeint ... um ihre Pflicht zu erfüllen ... aus irgendeinem Grund fühlten sie sich verpflichtet: aus Schuld, Angst oder um ihre Schwiegermütter loszuwerden). Es drehte sich alles um den Empfang der Kommunion, also war das Wichtigste in unserer Kirchenkultur, dass alles leicht und schnell ging. Die Menschen kamen später und gingen früher, und das war eher die Regel als die Ausnahme. Sie parkten strategisch günstig und setzten sich so in die Bank, dass sie schnell wieder weg konnten – darin waren sie wirklich gut. Es gab sogar solche fordernden Konsument/innen, die in ihrer

„Bringen wir es schnell hinter uns"-Mentalität und in irritierender
Ignoranz der Eucharistiefeier darauf bestanden, dass wir die Kommunion zu ihren Kindern in die Religionsstunde brachten. Da sie ihre
Kinder nicht in die Religionsstunde und zur Messe bringen wollten,
wollten sie das ganze rational abwickeln. Wir beobachteten Menschen,
die mit ihren Autoschlüsseln in der Hand die Kommunion empfingen,
und wir mussten die Hostie in die Hand neben ihren Autoschlüssel
legen. Es gab auch Leute, die nur zur Kommunion kamen.

Im minimalistischen Zugang war die Musik sehr reduziert, aber
besser als gäbe es gar keine. Der Prediger predigt nicht wirklich. Er
spricht bloß, und das nicht einmal lange. Die Messe dauert dreißig
Minuten, am besten ganz in der Früh am Sonntagmorgen, so dass der
Tag nicht zerrissen ist, und die Menschen zu dem kommen, was sie
tatsächlich tun wollen: Golf, Fußball, Brunchen mit Freund/innen.

Niemand möchte in dieser „Bringen wir es hinter uns"-Kirche
sein. Es ist einfach ein wenig besser als die Alternativen. Und davon
gibt es genug. Bedenken wir beispielsweise den militanten und tri-
umphalen Zugang zur Kirchenkultur. Das ist die Kirche für die wahren Gläubigen. Ganz gleich, welche Einstellung sie haben –
konservativ oder liberal: Sie sind sich ähnlich, weil sie Liturgie (oder
ihr Verständnis davon) mit einer kompromisslosen Schwere belegen,
die sie deutlich von anderen abhebt. Ihre Art des Gottesdienstfeierns
wird zu einem übertriebenen Ausdruck ihrer Vorlieben und der
Menschen, die bereits in den Bänken sitzen. Alles ist schwerfällig,
was beweist, dass sie sehr ernst nehmen, was sie tun und intolerant
anderen gegenüber sind. Hier darf der Zelebrant theatralisch sprechen, wie die Stimme Gottes. Es klingt eher so, als würde er anstelle
Gottes sprechen und nicht zu ihm. Zwischen diesen beiden Extre-
men gibt es noch zahlreiche weitere Kirchenkulturen:

● Das Gebäude oder die Geschichte der Gemeinde stehen im
  Mittelpunkt, also ist es wie ein Museum.
● Die Hauptsache sind ein gemütliches Umfeld und Gleichgesinnte. Hier dazuzugehören, bringt ein gewisses Image mit sich,
  also ist es wie in einem Country Club.

- Im Zentrum steht die Sonntagsschule. Die Schule sticht die Kirche aus hinsichtlich der Infrastruktur, der Angebote, der Spender/innen; es geht also hauptsächlich um die Kinder.
- Der Pfarrer oder die Musiker/innen sind gut, hier haben wir einen Personenkult.
- Ein gewisses Angebot steht im Zentrum: soziale Gerechtigkeit und Dienstleistung, ein politisches Thema, ein bestimmter Musikstil, also sind wir in einem Selbstbedienungsladen.

Das ist die Welt der Kirche, ein gemütliches Umfeld für Kirchenmenschen.

Wir versuchen nicht, jemanden zu kritisieren. Der Punkt ist, dass *verlorengegangene* Menschen sich hier nirgendwo angezogen fühlen werden. Sie werden Kirche sehen als das, was sie ist: familiäres und liebevolles Ziel für die Pfarrmitglieder. Das ist die Welt der Kirche, ein gemütliches Umfeld für Kirchenmenschen.

(NICHT) ALLE SIND WILLKOMMEN

Eine Welt der Kirche kann manchmal ja sehr gut sein in unterschiedlichsten Facetten, und Kirchenmenschen mögen sie schätzen. Vielleicht bekommen sie durch ihre Kirche einen Mehrwert in ihrem Leben, dafür verdient sie unseren Respekt. Aber die Welt der Kirche macht Menschen nicht automatisch zu Jünger/innen Jesu, und ganz bestimmt ist sie nicht für die verlorengegangenen Menschen da.

Kirchenmenschen verstehen das vielleicht nicht oder denken anders darüber. Möglicherweise empfinden sie sich als offen, weil sie Dinge sagen, wie „unsere Türen sind offen" und „unser Licht ist an", oder vielleicht hängen sie Transparente auf und singen Lieder wie „jede/r ist willkommen". Aber ist es wirklich so, oder meinen sie folgendes?

- Alle sind willkommen zu unseren Bedingungen.

- Alle sind willkommen, dabei zu sein, wenn wir unsere Bedürfnisse befriedigen.
- Alle sind willkommen, wenn sie sich so anziehen wie wir, dieselbe Musik mögen und Gottesdienst nach den Regeln feiern, die uns wichtig sind (obwohl diese, ehrlich gesagt, dazu gemacht sind, um uns zu gefallen).

Manchmal ist es sehr subtil. Wir besuchten eine Konferenz in einem anderen Teil des Landes und verbrachten einige wirklich tolle und herausfordernde Tage in einer evangelikalen Gemeinde, wo wir uns willkommen und geliebt fühlten. Am Sonntagmorgen feierten wir die Messe mit. Diese Kirche war anders. Ganz offensichtlich bemühten sie sich um eine gute Willkommenskultur, wie wir auch. Gut. Andererseits mussten sie das vielleicht tun, da die Evangelikalen nebenan unglaublich viel erreichten und Scharen von früheren Katholik/innen anzogen. So oder so war es klar, dass sie sich bemühten, aber es war ebenso klar, dass es *ihre* Kirche war, wenn man hineinging. Es fühlte sich an, als erwarteten sie von uns, dass wir uns an sie anpassten, was natürlich sehr schwierig war. Unabsichtlich brachten wir sie bei einer ihrer typischen Eigenriten durcheinander. Wenn man zur Kommunion ging, musste man seinen Namen sagen und welche Hostienart man wollte (weiß, Vollkorn oder glutenfrei). Wir haben da alles falsch gemacht und ernteten einige böse Blicke von den Einheimischen. Wir fühlten uns nicht willkommen und würden nie mehr wiederkommen.

Wir wollen andere Kirchen nicht schlecht machen. Es geht einfach nur darum, dass verlorengegangene Menschen sich in diesen Kirchen nicht willkommen fühlen, einfach weil sie nicht willkommen sind.

Hier in Nativity traf das absolut zu, mehr als in allen anderen Kirchen, die wir besucht hatten. Natürlich hatte sich niemand bemüht, eine Außensicht einzunehmen. Neue und Gäste wurden nicht einmal wahrgenommen bzw. begrüßt und schon gar nicht geschätzt oder gefeiert. Mit vorhersehbarer Regelmäßigkeit wurde ihnen sogar Feindseligkeit entgegengebracht.

An einem Ostersonntagmorgen kam ein „gläubiges" Pfarrmitglied zur 10.30 Uhr Messe, so wie sie es jede Woche tat: um 10.25 Uhr. Das Problem war, dass die Kirche bereits voll war. Die Frau wurde eingeladen, auf einem der freien Plätze in der Nähe des Altars zu sitzen, aber das war für sie nicht akzeptabel. Das endete in einer Schreitirade: „Ich komme jede Woche her! Das ist meine Kirche. Wer sind diese Leute? Die kommen sonst das ganze Jahr über nicht. Warum gehen die nicht?" Als ihr ihre Argumente nicht dabei halfen, den Platz zu bekommen, den sie wollte, zerriss sie den Umschlag mit ihrer Kollekte, warf die Schnipsel in die Luft und stürmte hinaus.

Die Leute im Pfarrsekretariat werden immer unfreundlicher, wenn ein Neuankömmling sich nicht sicher ist, welche Fragen die richtigen sind. Der/die unbeholfene Religionslehrer/in bemüht sich darum zu verhindern, dass Menschen, die nicht in der Pfarrgemeinde sind, die Sakramente auf die billige Tour bekommen. Der Pfarrer kann sich einige passiv-aggressive Kommentare zu Weihnachten nicht verkneifen: „Frohe Weihnachten und gleich auch frohe Ostern, denn wer weiß, wie viele von ihnen ich bis dahin hier wiedersehe." In Wirklichkeit sagt er denen, die regelmäßig kommen: „Keine Sorge, ab nächster Woche ist wieder alles wie immer", während er den Gästen sagt: „Vergessen Sie nicht, dass Sie nicht zu uns gehören."

> **Es geht einfach nur darum, dass verlorengegangenen Menschen sich in diesen Kirchen nicht willkommen fühlen, einfach weil sie nicht willkommen sind.**

Sicherlich sind verlorengegangene Menschen vielleicht seicht und unsicher in ihrem Glauben. Sie schätzen unsere Gebräuche nicht, und sie tragen auch nichts zu unserer Gemeinschaft bei. Aber diese Menschen suchen nach Gott. Und wenn wir ihnen nicht helfen, ihn zu finden, dann sind nicht nur sie verloren, sondern auch wir.

MEHR ALS EIN FEHLER

Nativity hat nie auch nur ansatzweise versucht, die Verlorengegangenen zu erreichen. Und Nativity war für diese Menschen auch völlig irrelevant. Wir wollten das so. Wir waren stolz darauf, dass es so war. Tatsächlich machten wir die Verlorengegangenen dafür verantwortlich, dass sie verlorengegangenen waren. Sie verdienten es, verloren zu sein, weil sie Kirche nicht so leben wollten wie wir. Im Übrigen machte Jesus die Verlorengegangenen nicht dafür verantwortlich, er wollte sie einfach nur finden. Solange wir sein Beispiel ignorierten und an unserer eigenen Sichtweise festhielten, gaben wir unsere spirituelle Führung auf. Und wir hatten unseren Auftrag verloren.

Selbstverständlich können Sie nicht jedes Mal Ihre Kirche komplett verändern, wenn jemand Neues zur Tür hereinkommt oder Ihre Werte so verändern, dass es allen passt. Natürlich hat jede Gemeinde eine ernsthafte Verantwortung für ihre Mitglieder und muss einen hohen Standard bewahren, wenn es um die Sakramente geht. Das steht völlig außer Frage. Aber manche Pfarrgemeinden kümmern sich nicht nur um ihre Mitglieder, sie trösten und verhätscheln sie, sie geben ihnen nach. Und dann drehen sie sich um und fordern die Außenstehenden heraus.

Das geht in die falsche Richtung. Wir sollten attraktiv und zugänglich für Außenstehende sein und die Insider/innen herausfordern, ihnen helfen, sich zu verändern und zu entwickeln, damit sie den Konsumismus hinter sich lassen können, wie es die Bischöfe der Vereinigten Staaten lehren:

„Evangelisierung ist immer sowohl nach innen als auch nach außen gerichtet. Nach innen müssen wir immer wieder die Frohe Botschaft Jesu Christi empfangen, wir müssen uns als Individuen und als Kirche bekehren. Das Wort Gottes nährt, lässt uns wachsen und erneuert uns in der Heiligkeit als Gottes Volk. Nach außen sprechen wir diejenigen an, die die Frohe Botschaft noch nicht kennen, die aufgehört haben, ihren Glauben zu praktizieren und die sich nach einem tiefen Glauben sehnen. Wir sollen uns um die volle Gemeinschaft mit allen bemühen, die sich zu Christus bekennen, die wir noch nicht verwirklichen, auch wenn Jesus darum gebetet hat."[31]

Wenn wir das falsch machen, dann ist das mehr als ein Fehler, das ist Korruption. Korruption entsteht daraus, wenn etwas zerbrochen und zerstört wird und dann für einen Zweck gebraucht wird, für den es nicht gedacht war. Das passiert, wenn wir den Auftrag und den Sinn von Kirche falsch verstehen und beginnen, sie für etwas anderes, vielleicht für bequemen Konsum zu nutzen.

Der Grund dafür, warum Nativity nicht erfolgreich war, warum die Pfarrgemeinde langweilig und farblos war, warum die Gottesdienste eintönig waren und unsere Angebote nicht angenommen wurden, warum wir ausgebrannt waren und zunehmend deprimiert, warum alles so anstrengend war, warum es so viele Konflikte und Streit gab, warum unsere Pfarrgemeinde sterben würde, war der, dass wir uns nicht mehr auf den Auftrag Jesu konzentrierten. Wir machten unglaublich viel, wir machten aber die falschen Dinge aus den falschen Gründen und ignorierten das Eine, das wir wirklich hätten tun sollen. Unsere Pfarrgemeinde wurde zu einem Platz des Austauschs von Gütern und hatte so ihre verändernde Kraft verloren.[32]

> **Solange wir sein Beispiel ignorierten und an unserer eigenen Sichtweise festhielten, gaben wir unsere spirituelle Führung auf. Und wir hatten unseren Auftrag verloren.**

Wir mussten bereuen und zu unserem Sinn zurückkehren, der uns von Gott gegeben ist. Der Sinn von Nativity ist, verlorengegangene Menschen zu erreichen und ihnen zu helfen, Jünger/innen zu werden, um dann den Jünger/innen zu helfen, in ihrer Jüngerschaft zu wachsen. In anderen Worten: eine Kirche von Sünder/innen für Sünder/innen auf dem Weg zur Heiligkeit. Wir taten nichts Gutes, als wir versuchten, es den Verlorengegangenen und den Menschen Recht zu machen, die bereits da waren, indem wir unseren Sinn und Zweck ignorierten. Wenn allerdings Evangelisierung das Zentrum und Wichtigste ist, geht

es der Gemeinschaft und der Gemeinde besser. Denn Missionstätig-
keit erneuert die Kirche, belebt unseren Glauben wieder, sowie die
christliche Identität, sie bringt neue Begeisterung und neue Anreize.
Der Glaube wird gestärkt, wenn er weitergegeben wird! Weil wir uns
des universalen Auftrags
der Kirche verpflichtet fühlen, wird die Evangelisierung christlicher Völker
Inspiration und Unterstützung bekommen.[33]

> **Wenn wir das falsch machen,
> dann ist das mehr als ein Fehler,
> das ist Korruption.**

EINE VERÄNDERUNG DES BLICKWINKELS

Innerhalb einiger Jahre machten unser Denken und Fühlen eine
komplette Kehrtwendung, und wir blickten völlig anders darauf,
wie wir Kirche leben. Wir beschlossen mehr oder weniger, den Status quo herauszufordern und einen Kulturwandel herbeizuführen.
Ganz gezielt begannen wir, Dinge anders zu machen. Der größte
Unterschied lag in unserem Blickwinkel. Wir begannen Kirchenmenschen herauszufordern und begaben uns auf die Suche nach den
Verlorenen.

Und das machte eine Reihe von Kirchenmenschen wirklich wütend.

*Dabei ist zu bemerken,
dass nichts größere Schwierigkeiten
in der Ausführung bietet
und von zweifelhafterem Erfolg ist,
als sich zum Haupt
einer neuen Staatsordnung
zu machen.*
Niccolo Machiavelli[34]

4 KRIEG IM HIMMEL

Pfarrer Michael White: *Ich erinnere mich lebhaft an meinen ersten Heiligen Abend in Nativity, besonders an die Messe um 16.00 Uhr. Wie wahrscheinlich auch sonst überall ist dies der Gottesdienst, der am meisten Besucher/innen im ganzen Jahr anzieht, und es kommen viele Gäste, Neulinge und viele Menschen, die mit der Kirche nichts (mehr) zu tun haben.*

Die Kantorin – jemand, mit dem Sie sich nicht anlegen wollen – war (wie üblich) spät dran und offensichtlich schlecht vorbereitet. Als ich ihr von hinten zuwinkte, um zu zeigen, dass wir beginnen sollten, fuhr sie mich durch das Mikrophon an: „Ich beginne, wenn ich bereit bin." Beginnen bedeutete nicht, mit der Messe zu beginnen, wie sich herausstellte. Stattdessen wurde uns von ihrer siebenjährigen Tochter ein Ständchen auf der Geige gespielt. (Ich werde wohl nie wieder in Ruhe „Stille Nacht" hören können.) Als wir dann tatsächlich begannen, wusste ich, dass irgendwas nicht stimmte, aber ich brauchte eine Weile, bis ich herausfand, was es war. Raten Sie mal, wer die besten Plätze hatte? Die Platzanweiser und ihre Familien saßen dort. Sie strahlten eine Selbstgefälligkeit aus, die irritierend war. Später erfuhr ich, dass es eine jährliche Tradition war, ihre Art, es den Weihnachts- und Ostern-Katholik/innen zu zeigen. Bei der Kollekte brauchte ich Hilfe, und die Gäste, die hinten standen, sammelten das Geld ein.

Nach der Messe kam in der Lobby eine der Ministrant/innen auf mich zu. Sie schrie mir ins Gesicht: „Es bringt mich zum Kochen, wenn ich das in der Kirche sehe." „Das" stellte sich als ein junger Mann heraus, der mit einer schwarzen Jeans bekleidet war, verschiedene Tattoos und Piercings hatte, eine wirklich interessante Haarfarbe, und – ich denke – Mascara aufgelegt hatte. Jede/r, auch der junge Mann – hatte sie gehört. Fröhliche Weihnachten allen und eine gute Nacht! Die Botschaft all unserer Mitarbeiter/innen war klar: Das war ihre Kirche, und zu Weihnachten ging es ausschließlich um sie.

Einige Kirchenleute sorgen sich mehr um sich selbst als um verlorengegangene Menschen. Aber in Nativity ging es noch tiefer. Nicht nur, dass sie nichts aus ihnen, sie sorgten sich auch nicht um sie. An diesem Weihnachtsabend sagten sie unseren Gästen: „Ihr gehört nicht dazu und wir wollen nicht, dass ihr dazu gehört."[35] Warum sollte jemand von den Gästen nach diesem Heiligen Abend jemals wiederkommen wollen?

Das können zutiefst unnachgiebige Einstellungen sein, und diese herauszufordern, von Veränderung gar nicht zu sprechen, ist mehr als schwierig: Es ist gefährlich. Unseren Auftrag zu dem zu machen, den Jesus uns gegeben hat, ist eine riskante Sache.

EINE GEFÄHRLICHE SACHE

In gewisser Weise ist alles, was wir bisher gesagt haben, so etwas wie eine Einleitung zu unserer Geschichte. Es ist einfach und interessant, Konferenzen zu besuchen, Bücher zu lesen, die mir sagen, wie etwas funktioniert oder einfach nur herumzusitzen und darüber zu sprechen, was man gerne tun würde. Es ist etwas völlig anderes, etwas zu tun.

Wir begannen Kirchenmenschen herauszufordern und begaben uns auf die Suche nach den Verlorengegangenen.

Wir wussten wenig über den Konflikt, in den wir uns begaben. Es ist schwierig, jene im Fokus zu haben, die nicht hier sind (wie die Verlorengegangenen). Ein anderer Autor drückt das besser aus: „Die Menschen, die wir erreichen müssen, erzählen uns nicht, was sie brauchen. Die Menschen, die sich nicht willkommen fühlen, sind nicht da, um uns zu erzählen, warum sie nicht kommen. Die Armen, die sich in unserer Kirche nicht zu Hause fühlen, bleiben einfach am Rand."[36]

Es gibt noch andere Gründe, warum Kirchen nicht evangelisieren.

- Die Ressourcen sind begrenzt und bereits verplant.
- Jede/r in der Gemeinde ist beschäftigt. Die Verlorenengegangenen zu erreichen, scheint in keiner Stellenbeschreibung auf; und es gibt immer irgendeine Krise oder eine Auto-Verlosung, die Zeit kostet.
- Wir sind abgeschirmt von den Verlorenengegangenen. Kirchenmenschen sind mit Kirchenmenschen befreundet. Wir denken ähnlich und verbringen Zeit miteinander. Wir sprechen eine gemeinsame Sprache und teilen dieselben Werte. Mit Menschen außerhalb der Kirche zu sprechen, erfordert mehr Anstrengung.
- Es ist unbequem und beängstigend, es zu versuchen. Viele Katholik/innen haben heutzutage keine Fähigkeiten oder Strategien. Sie wissen nicht, wie sie sich welche aneignen sollen. Einiges, das wir bei anderen religiösen Gemeinschaften gesehen haben, kann unattraktiv, ja sogar beleidigend wirken.
- Viele Katholik/innen glauben nicht länger an die Realität der Hölle, also welchen Unterschied macht es dann, ob jemand Christus kennt? Es spielt auch keine Rolle, dass das Leben einiger Menschen bereits hier und jetzt die Hölle ist.
- Stärker als jeder andere Grund mag sein, dass wir unsere eigene Erlösungsbedürftigkeit vergessen. Das macht es leicht zu vergessen, dass alle anderen auch den Erlöser brauchen.

Dies sind die Gründe, warum wir nicht evangelisieren, warum wir es nicht einmal versuchen. Aber es gibt einen Grund, warum Menschen damit aufhören, warum sie es versuchen und dann aufgeben, warum sie scheitern, warum sie ausbrennen und ihr Herz verlieren, warum sie abgestoßen werden, aufgeben und weggehen.

Denken Sie darüber nach: Menschen, die nicht in die Kirche gehen, werden sich nie über die Kirche beschweren. Sie werden nie von Ihnen direkt wissen wollen, was Sie tun, um ihre Bedürfnisse zu befriedigen. Sie werden sich nicht im Ordinariat melden, um Ihre Rechtgläubigkeit oder ihre Leistungsbereitschaft zu hinterfragen. Es wird auch niemand von der Diözese anrufen und sagen: „Es gab einige Beschwerden von Menschen, die gern in Ihre Kirche gehen würden, aber leider haben Sie keine relevante Botschaft oder ermöglichen nicht leicht einen Zugang." Unweigerlich erhalten Ordinariatsmitarbeiter/innen Beschwerden eher von Insider/innen.

Sie werden nie dafür kritisiert oder zensuriert werden, weil Sie nicht evangelisieren. Wenn Sie aber damit beginnen, dann bringt das einen Wandel, und wenn Sie Menschen, die viel in den Status quo investiert haben, mit Wandel oder Veränderung konfrontieren, werden diese sich immer beschweren. Wenn Sie irgendetwas in der Welt der Kirche ändern, wird das automatisch Kritik, Beschwerden und Konflikte hervorrufen, die stark und emotional daherkommen werden. Wenn Sie beginnen, Kirchenleute herauszufordern und verlorengegangene Menschen zu suchen, dann wird es „Blut" geben.

Verstehen Sie uns nicht falsch: An diesem Punkt hatten wir noch immer keine Idee, was wir tun sollten. Wir begriffen noch nicht, was unsere Strategie sein sollte. Wir hatten fast keine haupt- und ehrenamtlichen Mitarbeiter/innen: Diejenigen, die wir geerbt hatten, waren schon lange verschwunden. Wir hatten immer noch ein sehr begrenztes Budget, und wir begannen, die Leute zu irritieren, die bisher gespendet hatten.

Aber unser größtes Problem war, dass wir keine Erfolgsgeschichte hatten. Wir waren nicht glaubwürdig. Wir schlugen eine Veränderung vor, die es in unserem Kontext so noch nicht gegeben hatte. Wer sollte jemals glauben, dass unsere „neuen" Ideen richtig waren oder funktionieren würden? So viele Menschen hielten sie für falsch, also mussten sie falsch sein … richtig?

Pfarrer Michael White: *Das alles wurde mir schmerzhaft bewusst, als einer unserer Großsponsoren, der Vizepräsident eines großen internationalen Unternehmens war, mich sehen wollte. Er teilte mir sehr herzlich mit, dass er seine Unterstützung einstellen würde, wenn ich mich nicht beruhigen und die Dinge sein lassen würde. Er riet mir auch einzusehen, dass Veränderung zutiefst riskant und in unserem Fall völlig unnötig sei. Schließlich entzog er mir seine Unterstützung. Aber die traurige Ironie war, dass sein Unternehmen mittlerweile von einem größeren übernommen worden war, weil sie es nicht geschafft hatten, sich an die veränderte Marktsituation anzupassen.*

Es gibt einen Grund dafür, dass Menschen aufhören zu evangelisieren – warum sie angewidert sind, aufhören und einfach weggehen.

KIRCHENMENSCHEN HERAUSFORDERN

Nichtsdestoweniger fingen wir an, in die Zukunft zu gehen.

Während der Fastenzeit 2004 – ungefähr ein Jahr nach unserer ersten Reise zu Rick Warrens Gemeinde, Saddleback – entschlossen wir uns, einige der Dinge umzusetzen, die wir gelernt hatten. In unserer letzten Saison der „familienfreundlichen Freitage" präsentierten wir Material des Kurses „101" aus Saddleback, in dem beschrieben war, was Gott sich von der Kirche wünscht: die Verlorengegangenen zu erreichen und Menschen zu Jünger/innen zu machen, indem wir uns auf Lobpreis, Nachfolge, Jüngerschaft, Gottesdienst und Evangelisierung konzentrieren. Das Hochgefühl nach diesem ersten Abend ist für uns unvergesslich.

Ironischerweise, oder eigentlich vorhersehbarerweise, sanken die Teilnehmerzahlen, sobald klar wurde, dass es nicht länger um Unterhaltung oder eine Bereicherung für Erwachsene ging. Einige Menschen waren beleidigt, andere gingen einfach. Während der sechs Wochen, die der Kurs dauerte, gelang es uns, die Teilnehmer/innenzahl von 600 auf 200 zu „erhöhen".

Die Menschen in Nativitiy waren es nicht gewohnt, gefordert zu werden; sie wollten auch nicht gefordert werden. Und wir präsentierten eine sehr herausfordernde Botschaft, wahrscheinlich gab es das in unserer Pfarrgemeinde zum ersten Mal. Das brachte die Fassade zum Bröckeln, die so verbreitet in der Welt der Kirche ist, dass nämlich unsere Gemeinde eine Gruppe vollkommen ergebener Jünger/innen sei, die quasi perfekte Christ/innen wären.

> **Wenn Sie beginnen, „Kirchenleute" herauszufordern und verlorengegangene Menschen suchen, dann wird es „Blut" geben.**

Eine besondere Herausforderung war, dass Menschen sich in der Pfarrseelsorge engagieren und sich um die Verlorengegangenen kümmern sollten, da das eine grundlegende und offensichtliche Art und Weise ist, wie Konsument/innen zu Jünger/innen Jesu werden können. Einige Menschen wagten einen Schritt in die Zukunft. Es war enttäuschend, dass es nicht viele waren, aber zu diesem Zeitpunkt hatten wir weder einen echten Plan, was wir von den Menschen wollten, noch eine Strategie für sie entwickelt, wie sie erfolgreich sein könnten. Das war also ganz in Ordnung. Wir überzeugten einige Pfarrmitglieder, dass sie ein paar Mal pro Monat Menschen an der Kirchtüre begrüßten, und einige andere, dass sie schwierige Fragen beantworteten und Informationen für Gäste bereitstellten. Sie saßen in einem Zelt beim Haupteingang, weil wir nirgends sonst einen Platz für ihren Tisch hatten. Die Frage, die ihnen am häufigsten gestellt wurde, war: „Warum sitzen Sie hier in diesem Zelt?"

Nachdem wir gehört hatten, dass in einigen Kirchen der Sonntagabend sehr beliebt als Gottesdienstzeit war, machten wir das auch. Unsere 17.30 Uhr Messe wurde sehr beliebt, besonders bei Jugendlichen und jungen Erwachsenen, genau wie wir es gehofft hatten. Es entpuppte sich als ein Glücksfall, wie wir es gar nicht erwartet hatten. Die

Uhrzeit und das Alter der Menschen boten uns eine sichere Gelegenheit dafür, einige neue Dinge auszuprobieren, von denen wir dachten,
dass sie unsere Pfarrgemeinde interessanter und zugänglicher für
Menschen machen würden, die die Kirche nicht besonders mögen.

Wir probierten neue Technik aus, Licht und andere atmosphärische Elemente, an die wir bisher nie gedacht hatten. Wir experimen-
tierten mit verschiedenen Musikstilen. Wir benutzten sogar die Predigt
dazu, unsere Gemeinde durch Herausforderungen zu formen, über
die sie nachdenken sollte. Wir boten Gemeinschaft und Gastfreundschaft an, sowie Aktivitäten für Jugendliche nach der Messe.

Wenn unsere Ideen funktionierten, war das großartig. Wenn es
nicht so war, waren die jungen Menschen großzügig. Die Sonntag-
abende wurden so etwas wie Workshops für die Veränderung. Tatsächlich war das der Ort, an dem wir die Kultur unserer Kirche zu
verändern begannen, und sie wurde rasch zu einer größeren und
lebhaften Gemeinde. Wir waren begeistert von diesem schnellen Erfolg aber beunruhigt, als wir erfuhren, dass einige Gemeindemitglieder sehr kritisch waren und hinter unserem Rücken abschätzig
darüber sprachen. Nur weil nicht ihre Bedürfnisse im Vordergrund
standen, waren sie dagegen.

Mit einer Verwegenheit, derer wir uns gar nicht bewusst waren,
starteten wir eine Fundraisingkampagne und veränderten unsere
Kirche auch äußerlich ein wenig. Ziegel und Mörtel machten einige
unserer Ideen nun fest: große offene Flächen für viele Menschen,
mehr Sanitärräume, Gemeinschaftsräume, ein Café, sogar ein richti-
ges Informationszentrum im Eingangsbereich, ein größerer Eingangsbereich und vor allem mehr Parkplätze. Und übersehen Sie das
nicht: Wir änderten nichts an unserem strengen Altarbereich aus den
70er Jahren, weil wir das Erleben unserer Gäste über die Architektur
stellten. Liturgische Dekoration mag Kirchenmenschen erfreuen, ist
aber für Kirchenferne nicht von Interesse. Nach all diesen Veränderungen war es unmöglich, unser Gelände zu betreten und nicht zu
bemerken, dass es hier einen bewusst anderen Zugang zur Welt der
Kirche gab. „Ist das eine katholische Kirche?" ist eine häufige Frage

an unserem Informationsschalter, wenn Menschen das erste Mal zu uns kommen (auch Zyniker/innen fragen da gerne). Wir wollen unsere katholische Identität sicher nicht verbergen, aber die Frage beunruhigt uns auch nicht, wir wollen nicht wie eine 08/15-Kirche aussehen.

Auch hier beschwerten sich viele Kritiker/innen, da es nicht um sie ging. Ein Mann drückte es in unserem neuen Café so aus: „Ich brauche das nicht, ich will das nicht, ich zahle nicht dafür."

Sie werden sich wundern, wie es uns gelang, Spenden zu sammeln, wenn gleichzeitig viele Gemeindemitglieder unglücklich waren. Wir wissen es auch nicht wirklich. Wir nennen es ein „Gott-Ding." Wenn Sie anfangen, sich in die Richtung zu bewegen, die Gott vorgibt, ergeben sich unerwartete, unerklärliche und erstaunliche Dinge. Unsere Kühnheit sicherte uns den Respekt unserer neuen Unterstützer/innen. Brad Powell, der Pastor der North Ridge Church in Plymouth, Michigan, machte in einem ähnlichen Versuch folgende Beobachtung: Die richtigen Menschen, also diejenigen, die Positives in die Gemeinde einbringen, respektieren die leitende Person, die mit Überzeugung leitet, eher als jemanden, der ein Fähnchen im Wind ist.[37]

Wir müssen es klar sagen, dass wir großartige und loyale Freund/innen fanden, als wir vorwärts schritten, Menschen, die hart arbeiteten, uns großzügig finanziell unterstützten und für uns „Kastanien aus dem Feuer holen". Wir werden diese Unterstützung niemals vergessen, und wir wissen, dass wir es ohne sie niemals geschafft hätten. Wenn Sie in die richtige Richtung aufbrechen, werden die „richtigen" Leute ebenfalls vorwärts gehen.

Um unseren neuen Ansatz offiziell einzuführen, entschlossen wir uns, im Advent 2004 unsere allererste pfarrweite Botschaft vorzustellen, darüber wo wir hinwollten. Wir wollten es offiziell machen. Die Predigt am ersten Adventsonntag begann so: „Johannes der Täufer ist immer der Bote in der Weihnachtszeit, aber seine Botschaft ist keine von Trost und Freude. Stattdessen ist er herausfordernd und scheltend wie einer der alttestamentlichen Propheten. Im Lukasevangelium erzählt er seinen Zeitgenoss/innen, dass es nicht ausreicht, sich auf den Errungenschaften der Voreltern auszuruhen.

Es reicht nicht aus, nur die Vorschriften und Rituale der Religion zu befolgen. Um Menschen des Glaubens und Kinder Gottes zu sein, um bereit für die Ankunft des Heilands zu sein, müssen Sie gute Taten vollbringen. Sie selbst müssen sich ändern!"

Wir nutzen die Adventsonntage dazu, um gemeinsam einen Blick auf unsere Pfarrgemeinde zu werfen, wer wir sind, woher wir kommen und wohin wir gehen. Wir nehmen dies als Meditation und Vorbereitung auf das Fest der Geburt (Nativity). Wir beginnen damit, uns die Frage zu stellen: „Wie müssen wir uns verändern?"

Wir erörterten die Geschichte der katholischen Pfarrgemeinden in unserer Gemeinde entlang des York Road-Tals im Norden Baltimores. Es ist eine traurige Geschichte von mehr als zwölf einst starken und lebendigen Gemeinden. Einige waren verlassen; andere hingen schon am Tropf. Wir beschrieben die sich verändernde Landschaft in der „Welt der Kirche" und das Versagen vieler traditioneller Zugänge. Wir sprachen über den Sinn und Zweck von Kirche und was sie *nicht* war. Wir klärten unsere Werte. Wir sagten:

- Wir glauben, dass die authentische Kirche Jesu Christi in der römisch katholischen Kirche subsistiert: Wir schätzen unsere Katholizität.[38]
- Wir glauben, dass die Menschen, die Gott zur Pfarrgemeinde Nativity geführt hat, Gottes Geschenk an seine Kirche sind: Wir schätzen diese Menschen.
- Wir glauben, dass Gott sich um die Menschen in unserer Gemeinde sorgt, die nicht in die Kirche gehen: Wir schätzen auch diese Menschen.
- Wir glauben, dass, wenn man eine wachsende Pfarrgemeinde werden und bleiben will, eine gesunde Kirche sein muss. Wir wollen eine wachsende Pfarrgemeinde sein: Wir schätzen Gesundheit.
- Wir glauben, dass Ernsthaftigkeit und Qualität in unseren Angeboten und Gottesdiensten Gott zur Ehre gereicht und Menschen inspiriert. Wir schätzen Ernsthaftigkeit und Qualität.
- Wir glauben, dass wir im Dienste Gottes immer mehr tun können: Wir schätzen diese Herausforderung.

Wir sagten:

Die Pfarrgemeinde in Nativity ist ein Teil des Leibes Christi. Christus ist unser Haupt, unser Leiter und Führer. Wir sind alle Teile oder Glieder seines Leibes und Diener/innen des Herrn. Wir glauben, dass der Herr uns in unserer Zeit und an diesem Ort den Auftrag gegeben hat, seinen Namen den anderen mitzuteilen. Wir sind nicht in dieser Kirche, um unsere Bedürfnisse zu befriedigen; wir wollen uns um die Bedürftigen kümmern.

Dann warteten wir auf Resonanz. Es kam nichts, es gab einfach keine. Es war so, als wäre unsere Botschaft auf taube Ohren gestoßen. Rückblickend ist klar, dass einige Menschen uns nicht verstanden hatten. Vielen Leuten war es egal (zu diesem Zeitpunkt), oder sie glaubten einfach nicht, dass wir meinten, was wir sagten. Und dann gab es natürlich noch die, die meinten, dass „wir vor euch hier waren und noch da sein werden, wenn ihr nicht mehr hier seid". Mit einem nach dem anderen gerieten wir in Konflikte, während wir weiter nach vorn schritten.

Der Konflikt kam nicht dann, als über Dinge geredet wurde, sondern als sie getan wurden. Für uns ging es in der Kirche um diejenigen, die *nicht* da waren, und wir forderten die anderen zum Wachstum heraus. Was wir taten, entzündete Konflikte. Mit jedem Schritt nach vorne konnten wir uns sicher sein, dass es Kritik und Angriffe geben würde.

> **Wir werden beginnen uns die Frage zu stellen: „Wie müssen wir uns verändern?"**

REGELN FÜR DEN EINSATZ

Hier zählen wir einige Maßnahmen auf, die unzufriedene, fordernde Konsument/innen in ihrem Krieg gegen uns anwandten:

- Indirekter Angriff: Es gab Gerüchte und Verleumdungen, die oft mit passiv-aggressivem Widerstand einhergingen. Das war verbreiteter und hinterlistiger, als wir es damals bemerkten.
- Direkter Angriff: Meistens gab es diese ehrlichste Form der Beschwerde direkt nach der Messe. Aber sie war hochemotional aufgeladen, daher selten klar oder hilfreich.
- E-Mail: Eng verbunden mit dem direkten Angriff, da sie auch auf Emotionen basierte, aber diese Attacke war emotional noch aufgeladener und daher noch viel weniger hilfreich.
- Brief: Einer unser Grundsätze lautet, dass Karten gut, Briefe aber schlecht sind. Wenn sich jemand die Mühe macht, einen Brief zu schreiben, wird es sich in neun von zehn Fällen um eine Beschwerde handeln. Beschwerdebriefe werden ausnahmslos nach demselben Muster verfasst:

1. Der/die Verfasser/in legt einen Berechtigungsnachweis vor („Ich bin seit über 40 Jahren in dieser Pfarre!")
2. Der/die Verfasser/in legt den Sachverhalt dar.
3. Der/die Verfasser/in präsentiert jeden anderen Sachverhalt, der ihm/ihr einfällt, um seinen/ihren zu untermauern, als ob es ein bestimmtes Muster gäbe.
4. Der/die Verfasserin versichert, dass „alle anderen" genau dasselbe denken. Nur er/sie allein ist mutig genug, das auch auszusprechen. So wird die Beschwerde auch noch zu einem Akt selbstlosen Mutes.

Oft bekamen wir auch anonyme Briefe, die im selben Stil verfasst waren, ohne Rücksicht auf Verluste.

- Briefkampagne: Jemand motiviert andere Menschen, um über das Problem zu schreiben, sodass es tatsächlich so aussieht, als ob „alle anderen" genauso denken.

- Bedrohung: Diese Form des Angriffs kam meist zusammen mit der Drohung einher, Geld nicht mehr zu spenden oder sich aus der Pfarrgemeinde zurückzuziehen.

- Die Drohung, gerichtliche Schritte einzuleiten: Zweimal brachten unzufriedene Konsument/innen diese Drohung aufs Tapet. In beiden Fällen verließen sie sich auf Anwaltskanzleien, die mit ihnen verwandt waren, also war das nur billige Angstmacherei ... aber es machte Angst.

- Beschwerden bei der Diözese: All diese genannten Dingen konnten auch mit einer Beschwerde bei der Diözese einhergehen, aber oft umgingen Kämpfer/innen uns und wandten sich direkt an die Spitze. Dieser Zugang hatte einige Vorteile. Es brachte uns an den richtigen Platz zurück, garantierte eine Reaktion von höchster Ebene, bereitete uns sichtbar Unbehagen und machte ihre Beschwere zu einem Problem auf höherer Ebene.

Worüber beschwerten sich die Menschen? Herausforderung und Veränderung. Änderungen der Messzeiten; Änderungen der Angebote am Wochenende; Änderungen in der Musik; Änderungen in der Altarraumbeleuchtung; Änderungen in Fokus und Inhalt der Wochenendbotschaft; Änderungen in Dingen, die sie beeinflussten bzw. sie zwangen, ihre Gewohnheiten zu ändern; aber auch Änderungen, die gar nichts mit ihnen zu tun hatten und sie nichts angingen; Änderungen in Zugang und Stil, die sie nicht verstehen und auf die sich nicht beziehen konnten.

	Die Veränderungen im Leben der Kirche waren nicht willkommen und wurden von vielen Pfarrmitgliedern als Bedrohung wahrgenommen. Über all diese Veränderungen hinaus war die größte Veränderung ein Problem: der Kulturwandel, den wir durchführten, die Herausforderung der Kirchenmenschen und die Suche nach den Kirchenfernen. Dies war die Veränderung, die mehr als alles andere so viele unserer Kirchenmenschen provozierte.

Selbstverständlich waren die Beschwerden unterschiedlich verpackt. Wir wurden beschuldigt, nachlässig, inkompetent und böse zu sein. Uns wurden Verletzungen des Kirchenrechts unterstellt, ein Mangel an Ehrfurcht vor den Sakramenten und Geringschätzung liturgischer Regeln und Rubriken. Es ging auch um Charaktereigenschaften.

> **Die Organisationen, die Innovation am meisten brauchen, sind diejenigen, die sie am ehesten verhindern.**[39]

Den meisten, die sich beschwerten, waren all diese Dinge egal (selbst, wenn sie wahr waren). Das Kernstück ihrer Beschwerde war immer dasselbe. Sie waren fordernde Konsument/innen, deren Erwartungen nicht länger erfüllt wurden. In „From Maintenance to Mission" (dt. von der Bestandserhaltung zum missionarischen Dienst) schreibt Pastor Robert Rivers:

„Eine Pfarrgemeinde für die Evangelisierung vorzubereiten – von der Aufrechterhaltung zur Verkündigung der Frohen Botschaft – verlangt eine systematische Veränderung. Wenn die pastorale Leitung nicht fähig ist, diese Veränderung herbeizuführen, wird sie keinen Erfolg in ihrem Missionsauftrag haben. Außerdem ist es eine Sache aller Pfarrmitglieder, eine missionierende Pfarrgemeinde zu werden. Jede/r muss sich verändern."[40]

Unseren Fokus von der Aufrechterhaltung hin zur Verkündigung zu lenken, war sowohl eine Herausforderung für die Leitung als auch für die Verwaltung. In anderen Worten ging es darum, die Richtung vorzugeben und möglichst viele Menschen dazu zu bringen, diese Richtung einzuschlagen, sowie auch diesen Übergang gut zu begleiten. Wir waren erfolgreich mit unserer Vision und zufrieden mit der Richtung, die wir eingeschlagen hatten, aber wir können nicht behaupten, dass wir den Übergang gut begleitet hätten. Wir sahen die Schwierigkeiten, die auftraten, nicht voraus, und wir waren überrascht, als sie über die Jahre nicht weniger wurden. Sean, einer unserer Kollegen, bezeichnete unser Büro als „Bunker".

Ehrlich gesagt, es gab auch von Herzen kommende Kritik, die ernst gemeint und hilfreich war. Es gab Kritik, die wir wirklich verdient hatten, auch wenn wir das damals nicht sehen konnten. Im Laufe des Prozesses haben wir immer wieder Fehler gemacht, und die Leute hatten jedes Recht, sich zu beschweren. Aber die meiste Zeit war es nur schmerzhaft, und einiges war auch voller Hass. Wir wurden durch die bösartige Natur der Angriffe verletzt: die Beschimpfungen, die Gerüchte, die überwältigenden Verleumdungen. Einiges, das wir gelernt haben:

- Pastoral begabte Führungskräfte hätten die Menschen mit Bedacht durch den Prozess geführt und ihn weniger schmerzhaft für viele Menschen gemacht.
- Emotional intelligente Leiter/innen hätten alles viel weniger persönlich genommen.
- Geistlich reife Leiter/innen hätten die Konflikte vorhergesehen, weil Jesus diese seiner Jüngerschaft vorhergesagt hatte.

In jeder Hinsicht hatten wir Mängel, aber wir blieben auf dem Weg nach vorne. Wir fanden es schließlich unmöglich, jeden Brief zu beantworten und hörten damit auf, die anonymen Briefe zu lesen. Wir stellten uns nicht mehr jeder Diskussion, wollten nicht mehr alle Kritiker/innen überzeugen und nicht mehr jeden Kampf gewinnen. Wir schafften es nicht, und es hätte auch nicht geholfen. Wir hörten auf damit, Großveranstaltungen anzubieten, um Vorschläge zu betteln und Umfragen zu machen. Das half alles nicht. Das erhitzte nur die Gemüter und vergeudete Energie.

Beinahe alle, die sich in den Kampf begeben hatten, verließen letztlich die Pfarre. Meist verabschiedeten sie sich mit einer letzten spitzen Bemerkung. Manchmal verließen uns auch deren Freund/innen. Die gingen nicht aus Protest, sondern weil sie die Konflikte leid waren, in die sie unweigerlich verwickelt wurden. Um diese Menschen tat es uns leid, und wir betrauerten ihren Verlust.

Aber es gab auch andere, deren Weggang für Erleichterung sorgte, weil es einen Kampf weniger bedeutete.

Wir tun den Schmerz und Kummer, den Freund/innen und Feind/innen in diesem Übergang gleichermaßen erlebten, nicht leichtfertig ab. Es tut uns leid, dass das passieren musste, aber wir sind davon überzeugt, dass es geschehen musste. Sie können einen Kulturwandel nicht ohne Konflikte herbeiführen.

STATUS QUO ODER DER WILLE GOTTES

Religion ist nicht mit Glaube gleichzusetzen. Religion ist ein kulturelles System, das Glaube und Überzeugungen vereint und das darauf abzielt, diese zu unterstützen und aufrechtzuerhalten. Und wie jedes andere kulturelle System ist es von Natur aus resistent gegen Veränderung. Die Menschen innerhalb des Systems haben, was sie wollen, oder zumindest haben sie etwas, das sie wollen. Irgendwie funktioniert es für sie, selbst wenn es nicht funktioniert. Die Menschen glauben, dass das, was sie haben, wahrscheinlich besser ist als das Risiko und die Angst, die mit Veränderung einhergehen.

Außerdem übersehen sie den Unterschied zwischen Glaube und Religion, so dass jede Veränderung der religiösen Kultur wie ein Angriff auf ihren Glauben wirkt. Der Status quo wird mit dem Willen Gottes verwechselt. Irgendetwas in der Welt der Kirche herauszufordern oder zu verändern, wird mit der Herausforderung und Veränderung Gottes gleichgesetzt! Die Angriffe gegen uns waren manchmal so bösartig, weil die Menschen dachten, dass sie ihren Glauben verteidigten, während sie tatsächlich nur die Kultur ihrer Religion verteidigten.

> **Der Status quo wird mit dem Willen Gottes verwechselt.**

Pfarrer Michael White: *Es gab so viele Konflikte, und es wurde alles so erbittert und langwierig, dass ich schließlich eine Therapie in Anspruch nahm. In der ersten Sitzung blickten wir auf einige spezifische Beschwerden zurück, und der Therapeut fragte mich „Sagten Sie wirklich, dass eine Pfarrgemeinde sowohl durch natürlichen Abgang als auch durch Neuaufnahmen wächst?" Ja, das sagte ich, und unglücklicherweise ist es so.*

DER ECHTE KRIEG

Wir wollen weder unsere Erfahrung überdramatisieren noch unsere Gegner/innen dämonisieren. Aber es gibt hier noch eine andere Wirklichkeit, die nicht ignoriert werden darf und vorhergesehen werden muss: Der geistliche Kampf. Der Teufel ist real, und er ist wirklich unser Feind. Die Bibel sagt *„Seid nüchtern und wachsam! Euer Widersacher, der Teufel, geht wie ein brüllender Löwe umher und sucht, wen er verschlingen kann."* (1 Petr 5, 8)

Satan ist in den Evangelien eine wichtige Figur, die konstant gegen Jesus arbeitet und ihm Ärger bereitet. Das gilt auch für die junge Kirche, und damals wusste man das. Die Menschen begriffen die Wirklichkeit ihrer Situation.

„Zieht die Rüstung Gottes an, damit ihr den listigen Anschlägen des Teufels widerstehen könnt. Denn wir haben nicht gegen Menschen aus Fleisch und Blut zu kämpfen, sondern gegen die Fürsten und Gewalten, gegen die Beherrscher dieser finsteren Welt, gegen die bösen Geister des himmlischen Bereichs." (Eph 6, 11–12)

Die Kirche Jesu Christi ist die mächtigste Kraft auf diesem Planeten, und Jesus hat versprochen, dass das Böse und all seine Armeen sie nicht besiegen können. Aber sie werden es versuchen. Das zu wissen, daran zu glauben, und sich darauf vorzubereiten wird Ihnen helfen, sich für die bevorstehende Schlacht zu rüsten.

Wenn Sie in das Geschäft der Jüngerschaft einsteigen, werden Sie angegriffen werden. Die Angriffe werden getarnt daherkommen, werden versuchen, Sie abzulenken, zu entmutigen, zu demoralisieren und Sie von Ihrer Überzeugung abbringen. Aber Sie müssen verstehen, dass die Angriffe schließlich vom Bösen kommen.

Es ist eine geistlicher Kampf. Das sollte nicht geleugnet oder ignoriert werden, aber es ist auch nichts, wovor man sich fürchten müsste. Tatsächlich kann das eine Bestätigung sein, dass Sie auf dem richtigen Weg sind (um nicht zu sagen, dass Sie das Siegerteam sind). Tragen Sie diese Schlacht auf ihren Knien aus, und Sie werden sie gewinnen.

„Da entbrannte im Himmel ein Kampf; Michael und seine Engel erhoben sich, um mit dem Drachen zu kämpfen. Der Drache und seine Engel kämpften, aber sie konnten sich nicht halten und sie verloren ihren Platz im Himmel." (Offb 12, 7–8)

*Christsein ohne
Jüngerschaft ist immer
Christsein ohne Christus.*
Dietrich Bonhoeffer[41]

5 SCHÖNE KIRCHEN
UND
ANDERE LÜGEN

Als wir nach Nativity kamen, war es klar, dass der Sinn dieses Ortes die Aufrechterhaltung des Status quo geworden war: wir sollten Mitglieder dort treffen, wo sie waren, und ihnen helfen, ganz bequem dort zu bleiben. Nativity ermöglichte und ermutigte ihre Mitglieder sogar dazu, fordernde Konsument/innen zu bleiben, und wir ignorierten alles andere.

Nativity war dabei, in der Versenkung zu verschwinden, weil wir keine Vision dafür hatten, die Verlorengegangenen zu suchen, und weil es keinen Plan für geistliches Wachstum und Reife unsere Mitglieder gab. Es gab kein Verständnis für die Notwendigkeit, das Leben zu verändern und schon gar nicht, wie man das bewirken könnte.

Avery Dulles schlug vor, dass die beste Beschreibung der Kirche ist: „Gemeinschaft von Jünger/innen"[42]. Respektvoll würden wir hinzufügen, dass in Kardinal Dulles Verwendung des Wortes „Jünger/in" das Wort „wachsend" im Sinne von lernend impliziert ist. Der Sinn und Zweck von Nativity ist, die kirchlichen Menschen herauszufordern und die verloren gegangenen Menschen zu suchen, um allen zu helfen, eine Gemeinschaft von lernenden Jünger/innen zu werden. Jünger/innen sind Schüler/innen, die in der Liebe zu Gott wachsen und andere lieben, wie Jesus es uns gelehrt hat.

- Es geht nicht um einen Ort; es geht um eine Person.
- Es geht nicht darum, Verpflichtungen zu erfüllen oder nur die Sakramente zu empfangen; es geht darum, einer Person nachzufolgen.
- Es geht nicht um Angebote oder Dienstleistungen oder sogar Gottesdienste; es geht um Schritte auf diesem Weg des Wachstums.[43]

In anderen Worten: Es geht um Bekehrung und danach um andauernde Bekehrung. Ein/e Jünger/in wächst über die Sünde und über selbstzerstörerisches Verhalten hinaus, die mit dem Verlorensein einhergehen und überwindet Selbstsüchtigkeit sowie eine Konsumreligion. Ein/e Jünger/in macht sich auf den Weg, um immer mehr der Sünde und Selbstsüchtigkeit zu sterben, so dass Jesus Christus in ihm/ihr leben kann. Das verlangt Maßnahmen.

Pastor Erwin McManus bringt ein gutes Argument zum fünften Buch des Neuen Testaments, in dem die Kirche in ihrer ersten reinsten und heldenhaftesten Ausformung beschrieben wird. Denken Sie darüber nach. Es heißt auf Englisch „Taten der Apostel" (dt. Apostelgeschichte).[44] Sie taten etwas, sie setzten Maßnahmen.[45] Genauer gesagt taten sie das, was Gott von ihnen verlangte. Was war das?

> **Christsein ist kein Monument oder Museum. Es ist eine Bewegung. Es muss sich bewegen.**

1. Jünger/innen lieben Gott

Und das tun sie in dreifacher Weise. In Mt 22, 37 sagt Jesus „Du sollst den Herrn, deinen Gott, lieben mit ganzem Herzen, mit ganzer Seele und mit all deinen Gedanken." Das ist eine besondere Strategie. Unser Verstand hält unsere Gedanken und gibt unseren Gefühlen eine Richtung. Unser Herz hält unsere Gefühle und gibt unserem Leben eine Richtung. Unsere Seele hält unser Leben und gibt unseren Sehnsüchten eine Richtung. Was wir anbeten, formt unser Denken, Fühlen und Leben. Ein/e Jünger/in setzt die Götzen der falschen Anbetung ab – Geld, Macht, Vergnügen, Sex – und hebt Gott auf seinen Platz. Unser

Denken, Fühlen und Sein sind mehr und mehr in unsere Beziehung mit ihm verwoben.

Für uns als Katholik/innen ist die Eucharistie Quelle und Höhepunkt unseres christlichen Lebens und Betens, weil sie Christus selbst ist. Jünger/innen begehen jede Woche mit „voller und tätiger Teilnahme" die Feier der Eucharistie (darüber werden wir in den folgenden Kapiteln noch mehr hören). Aber Quelle und Höhepunkt bedeuten notwendigerweise, dass es auch etwas dazwischen geben muss.

Jünger/innen stimmen ihr gemeinsames Gebet in der Kirche mit einer täglichen stillen Zeit ab. Jünger/innen entwickeln sich, indem sie das Wort Gottes in der Schrift lieben, folgsam Zeit damit verbringen, es tiefer zu erfassen und einen Hunger danach entwickeln. Die tägliche Feier der Messe, eucharistische Anbetung, das Stundengebet, Marienverehrung, besonders der Rosenkranz, regelmäßiger Empfang des Sakraments der Versöhnung, Buße, Almosen geben und Fasten können ernstzunehmende Hilfsmittel für reife Jünger/innen sein. Schon einige Minuten allein mit Gott jeden Tag, ohne SMS und andere Technik kann ein guter Anfangspunkt sein.

2. Jünger/innen lieben Menschen

Jesus gebot auch: *„Du sollst deinen Nächsten lieben wie dich selbst"* in Mt 22, 39. Um deinen Nächsten wie dich selbst zu lieben musst du dich selbst lieben. Jünger/innen lieben sich selbst nicht, indem sie sich verwöhnen, sondern indem sie sich selbst achten.

Jesus investierte Zeit in seine Selbstsorge. Immer wieder wird in den Evangelien berichtet, dass er sich von den Menschen zurückzog, ja sogar von seinen Freund/innen, um in Ruhe Zeit mit sich zu verbringen. Dort tankt er auf und erneuert die Beziehung zu seinem Vater. Jesus gießt sich selbst in das Leben anderer aus, aber nur nachdem er sich erlaubt hat, wieder aufzutanken. Diesem Beispiel folgen seine Jünger/innen.

Während die moderne Gesellschaft Menschen an ihre Grenzen bringt, bewahren Jünger/innen sich einen zeitlichen Spielraum. Denn in kurzen Pausen finden sie Ruhe und Erholung, und Beziehungen werden gepflegt. Jünger/innen übernehmen die Verantwortung auch auf andere Art und Weise, um für sich selbst zu sorgen, um die nötige Energie und Ressourcen aufzubauen, um Gottes Gebote befolgen zu können. Sport und gesunde Ernährung sind Teil dieses Prozesses. Das Abgewöhnen selbstzerstörerischer Gewohnheiten wie Alkoholmissbrauch, Nikotinabhängigkeit, fehlende Aggressionsbewältigung und schlechter Angewohnheiten wie Tratsch, Gotteslästerung oder Pornographie sind Dinge, die Jünger/innen tun. Matthew Kelly fasst es so zusammen: „Wir sprechen über die Änderung eines Lebensstils."[46]

Unsere Selbstsorge ist die Voraussetzung dafür, dass wir andere lieben können. Die Kirche, über die wir in der Apostelgeschichte lesen, war genau deshalb so attraktiv, weil die Menschen einander auf selbstlose und aufrichtige Weise liebten. Und Jesus verspricht, dass eine solche Liebe das Kennzeichen seiner Jünger/innen sein wird (vgl. Joh 13, 35). Es ist die offensichtlichste Frucht des Heiligen Geistes und ein starker Beweis der Wahrheit der Botschaft, die wir verkünden. Rick Warren sagt es so: „Wenn Menschen in Gemeinden einander wirklich lieben, werden Sie die Türen zusperren müssen, um die Menschen draußen zu halten."[47] Jünger/innen lieben andere und beginnen mit denen, die ihnen am nächsten sind: als erstes ihre Familien, aber auch ihre Arbeitskolleg/innen und Freund/innen. Ihre Liebe findet auch Ausdruck in einer bestimmten regionalen Pfarrfamilie, zu der sie sich zugehörig fühlen. Menschen, die von Pfarrgemeinde zu Pfarrgemeinde springen, spielen oft nur mit Gott und vermeiden echte Verantwortung, sobald es um Geben und Dienen geht. Einander zu lieben bedeutet Geduld, Freundlichkeit und Sanftheit (vgl. Eph 4, 2), und Sorge für andere kann auch Dienstcharakter annehmen (vgl. Joh 15, 12), wie wir in den folgenden Kapiteln sehen werden. Schließlich erreicht ihre Liebe jede/n, dem/der sie begegnen und findet Ausdruck in Dienst und Verkündigung.

3. Jünger/innen machen andere zu Jünger/innen

Von Anfang an geht es darum, dass Jünger/in-sein darauf vorbereitet, andere Menschen zu Jünger/innen zu machen. Als Jesus die ersten

Jünger/innen beruft, machte er ihnen ein einziges Versprechen: Sie würden Menschenfischer/innen sein (vgl. Mt 4, 19). Das taten sie und das tun alle Jünger/innen. Die „Geschäft" der Kirche ist Jüngerschaft, weil wir unseren Glauben leben und in unserem Glauben wachsen, indem wir ihn teilen.

WO BEGINNT MAN?

Schritt 1: Definieren Sie Ihren Auftragsbereich.
In der katholischen Kultur ist die universale Kirche in Grundeinheiten, die Pfarrgemeinden, eingeteilt, ein Begriff, der sich auf eine bestimmte regionale Ausprägung bezieht. Menschen aus allen Nationen zu Jünger/innen zu machen, ist der Auftrag der universalen Kirche, aber jede Diözese und jede Pfarrgemeinde als geographische Ausprägung, die dabei helfen sollen, den Auftrag zu erfüllen, tragen etwas dazu bei. Wir sind nicht einfach dazu da, der Gemeinde zu dienen; wir sind dazu da, um diejenigen zu erreichen, die im Pfarrgebiet wohnen.

Der Großteil unserer Pfarrgemeinde in Nativity gehört zum Bezirk mit der Postleitzahl 21093 (Timonium, Maryland). Das ist unser Auftragsbereich. Es ist unser Job, den Missionsbefehl an diesem Ort auszuführen. Gott gab uns diesen bestimmten Bereich, um die Verlorengegangenen zu erreichen und Menschen zu seinen Jünger/innen zu machen.

Da trat Jesus auf sie zu und sagte zu ihnen: Mir ist alle Macht gegeben im Himmel und auf der Erde. Darum geht zu allen Völkern und macht alle Menschen zu meinen Jüngern. (Mt 28, 18–19)

In diesem Bezirk gibt es 15.000 Haushalte, in denen ungefähr 45.000 bis 50.000 Menschen leben. Im Moment sind ca. 8000 dieser Menschen (wenn auch lose) mit unserer Pfarrgemeinde verbunden. Als Diskussionsgrundlage nehmen wir großzügig an, dass weitere 16.000 Menschen zur einen oder anderen christlichen Kirche in dieser Gemeinde gehören. Wenn wir sehr großzügig sind, nehmen wir an, dass weitere 8000 außerhalb unseres Bezirks in die Kirche gehen. Ganz egal, wie Sie es zählen, es kommt auf dasselbe hinaus. Es gibt zehntausende entkirchlichte Menschen in unserem Bezirk. Sie sind potentielle Jünger/innen in unserem Auftragsbereich.

**Schritt 2: Beschreiben Sie die „Verlorengegangenen"
in Ihrem Auftragsbereich**
In katholischen Pfarrgemeinde sollte es kein Problem mit dem „wo" geben. Aber es gibt ein Problem mit dem „wer".

Der „Skandal der Besonderheit" ist ein Gedanke in der Theologie, nämlich dass eine besondere Person (Jesus von Nazareth) universale Bedeutung hat. Gott ist ewig und daher nicht auf die zeitliche Welt begrenzt. Menschen hingegen sind sehr wohl begrenzt. Daher wählte Jesus einen bestimmten Zeitpunkt in der Geschichte und einen Ort auf der Erde aus, um uns zu erlösen. Das scheint nicht fair zu sein, aber so funktioniert die Inkarnation. Gott begann das Erlösungswerk aller Menschen an einem bestimmten Ort und zu einer bestimmten Zeit mit besonderen Menschen.

> **Wir sind nicht einfach dazu da, der Gemeinde zu dienen; wir sind dazu da, um diejenigen zu erreichen, die im Pfarrgebiet wohnen.**

Vielleicht ist das größte Hindernis damit zu beginnen, Menschen zu Jünger/innen zu machen, der Widerstand dagegen, sich festzulegen. Es scheint nicht fair zu sein. Aber so funktioniert Jüngerschaft. Mit einer Aussage aus Rick Warrens Buch „Purpose Driven Church" („Kirche mit Vision") definieren wir die Verlorengegangenen, die wir erreichen möchten.

Wir machen uns auf die Suche nach Tim ... „Timonium Tim". Tim ist der Prototyp eines verlorengegangenen Menschen in unserem Auftragsbereich. Tim ist ein guter Kerl. Wenn Sie Tim auf einer Party kennenlernen – und es ist wahrscheinlich, dass Sie ihm auf einer Party begegnen –, werden Sie ihn mögen. Er ist gebildet, gut gekleidet und erfolgreich. Tim ist verheiratet und hat Kinder. Er hat ein Haus und einen angenehmen Lebensstil. Er fährt ein tolles Auto. Tim arbeitet die ganze Woche über hart und hat an den Wochenenden gerne frei. Am Sonntagmorgen ist Tim auf dem Golfplatz zu finden, oder – wenn gespielt wird – im Baltimore Ravens Stadion. Wo immer er auch ist, er ist mit Sicherheit nicht in der Kirche. Er ist nie in der Kirche, außer bei einer Hochzeit oder einem Begräbnis. Er kommt nicht einmal auf die Idee, in die Kirche zu gehen. Tim ist eigentlich katholisch, das Produkt seiner religiösen Erziehung in einer Pfarrgemeinde oder in einer kirchlichen Schule. Aber Tim ist ganz bestimmt nicht gläubig.

Im Hintergrund ist der Glaube für ihn eher eine Bürde als dass er Vorzüge bringt, weil er emotionale Last, theologische Missverständnisse und vielleicht legitime Beschwerden mit sich bringt. Gott, Glaube, Kirche, Religion und *Sakrileg*[48] sind in Tims Vorstellung alle miteinander vermischt und als Ganzes gesehen für ihn undurchschaubar. Vielleicht ist Tim indifferent geworden, aber wahrscheinlicher ist, dass er zynisch und verachtend geworden ist. Falls er geschieden ist, wird die Situation durch Gesetze, die er nicht versteht und die ihn zu Unrecht beurteilen, noch komplizierter. Möglicherweise hat er noch viele andere Gründe, um nicht gut auf die Kirche zu sprechen zu sein. Tim ist ein guter Kerl, er lebt sein Leben nach seiner Façon, aber das geht immer weniger gut.

Wir machen uns auf die Suche nach Tim … „Timonium Tim".

Er hat Stress in der Arbeit, und zu Hause gibt es Spannungen und Konflikte. Er hat drängende finanzielle Verpflichtungen und Kreditkartenschulden, die er bald nicht mehr im Griff hat. Und es gibt andere Probleme, wie Wut, Depression, vielleicht Alkohol-, Spielsucht oder Pornographie. Tim braucht einen Sinn im Leben, er braucht Orientierung, er braucht den Heiland.

Wir beziehen uns bei unseren Planungstreffen auf Tim und haben ihn im Hinterkopf, wenn wir Predigten vorbereiten. Wir denken an ihn, wenn wir uns entscheiden, welche Angebote es geben soll, wir wählen die Musik danach aus, was er mögen könnte, was er versteht, was für ihn funktioniert. Wenn wir aus Tim einen Jünger machen wollen, müssen wir ihn nicht nur kennen, wir müssen mit ihm sprechen, ihn beteiligen und schließlich einbeziehen. Aber was das wichtigste ist: Wir müssen ihn lieben.

Unzählige Male haben wir von Menschen gehört, die wieder zur Kirche zurückkamen: „Ich bin Timonium Tim."

Warum Tim? Was ist mit all den anderen da draußen? Natürlich versuchen wir auch Tims Familie und Freund/innen zu erreichen. Aber wir glauben, dass Tim entscheidend ist, um ihnen eine Tür zu öffnen und um sie einzubeziehen. Wir sind davon überzeugt, dass, wenn es uns gelingt, Tim auf den Weg der Jüngerschaft zu bringen, auch seine Frau und seine Kinder gerne aktiv sein werden, auch wenn sie erwachsen werden. Wir haben viel in unserem Pfarrleben beobachtet und sind überzeugt, dass es genau so funktioniert. Wenn der Vater seine Rolle als spiritueller Führer ernst nimmt, scheinen Familien eher ein gottesfürchtiges Leben zu führen und ihre Kinder erfolgreich zur Jüngerschaft zu erziehen. Wenn Männer diese heilige Verantwortung vernachlässigen oder sie nur ihren Frauen überlassen, leiden viele Aspekte des Familienlebens, und die Einheit der Familie ist gefährdet. Wenn der Vater die Kirche verlässt, ist es sehr wahrscheinlich, dass die Kinder als nächstes folgen. Auch wenn wir die alleinerziehenden Mütter respektieren, die diese Verantwortung heldinnenhaft alleine tragen, haben die meisten Familien in unserer Gemeinde zwei Elternteile. Wenn wir uns auf Tim konzentrieren, vernachlässigen wir seine Familie nicht, sondern bauen eine Leitungsperson für sie auf.

Tim hat auch mehr entkirchlichte Freund/innen als unsere Pfarrmitglieder, und so könnte er der nächste Sprecher für unsere Gemeinde werden. Tim hat Zugänge und Glaubwürdigkeit, die wir bei den Katholik/innen, die sich von der Kirche im Norden Baltimores entfernt haben, nicht aufweisen können.

Tim ist schon in Timonium, nach ihm müssen Sie also nicht suchen. Aber es gibt in Ihrer Gemeinde auch so eine bestimmte Person, um die herum Sie Ihre Evangelisierungsstrategie aufbauen können. Schauen Sie sich seinen/ihren Hintergrund an, seine/ihre Interessen, seine/ihre Bildung, seine/ihre Motivation, seine/ihre Ängste, warum die Person nicht in die Kirche kommt und was er/sie stattdessen tut.

Schritt 3: Entwerfen Sie eine einfache, spezifische Einladungsstrategie
Wir haben schon festgestellt, dass Evangelisierung einen Fokus nach innen (an die Menschen, die in den Kirchenbänken sitzen, gerichtet) und nach außen (an die Menschen, die noch nicht in den Kirchenbänken sitzen, gerichtet) hat. Der erste scheint den zweiten auszustechen. Daher nennen wir den internen Fokus „Jüngerschaft" und reservieren das Wort „Evangelisierung" für die Außenstehenden. Darüber hinaus sind wir überzeugt davon, dass es nötig ist, ganz spezifisch zu werden, wenn wir nach außen evangelisieren und die entkirchlichten Menschen erreichen wollen, wenn das eine dynamische Realität in unserer Pfarrgemeinde werden soll.

Es hat uns sehr erstaunt, wie viele Pfarrmitglieder Schwierigkeiten mit dem Begriff der Evangelisierung haben, und welch große kulturelle und emotionale Herausforderung das für sie bedeutet. Diese Entdeckung hat uns davon überzeugt, dass Evangelisierung in einfacher, bestimmter und widerspruchsfreier Art und Weise präsentiert werden muss. Und sie muss eindeutig die oberste Priorität in der Pfarrgemeinde haben. Wir müssen Evangelisierung auf absolut klare Weise lehren und sie immer wieder während des ganzen Jahres in unseren Predigten zum Thema machen. Einmal darüber zu predigen, wird nicht genug sein, und auch ab und zu darüber zu predigen, wird nicht ausreichen. Wir versuchen, die Evangelisierung an vorderster Front zu platzieren, indem wir sie im Allgemeinen Gebet der Gläubigen (Fürbitten) und in den Verlautbarungen zum Thema machen. All unsere Wochenendangebote planen und evaluieren wir aus der Sicht und Priorität der Evangelisierung. Zu Weihnachten und Ostern werden unsere Vorbereitungen und Feiern zu einer pfarrweiten Evangelisierungskampagne.

Evangelisierung ist für uns, wenn ein Pfarrmitglied „Tim" am Wochenende in die Kirche oder auf unseren Online-Campus einlädt, wo es Livestreams gibt (mehr dazu später). Wir versuchen, es so einfach wie möglich zu halten. Unsere Grundstrategie lautet „investieren und einladen" – eine Redewendung, die wir von Pastor Andy Stanley übernommen haben.[49]

Wir ermutigen die Leute, nach den Verlorengegangenen Ausschau zu halten und sie kennenzulernen: beim Sportprogramm ihrer Kinder, in Vereinen für Heimunterricht oder bei der Arbeit. Beten Sie für sie, verbringen Sie Zeit mit ihnen, überlegen Sie sogar, für sie zu fasten. Lassen Sie sich auch andere persönliche Opfer für sie einfallen. In Nativity bitten wir unsere Jünger/innen, Platz in den Kirchenbänken zu machen, nicht auf dem Campus zu parken und zu Fuß zur Kirche zu kommen, so dass Tim kein Problem hat, einen Park- bzw. Sitzplatz zu finden.

> **Unsere Grundstrategie lautet: Investieren und einladen.**

Jünger/innen verbinden den Glauben mit ihren alltäglichen Beziehungen. Sie sind Menschen mit Charakter und Zuvorkommenheit und so vielen anderen Qualitäten, die durchscheinen und auch ohne Worte auf potentielle Jünger/innen wirken. Wenn sie gefragt werden, erzählen Jünger/innen von ihrer Bekehrung und wie ihr Glaube wirkt. Und wenn sich dann eine Gelegenheit ergibt – das geschieht immer –, dann laden Jünger/innen potentielle Jünger/innen in die Kirche ein. Während wir neue Mitglieder gewinnen, sammeln wir Informationen darüber, wie sie ihren Weg zu uns gefunden haben. Beinahe alle neuen Mitglieder in den letzten Jahren (allein heuer waren es 700) kamen aufgrund einer persönlichen Einladung zu uns und waren davor entkirchlicht.

Matthew Kelly teilt sein Vorgehen in vier Schritte: 1) Freundschaften pflegen; 2) für die Menschen beten, die man erreichen möchte; 3) die eigene (Berufungs)Geschichte erzählen; 4) Freund/innen in die Kirche einladen.[50] Es ist im Grunde die Methode, die Jesus anwandte. Als Andreas und Johannes ihm zum ersten Mal begegneten und sich fragten, wer er sei und was er vorhabe, plädierte Jesus nicht für seinen Auftrag, er sagte auch nichts von seiner Botschaft. Er erzählte ihnen nichts von dem, was geschehen würde und was von ihnen verlangt würde. Er sagte einfach: „Kommt und seht!"(vgl. Joh 1, 39)

WAS JÜNGERSCHAFT VERHINDERT

Wenn Tim unsere Schwelle übertreten hat, haben wir eine Gelegenheit, ihn und seine Familie auf den Weg der Jüngerschaft zu bringen. Aber bevor wir diesen Weg beschreiben, wollen wir ehrlich sein und zugeben, womit es uns in Nativity nicht gelang, Jünger/innen zu gewinnen. Damit hatten wir viel Erfahrung, denn fast alles, was wir taten, und vieles von unseren ursprünglichen Werten trug dazu bei.

1. Einfach nur da sein

Anwesenheit in der Kirche ist kein Maßstab von Jüngerschaft. Wie beeindruckend auch unsere Zahlen der Messbesucher/innen sind, bedeutet das nicht, dass wir Menschen zu Jünger/innen machen. Ein scharfsinniger Pastor brachte es auf den Punkt: „In meiner Kirche schlafen 800 Personen."

2. Nach Zauberei suchen

Nativity war eine „Sakramentenmaschine": Jeden Tag feierten wir Messe, im Advent und in der Fastenzeit sogar zweimal, an Wochenenden achtmal; es gab Taufen, Beichten, Hochzeiten, Begräbnisse, tägliche Andachten, Krankensalbung und Anbetung. Das sind alles gute Dinge, die Katholik/innen spirituell reifen lassen. Aber einige tun *nur* das, anstatt zu reifen. Manchmal kann das wie Zauberei aussehen. Viele denken fälschlicherweise „Wenn ich das nur lang und oft genug mache, verdiene ich, was ich möchte: eine/n Verlobte/n, einen Job, eine erfolgreiche Operation, Kinder, die auf mich hören, das ewige Leben."

Die Sakramente schenken uns Gnade, um unsere Beziehung zu Gott auszurichten, sie nähren und stärken uns in unserer Nachfolge. Aber sie können sie nicht ersetzen.

Die tägliche Feier der Messe ist ein großartiges Beispiel für dieses falsche Denken. Einige der Menschen, die täglich die Messe mitfeiern, sind Heilige und echte Jünger/innen. Andere sind auf dem Weg dazu, haben das Ziel aber noch nicht erreicht. Tatsächlich waren einige dieser Menschen in Nativity völlig abgeschnitten vom Pfarrleben und hatten eine scheinbar egoistische Einstellung zur Pfarre. Unerwarteterweise waren gerade die absoluten Konsument/innen die, die am meisten konsumierten und am wenigsten zu geben bereit waren.

● Es ist der Typ, der jede Woche zur Beichte geht (aber nie in seiner eigenen Pfarre), um genau dieselben Sünden wieder zu beichten, die er in der Vorwoche bereut hatte.

● Es ist die Frau, die heimlich Flyer in den Kirchenbänken auflegt, in denen Wunder versprochen werden, sowie Heilungen, wenn Sie sie in ihrem verrückten Gebet unterstützen.

● Es ist das Paar, das Statuen des Heiligen Josef verkehrt überall im Garten vergräbt, damit sie ihr Haus zum offiziellen Verkaufspreis loswerden (es gibt Sets im Internet um 9.95,-; sie bekommen die Statue mit einer Anleitung zum Vergraben und einem Leichensack).

Kein Wunder also, dass manche Christ/innen glauben, dass Katholizismus ein Kult ist. Mit Zauberei werden Sie keine Jünger/innen für Jesus gewinnen.

3. Einfaches Wissen

Pfarrer Michael White: *Im College musste ich einige Mathematik- und Naturwissenschaftskurse belegen, um mein Studium abschließen zu können. Als ich alle Anforderungen erfüllt hatte, schwor ich mir, dass ich nie wieder*

etwas mit diesen Dingen zu tun haben wollte. Ich mochte sie von vornherein nicht besonders gerne, und es wurde mir beigebracht, sie zu hassen.
Vielen Menschen in unserer Gemeinde ergeht es mit dem katholischen Glauben ähnlich. Sie wurden in Schulen jahrelang katholisch erzogen und haben viel vom Inhalt des Glaubens gelernt. Wir sind überzeugt davon, dass diese Erfahrung für viele Menschen den Glauben auf ein Unterrichtsfach reduziert hat, das sie besuchen mussten, aber nicht mochten. Sobald sie die Schule beendet hatten, konnten sie es vergessen. Leider galt dies auch für unseren Religionsunterricht in der Pfarre. Die Kinder fanden in Nativity heraus, dass Schule keinen Spaß macht (ungefähr ab der dritten Klasse), danach wuchs der Widerstand, und die Schülerzahlen sanken. Die Eltern hatten bekommen, warum sie gekommen waren, nämlich die Erstkommunion. In der vierten Klasse hatten wir um die Hälfte weniger Schüler/innen als in der zweiten, eine verbreitete Wirklichkeit in vielen Pfarrgemeinden. Wenn jemand tatsächlich bis zur Firmung blieb, ohne sich gegen uns zu wenden, hörten wir die Engel singen. Aber dann war definitiv Schluss. Wie an vielen anderen Orten wurde die Firmung zum Abschiedssakrament, weil das oft das letzte Mal war, dass wir die Jugendlichen zu Gesicht bekamen.

Interessant ist auch, dass Abgänger/innen unserer katholischen Schulen und des pfarrlichen Religionsunterrichts sich oft mit einem bemerkenswert abergläubischen Verständnis von Katholizität, sowie völliger Ignoranz die Bibel betreffend verabschieden. Es muss nicht erwähnt werden, dass viele von ihnen keine persönliche Beziehung zu Gott pflegen. Jünger/innen sind Schüler/innen, die ein Leben lang lernen und damit hinter den Glaubensinhalt kommen.

> **Es ist erstaunlich, wie wenig man über ein Spiel weiß, das man sein ganzes Leben lang gespielt hat.**[51]

Wissen ist wichtig. Der Heilige Paulus lehrt uns, dass wir durch die Erneuerung unseres Denkens verwandelt werden, dass wir uns von der Wahrheit verwandeln lassen, um an einen anderen Ort zu gelangen (vgl. Röm 12, 2). Wir brauchen die richtige Nahrung für unser Gehirn, um uns zu verwandeln. Aber Wissen allein kann nicht unser Ziel sein. Der Heilige Paulus lehrt uns auch, dass die Erkenntnis Gottes nichts ist ohne die Liebe (vgl. 1 Kor 13, 2).

Die biblische Idee der Erkenntnis geht viel tiefer als bloßes Wissen. Sie impliziert Intimität. Im biblischen Sinn bedeutet erkennen, dass wir etwas wirklich in unseren Herzen und in unserem Geist erfahren. Es betrifft alle Aspekte unserer Person, es ist Erkenntnis, die zu Liebe führt, während die Liebe uns im Gegenzug antreibt, um mehr zu erfahren. Verwandlung und die Änderung unseres Lebens muss das Ziel von Nachfolge sein. Einfach Wissen zu teilen wird niemanden zur Nachfolge ermutigen.

4. Regeln befolgen und Verpflichtungen erfüllen

Eine Besessenheit von Regeln und liturgischen Rubriken bzw. die Überprüfung, ob Ihr Pastor sie ebenso obsessiv befolgt, wird aus niemandem Jünger/innen machen, so entstehen Pharisäer/innen. Tatsächlich führt ein exklusiver oder exzessiver Fokus auf die Erfüllung von Regeln und Verpflichtungen zu einer Konsumkultur. Kirchliche Menschen, die auf Regeln fokussiert sind, machen den Eindruck, dass sie ihren Teil bereits erfüllt hätten, nun sind Sie ihnen etwas schuldig. Wenn Pfarrmitglieder zu ihnen sagen „Ich war mein Leben lang ein/e gute/r Katholik/in", ist das oft nur eine Einleitung zu dem, was Sie ihnen schulden, weil diese die Regeln befolgt haben.

5. Sich in der Kirche aufhalten

Sie werden Jesus nicht ähnlicher, indem sie an vielen Angeboten der Pfarrgemeinde teilnehmen. Es gab viele Pfarrmitglieder in Nativity, die ihre ganze Zeit in der Kirche verbrachten und deren Charaktere nie in den von Christus verwandelt worden waren. Und es war kein Zufall, dass ihr Privatleben oft gar nicht funktionierte. Ebenso bedeutet es nicht automatisch, ein/e Jünger/in zu

sein, wenn jemand Mitglied der Kolumbusritter oder der Rosen-
kranzgesellschaft ist. Tatsächlich ist die Mitgliedschaft in solchen
para-kirchlichen Organisationen oft ein Ersatz für die aktive Mit-
glied- schaft in der Kirche – eine Entschuldigung dafür, am Sonntag
nicht da zu sein, sich nicht in das Pfarrleben einzubringen oder
überhaupt zu einer bestimmten Pfarrgemeinde zu gehören.

6. Selbstbedienungsgottesdienste

Das beste Beispiel für eine Aktivität, mit der man keine Jünger/innen
gewinnen kann, ist unserer Erfahrung nach das Geld zählen. Jeden
Sonntag versammelte sich mehr oder weniger dieselbe Gruppe von
Männern zu Kaffee, Donuts und Tratsch, um sich über uns zu beschweren und einen Blick darauf zu erhaschen, wer wie viel spendet
oder auch nicht. Das war keine Nachfolge, das war ein Männerclub.

7. Geld gegen Einfluss

Normalerweise hält man Spender/innen für Unterstützer/innen, aber
wir haben Menschen gesehen, die Geld dafür benutzten, um uns
dazu zu bringen, Dinge zu tun, die sie wollten oder mit Dingen aufzuhören, die ihnen nicht passten. Erpressung ist sicher keine Nachfolge und auch kein Ernstnehmen der Verantwortung.

8. Kuchen backen

Bei Jüngerschaft geht es nicht um Dinge, die getan werden, damit
es Kirche gibt, wie treu diese auch geschehen. Einige von Ihnen
werden sich an die alte Werbung für Dunkin Donuts erinnern, in
der der verhärmte Bäcker aufwacht und murmelt „Zeit, um die
Donuts zu machen" und sich dann wie ein Zombie an die Arbeit
macht. Als wir hierher kamen, gab es eine wenig energiegeladene
Mitarbeiterin, die jede/n am Sonntagmorgen mit ähnlichem Jam-
mern begrüßte. Wieder andere in Nativity teilten ihre Einstellung,
hatten keine Orientierung und machten immer wieder dasselbe.

9. Schöne Kirchen bauen

In einem kürzlich in einer US-Zeitschrift erschienen Artikel wurde der Plan eines Pfarrers beschrieben, ein ganzes Kirchengebäude abzutragen und in einem anderen Landesteil wieder aufzubauen. Das ganze würde 12 Millionen Dollar kosten. Das Gebäude ist wunderschön, aber nun zerstört.

Die Annahme hinter diesem Plan ist, dass der Pfarrer Jünger/innen gewinnen kann, wenn er die Kirche woanders aufstellt. Das ist eine Lüge, es wird nicht passieren. Es hat dort nicht funktioniert, wo die Kirche bisher stand (daher ist sie leer und steht zum Verkauf), und es wird auch an einem anderen Ort nicht funktionieren. Der Pfarrer lebt in einem schnellwachsenden Teil unseres Landes, also wird er keine Schwierigkeiten damit haben, die Kirche anfänglich voll zu bekommen, aber mit seiner schönen Kirche wird er niemanden für die Nachfolge gewinnen. Viele Pfarrer wollen eine Kirche bauen oder renovieren. Es ist das Projekt, für das man am leichtesten Geld bekommt und das einem den größten Ruhm einbringt. Aber mit schönen Kirchen kann man niemanden für die Nachfolge gewinnen. Wenn das funktionierte, wären die Kirchen Europas voll.

Der Pfarrer und Märtyrer Dietrich Bonhoeffer drückt in klassischer und unvergesslicher Art und Weise den Unterschied zwischen Menschen, die in schöne Kirchen gehen, und wahren Jünger/innen aus:

„Billige Gnade ist der Todfeind unserer Kirche. … Billige Gnade heißt Gnade als Schleuderware … Die Sakramente, die Vergebung der Sünden und die Tröstungen der Religion werden verschleudert. Gnade ist die unerschöpfliche Vorratskammer der Kirche, aus der mit leichtfertigen Händen bedenkenlos und grenzenlos ausgeschüttet wird; Gnade ohne Preis, ohne Kosten. Das sei ja gerade das Wesen der Gnade.

Billige Gnade ist Predigt der Vergebung ohne Buße, ist Taufe ohne Gemeindezucht, ist Abendmahl ohne Bekenntnis der Sünden, ist Absolution ohne persönliche Beichte. Billige Gnade ist Gnade ohne Nachfolge, Gnade ohne Kreuz, Gnade ohne den lebendigen, menschgewordenen Jesus Christus.

Teure Gnade ist das Evangelium, das immer wieder gesucht, die Gabe, um die gebeten, die Tür, an die angeklopft werden muss. Teuer ist sie, weil sie in die Nachfolge ruft, Gnade ist sie, weil sie in die Nachfolge Jesu Christi ruft; teuer ist sie, weil sie dem Menschen das Leben kostet, Gnade ist sie, weil sie ihm so das Leben erst schenkt; teuer ist sie, weil sie die Sünde verdammt, Gnade, weil sie den Sünder rechtfertigt. Teuer ist die Gnade vor allem darum, weil sie Gott teuer gewesen ist, weil sie Gott das Leben seines Sohnes gekostet hat."[52]

ALSO?

Okay, wie erreichen Sie nun verlorengegangene Menschen und bringen Sie auf den Weg der Nachfolge? Wo beginnen Sie damit, Jünger/innen Jesu zu gewinnen? Darüber sprechen wir im Rest des Buches. Und alles beginnt genau dort, wo Sie es erwarten würden. Sie werden sehen…

TEIL III
ENTWICKELN
DER STRATEGIE

*„Unter den zahlreichen
Aktivitäten, die eine Pfarrei
ausübt, ist keine so
lebensnotwendig oder
gemeinschaftsbildend
wie die sonntägliche Feier
des Tages des Herrn
und seiner Eucharistie."*[53]

6 „DAS WOCHENENDE, DUMMKOPF"

Pfarrer Michael White: *Letzten Sommer schloss ich mich einer Gruppe meiner Großfamilie mit Freund/innen an, die an den Strand fuhren. Wir waren zwischen 25 und 30 Personen. Am Sonntag schliefen einige aus, andere betätigten sich sportlich, zwei gingen Joggen, einer las die Zeitung und sah sich im Fernsehen eine Sonntag-Morgen-Show an. Die meisten widmeten sich einem jährlichen Ritual in Uncle Andy's Pancake House, um dort Pfannkuchen zu essen. Wollen Sie wissen, was diese Irisch- und Italo-Amerikaner/innen, die in Pfarrschulen gegangen waren und seit ihrer Geburt katholisch waren, nicht taten? In die Kirche gehen. Fragen Sie sich, was ich tat, als mir klar wurde, dass ein großer Teil meiner Familie entkirchlicht war? Ich seufzte vor Erleichterung. Gott sei Dank gingen sie nicht in die Kirche, zumindest nicht in die Pfarrkirche in dieser Stadt. Ich weiß, wovon ich spreche, ich war nämlich dort. Früher konnte man an einem Sonntagmorgen im Sommer kaum einen Platz bekommen. Das war nun nicht mehr so, es gab viele freie Plätze. Und die Gemeinde war alt, alt, alt.*

An der Tür maulte mich ein mürrischer Platzanweiser an. Sonst schienen alle den Blickkontakt mit mir zu vermeiden und ignorierten mich. Mehr als jede andere Gemeinde, die ich kennengelernt hatte, spürte ich hier eine „Wir gegen die anderen"-Mentalität (ironischerweise befand sich die Kirche in einem Urlaubsgebiet). Viele kleine Details, wie die Gebete, die vor der Messe gesprochen wurden und die niemand kannte, oder die eigenartige Art und Weise, den Klingelbeutel weiterzugeben, machten mir als Besucher klar, dass ich nicht dazu gehörte.

Es gab kein Eröffnungslied, weil die Organistin nicht rechtzeitig gekommen war. Die Orgel befand sich im Altarraum, und so sah man, dass die Organistin nicht da war, und wir konnten auch sehen, wann es mit unserem Glück zu Ende war, und sie doch auftauchte (während der Predigt). Die Musik war altbacken, alle kannten die Lieder (niemand mochte sie). Niemand sang mit oder tat auch nur so, bis die Organistin selbst, als Kantorin wie in einer Wagneroper sang (das Mikro war völlig überflüssig). Sie schien ganz zufrieden damit zu sein, dass niemand außer ihr sang.

Der Lektor las die Lesungen so vor, dass ich sicher war, dass er sie vorher nicht einmal angesehen hatte. Der Zelebrant war nicht der Pfarrer, sondern ein anderer Priester, der es nicht für nötig hielt, sich vorzustellen. Er nahm an, dass wir wüssten, wer er sei. Das war auch egal. Wer er war oder was er zu sagen hatte, schien für die versammelte Gemeinde keine Rolle zu spielen. Es schien, dass er ein Missionar auf einer Besuchsreise war, um Geld für die Mission zu sammeln, aber er erzählte uns nichts davon.

Er begann so: „Ihr Pfarrer mag Sie, denn er sagte mir, dass ich nicht länger als fünf Minuten predigen sollte." Jemand in der Reihe vor mir flüsterte: „Wenn er uns wirklich liebte, hätte er dir gesagt, du sollst die Klappe halten." In der Predigt zitierte er dann ein anderes Evangelium als das, was wir gerade gehört hatten. Ein klares Indiz für eine Predigt aus der Dose. Nach einigen schmerzverursachenden Witzen kam er auf die Schuld gegenüber hungrigen Kindern zu sprechen (vielleicht half er diesen Kindern irgendwo).

Gleichzeitig teilte der Platzanweiser Kärtchen aus, mit denen man seine Schuldgefühle mithilfe einer Spende reduzieren konnte. Eine Anleitung, wie diese Kärtchen auszufüllen waren, machte den Rest der Predigt aus (sie hatte doppelt so lang gedauert, wie er uns versprochen hatte). Es war so: Niemand beachtete ihn. Die Menschen starrten an die Decke, sie starrten auf den Boden, sie unterhielten sich miteinander, sie schauten kurz auf das Kärtchen, um es dann fallen zu lassen, aber sie achteten nicht auf die Präsentation, – und soweit ich es sehen konnte, – spendete niemand etwas.

Den Rest der Messe brachten wir im Eiltempo hinter uns, als ob die Kirche brennen würde. Als ich nach der Kommunion zu meinen Platz zurückkam, waren fast alle Menschen in meiner Umgebung schon gegangen. Die übrigen wurden mit Verlautbarungen gequält, in denen es um noch mehr Spendenaufrufe ging, diesmal für die Pfarrgemeinde selbst.

Bei der Aussendung sagte der Zelebrant anstelle des Auftrags, in Frieden zu gehen und das Evangelium zu verkünden: „Vergesst nicht. Am Strand ist immer Happy Hour." Wirklich? Haben Sie den Leuten gerade erlaubt, sich zu betrinken? Warum sollte ich wollen, dass jemand aus meiner entkirchlichten Familie auf Wochenendaktivitäten verzichtete, um diese Versammlung des Leibes Christi zu erleben? Das wäre wohl der letzte Ort, an dem ich sie zum Gebet einladen würde, eine halbleere Kirche mit einem halbherzigen Spendenaufruf und ohne jegliche Ahnung, wenn es darum geht, warum sie sich versammeln.

In der Zwischenzeit bildete sich in der Straße von Uncle Andy's Pancake House eine lange Warteschlange, die bis um den Block reichte. Hmmm… Bei Uncle Andy's gibt es Pfannkuchen. Wir haben das lebendige Wort Gottes. Was stimmt bloß nicht mit diesem Bild?

IHRE GELEGENHEIT

In seinem Buch *Wir amüsieren uns zu Tode* kritisiert Neil Postman den Nachrichtensprecher, der uns einlädt, „uns morgen Abend wieder einzuklinken!", nachdem er eine halbe Stunde über Mord und andere schwere Verbrechen berichtet hatte. Postman fragt „Wozu?"[54] Noch mehr schlechte Nachrichten? Warum sollten Menschen in die Kirche kommen oder wieder zurückkehren, wenn sie Woche für Woche eine schlechte Erfahrung machen, weil sie nichts Hilfreiches erfahren oder sogar beleidigt werden? Wer sollte sie kritisieren, wenn sie etwas anderes vorhaben?

Eine landesweite Kampagne lädt nicht-praktizierende Katholik/innen ein, „nach Hause zu kommen". Aber wozu würden sie nach Hause kommen? Wenn es noch mehr von diesen irrelevanten Erfahrungen gibt, die die Menschen vertrieben, dann könnten wir mehr Schaden als Nutzen anrichten. Das Wochenenderlebnis ist die Gelegenheit für Menschen in der Gemeinde, mit der Kirche in Kontakt zu kommen. Und fast jeder Kontakt mit der Pfarrgemeinde entsteht an einem Wochenende. In dieser kurzen Zeit wird jemand entscheiden, ob es sich lohnt wiederzukommen. Wenn das Erlebnis langweilig und schlecht ist, werden sie es kaum tun.

Und trotzdem wurde in unserer Pfarrgemeinde hier in Timonium wenig Wert auf das Wochenende gelegt. Selbst nachdem wir unseren Auftrag verstanden hatten und beachtliche Fortschritte machten mit einer guten Strategie, die wir umsetzen wollten, hatten wir dieses dennoch nicht verstanden. Das Wochenende war immer noch ein Anhängsel. Die Musik war so, wie es die Musiker/innen wollten, die verschiedenen Zelebranten legten die Botschaft des Wochenendes fest, und die meisten unserer Mitarbeiter/innen hatten am Wochenende frei. Von Montag bis Freitag waren wir so beschäftigt, dass wir uns keine Gedanken über den Sonntag machen konnten.

Wir ignorierten unsere Wochenenden nicht nur, wir verschenkten sie sogar. Wenn jemand die Kanzel nutzen wollte, um Geld für bestimmte Anliegen zu sammeln oder ein anderes Thema besprechen

wollte, waren wir gern dazu bereit, da es weniger Arbeit für uns war.
Wirklich jede/r konnte zu uns in die Vorhalle kommen und seine/ihre
Sache verkaufen: Die Pfadfinderinnen verkauften Kekse, die Jugendgruppe verkaufte Kuchen, die Kolumbusritter warben um neue Mitglieder, und die Frauenrunde machte Werbung für ihre Modeschau.
Ganz egal, was sie taten, es bedeutete, dass große Poster an den Türen
klebten und dass Menschen mit Verlautbarungen nach der Kommunion verärgert wurden. Zusätzlich
konnten fremde Gruppen Veranstaltungen an Sonntagen auf unserem Campus abhalten. Wir hatten
eine Kindertheatergruppe, weil es
zusätzliches Einkommen brachte.
All das lenkte ab und raubte
Energie von dem, worauf wir uns
eigentlich konzentrieren sollten.

> **Wir haben uns
> entschieden, mit vielen
> Dingen aufzuhören und
> uns stattdessen auf das
> Wochenende zu
> konzentrieren.**

Eine unserer wichtigsten strategischen Entscheidungen war es, den
vielen Ablenkungen den Krieg zu erklären, unsere Mitarbeiter/innen
und Ressourcen auf das Wochenende hin zu bündeln und das aus
der Sicht der verlorengegangenen Menschen. Wir haben uns entschieden, mit vielen Dingen aufzuhören und uns stattdessen auf das
Wochenende zu konzentrieren. In Anlehnung an James Carvilles berühmte Einschätzung in den Wahlen 1992 „Die Wirtschaft, Dummkopf" verließen wir uns auf Pastor Ed Youngs Grundsatz „Das
Wochenende, Dummkopf!"[55]
    Der heilige Papst Johannes Paul II. lehrte die einfache Wahrheit,
dass die Eucharistie die Kirche baut. Die Kirche wird durch die Eucharistie geformt und wächst durch sie, und reife Katholik/innen verstehen, was sie in der Eucharistie geben und was sie bekommen. Sie
halten die Eucharistie zu Recht für das Geschenk par excellence.[57]
Durch sie werden sie genährt und entwickeln sich als Jünger/innen.
    „Die Eucharistie ist der Inbegriff und die Summe unseres Glau-
bens", sagt Papst Benedikt XVI.

„Der Glaube der Kirche ist im Wesentlichen ein eucharistischer Glaube und erhält seine Nahrung in besonderer Weise beim Mahl der Eucharistie. ... Darum steht das Altarssakrament immer im Mittelpunkt des kirchlichen Lebens; dank der Eucharistie wird die Kirche immer wieder neu geboren! Je lebendiger der eucharistische Glaube im Gottesvolk ist, umso tiefer ist dessen Teilnahme am kirchlichen Leben durch eine überzeugte Unterstützung der Sendung, die Christus seinen Jüngern aufgetragen hat."[58]

Aber seien wir ehrlich. Viele der Menschen, die heute in die Kirche kommen, verstehen die Eucharistie nicht und beschäftigen sich nicht damit. Und all die Kulturkatholik/innen in unserer Gemeinde, die wir nicht einmal zu sehen bekommen, haben sich gänzlich von der Eucharistie verabschiedet. Sie haben die Kirche ausgeblendet, und ganz gleich, wie schön oder gewissenhaft wir feiern, es wird sie nicht zurückbringen. Die traurige Ironie, der wir in Gesprächen mit früheren Katholik/innen, die sich evangelikalen Kirchen zuwandten, auf die Spur kamen ist, dass sie fast alle äußerten „Ich hatte einfach das Gefühl, keine Nahrung bekommen zu haben."

Um diese Situation in unserer Gemeinde umzudrehen, begannen wir über die Eucharistie hinaus diejenigen Elemente des Wochenenderlebnisses mit dem größten Einfluss auf entkirchlichte Menschen und auf die, die neu auf dem Weg der Jüngerschaft waren, anzuschauen. Dafür wurden wir kritisiert und falsch charakterisiert. Deshalb wollen wir hier klarstellen: Die Eucharistie ist das Zentrum unserer Pfarrgemeinde und der Gottesdienste am Wochenende. Wovon wir hier sprechen, ist, einfach anzuerkennen, wo die Menschen sind, sie dort zu treffen, wo sie sind, um sie effektiver und erfolgreicher in eine volle Anerkennung und Feier der Eucharistie zu führen. Wir haben also angefangen, das Wochenende aus Sicht der verlorengegangenen Menschen anzuschauen.

Was bedeutet das? Im Grund geht es nur um einige wenige Dinge. In diesem Kapitel werden wir erläutern, welche zwei davon Ihre Gäste als erstes beeinflussen werden. Wenn Sie diese Dinge richtig machen, werden Sie zu einem großartigen Wochenenderlebnis kommen.

MUSIK IST WASSER

Das Wochenende aus Sicht der Verlorengegangenen anzuschauen bedeutet: Es geht um die Musik. Das Wochenenderlebnis sollte eine Art Transport sein, das die die Teilnehmer/innen auf eine emotionale, intellektuelle und zutiefst geistliche Reise zu den höheren Dingen Gottes mitnimmt. Die Erklärung der US-amerikanischen Bischofskonferenz „Singt dem Herrn" sagt: „Gott hat seinem Volk die Gabe des Singens geschenkt. Gott wohnt in jedem Menschen,

> **Es war nicht so schwierig. Wir schauten einfach genau auf das, was wir taten, und entschieden uns, uns ganz auf die paar Dinge zu konzentrieren, von denen wir wussten, dass wir sie besser als irgendjemand sonst konnten, und uns nicht in Bereichen zu verlieren, die zwar unsere Egos füttern würden, und wo wir einfach nicht die Besten waren.[59]**

dort, wo die Musik ihren Ursprung hat. Gott als Geber des Liedes ist tatsächlich immer präsent, wenn sein Volk ihn mit Liedern preist. Als ein Schrei aus unserem tiefsten Inneren ist Musik eine Möglichkeit für Gott, uns in das Reich der höheren Dinge zu führen."[60]

Wir sagen gern, die Musik ist das Wasser, auf dem die Erfahrung segelt. „Musik schafft das, was Worte allein nicht vermögen. Sie kann eine Dimension von Bedeutung und Gefühl ausdrücken, die Worte nicht transportieren können." Mehr als jedes andere Element des Wochenenderlebnisses in der Kirche ist die Musik es, die die Herzen der Menschen berühren und verändern kann – zum Besseren oder zum Schlechteren. In der Vergangenheit war Musik war in Nativity ein großes Problem.

Wie es an vielen Orten üblich ist, gab es verschiedene musikalische Wahlmöglichkeiten: Drei Messen am Wochenende waren „Kantor/in und Orgelmessen", eine „Chormesse", eine „Messe mit Gemeindeliedern", und zum Glück gab es eine „stille Messe". Die Gemeindemesse war um vieles beliebter als alle anderen Optionen, wahrscheinlich weil man dort am leichtesten zuhören und sich am leichtesten ausklinken konnte. Die Leute gaben ihr Bestes, aber sie quälten sich. Ihre Darbietung war fehlerhaft, und die Musik war altmodisch und uninteressant. Bei den anderen Messen war die Musik noch viel, viel schlechter.

Viele der Chormitglieder waren mehr von ihren eigenen Fähigkeiten überzeugt als sie Grund dazu gehabt hätten, und sie gemeinsam zu hören war schmerzlich. Die meisten der Kantor/innen waren Primadonnen, die sich präsentieren wollten. Die Organistin war eine wundervolle Person, die sich sehr mit der schlechten Orgel abmühte. Sowohl traditionelle Gesänge aber auch neuere Lieder wurden Messe für Messe, Woche für Woche regelrecht geschlachtet. Und niemand sang mit. Und wir meinen wirklich niemand! Wenn jemand sang, dann wusste man, dass die Person ein Gast war, und alle starrten sie an, bis sie verstummte oder wegging. So ist es nicht überraschend, dass die beliebteste Messe an einigen Wochenenden die stille Messe war.

Relativ früh luden wir zu einer Versammlung ein, um die Probleme zu besprechen, die wir geerbt hatten. Während die meisten Leute völlig apathisch waren, wenn es um die Pfarrgemeinde ging, wurde dieser Abend praktisch zu einem Aufstand mit bitteren Beschwerden über die Musik. Und wir mussten fast allem zustimmen, was gesagt wurde. Sie hatten Recht. Unsere Musik war einfach furchtbar, sie verdarb das ganze Wochenenderlebnis. Und das machte die Menschen wütend.

So ist es nicht überraschend, dass die beliebteste Messe an einigen Wochenenden die stille Messe war.

Wollen Sie wissen, wie wir das Problem lösten? Wir machten gar nichts. Wir wollten keine Gefühle verletzen (die der Pfarrmitglieder übersahen wir dabei), und so taten wir zwei Jahre lang nichts. Als wir es dann nicht mehr aushielten, als nicht einmal wir mehr in die Kirche gehen wollten und diesen Lärm ertragen, wagten wir das Undenkbare: Wir sprachen mit den

Musiker/innen. Wir setzten uns mit ihnen zusammen und begannen
mit ihnen über die Musik zu sprechen. Leider – aber das war nicht
überraschend – leisteten sie einen großen Widerstand gegenüber unseren Interventionen, und wir fanden es sehr schmerzhaft, mit ihnen
weiterzumachen. Schließlich stellten wir einen „Musikdirektor" an.
Es schien ein echter Fortschritt zu sein, weil wir das musikalische Angebot auf ein professionelles Level hoben, und was noch viel wichtiger
war: Wir konnten das Problem an ihn abgeben. Es hat nicht funktioniert. Der Mann war ein Riesentalent, der wild entschlossen schien,
unsere Pfarrmitglieder mit einem Musikstil zu überfordern, den wir
dissonant und schwierig fanden. Er war unseren Bitten gegenüber resistent. „Ich bin kein Wurlitzer", schnauzte er uns an und missachtete
die Vorlieben der Gemeinde. Und anstatt sich um unsere Probleme zu
kümmern, schien sein Vorgehen das Drama nur noch zu vergrößern.
Es war unausweichlich, dass unsere Wege sich trennen mussten, aber
wir brauchten weitere zwei Jahre, um diese zusätzlichen Schwierigkeiten anzugehen und zu tun, was wir tun mussten.

Aus unserer Erfahrung wissen wir, dass ein großes Problem in der Kirchenmusik die Musiker/innen selbst waren. Die meisten der Professionellen waren Individualist/innen mit besonderen Bedürfnissen.
Manche waren sehr teuer und schafften es nicht, mit ihrem Budget aus-
zukommen, sie waren auch keine Teamplayer. Es gab manchmal die
zynische Einstellung: „Ich tue, was ich tun will, und ihr werdet mich
dafür bezahlen." Die ehrenamtlichen Musiker/innen waren noch emp-
findlicher und hatten noch größere Ansprüche, waren noch fordern-
der. So oder so ging es bei der Musik nur um die Musiker/innen. Wir
erinnern uns noch gut an unser Unbehagen, als der neue Musikdirektor am amerikanischen Nationalfeiertag unaufhörlich eine französische
atonale Kommunionmeditation spielte (keine Sorge, wenn Sie das
nicht kennen, wir kannten es auch nicht; es war gnadenlos). Inzwischen schauten diejenigen, die geblieben waren, ängstlich auf ihre
Uhren, während sie darauf warteten, zum Pool oder zu ihrem Feier-
tagsmenü zu kommen. Es passte einfach nicht zusammen.

SCHLECHT UND SCHLECHTER

Aber es war natürlich nicht nur deren Schuld. Auch wir trugen dazu bei, weil wir, was die Musik betrifft, wie bei vielen anderen Dingen, nicht wirklich wussten, was wir taten. Wir befanden uns auf einer Wüstenwanderung mit lauter schlechten Wahlmöglichkeiten. In unserem Unverständnis hatten wir das musikalische Angebot noch schwieriger und arbeitsintensiver gemacht als es bereits war. In vielen katholischen Kirchen in unserer Region gibt es zwei Arten von Kirchenmusik: die „Gitarrenmesse" und die „Orgelmesse". In letzter Zeit gibt es auch in protestantischen Gottesdiensten verschiedene Optionen. Schilder vor eher traditionellen Kirchen weisen nun auch auf „zeitgemäße" Gottesdienste zusätzlich zu den traditionellen hin, wahrscheinlich um Neulinge anzuziehen ohne die regelmäßigen Gottesdienstbesucher/innen zu vergrämen. Wir wünschen ihnen viel Glück, denn unterschiedliche musikalische Angebote machen alles nur noch komplizierter. Glauben Sie uns, wir wissen das! Was sich später als unsere dümmste Idee entpuppte, setzten wir um und weiteten das Angebot noch aus.

Pfarrer Michael White: *Es war so eine schlechte Idee, dass es mir immer noch peinlich ist, darüber zu sprechen. Wir entwickelten etwas, das wir ein „Menü verschiedener Musikstile" nannten. Das war das einfach zu durchschauende Bemühen, unseren fordernden Konsument/innen etwas anzubieten, und zwar nicht nur zwei oder drei, sondern vier unterschiedliche Musikangebote in unterschiedlichen Messen am Wochenende. Eine Zeitlang boten wir eine „Choralmesse" mit einem bezahlten Chor und klassischer Choralmusik an, sowie eine „traditionelle Messe" mit bekannteren Kirchenliedern. Dann gab es noch etwas, das wir „vertraut zeitgenössisch" nannten – Volksmusik –, und „hochmoderne zeitgenössische Musik" – eine Sammlung verschiedener Stile.*

Vielleicht ist es nicht unbedingt das Schlechteste, verschiedene Musikstile anzubieten. Vielleicht. Aber wir zweifeln daran. In unserer

Erfahrung schaffen verschiedene Optionen ein Konkurrenzfeld. Diese Systeme konkurrierten mit ihren begrenzten Ressourcen und einem geteilten Platz und schufen so immer mehr Probleme von Messe zu Messe. In der Folge wurde die Gemeinde durch die verschiedenen musikalischen Vorlieben gespalten.

Das war ein weiteres Beispiel für Konsumverhalten. Und wie alle solchen Bemühungen war auch diese schließlich kontraproduktiv für unsere Bemühungen zu wachsen, da Neulinge ihre Aufmerksamkeit weniger auf verschiedene Musikstile richten als auf Gottesdienstzeiten. Wenn sie die Musik nicht mögen, die es in dem Gottesdienst gibt, zu dem sie Zeit haben, gehen sie woandershin oder geben auf. Wir wollten ein probates Musikangebot, aber wir hatten keine Vorstellung davon, was das sein könnte.

Pfarrer Michael White: *Ich wandte mich dem Musikprogramm vor allem mit meinen Vorlieben und Neigungen zu. Ich liebe klassische Musik und in der Kirche Choral. Eine Zeit lang hatten wir einen sehr begabten Chorleiter hier, der einen wirklich guten Männer- und Knabenchor leitete, und ich liebte diese Musik. Aber es gelang mir nicht, auch alle anderen davon zu überzeugen. Hoffentlich wird es immer einen Ort für solche Musik geben, aber zu diesem Zeitpunkt brauchte Nativity einen anderen Zugang.*

Unsere ursprünglichen Kantor/innen hatten ein mageres Repertoire, das immer wieder vorkam: „Nimm uns auf" und natürlich die „Schöpfungsmesse". Die volkstümliche Gruppe liebte die altbekannte Musik, mit der sie in den 1960ern und 70ern aufgewachsen waren, wie „Es werde Friede auf Erden" und „An unserer Liebe zueinander werden sie erkennen, dass wir Christen sind". Wenn Sie nun eine beliebige Person in der Kirchenbank fragen, was sie gern hätte, würde sie eine sehr einfache und bestimmte Liste mit leicht eingängiger Musik mit einem sentimentalen Touch nennen: „Ave Maria", „Auf Adlersschwingen", „Gott segne Amerika", „Ich bin das Brot des Lebens", „Fürchte dich nicht". Es war allerdings unnötig, sie zu fragen, denn wenn sie nicht bekamen, was sie wollten, ließen sie es uns nach der Messe wissen. Konsument/innen machen das so.

Die Musikschlachten, die es gab – und es waren wirklich Schlachten – drehten sich ausschließlich um persönliche Vorlieben, und Konsument/innen und Anbieter/innen kämpften um den Stil, den sie bevorzugten. Aber wir kapierten es immer noch nicht, selbst nach all unseren Bemühungen, dass weder die Elitemusik der Profis noch die harmlose und bequeme Wahl unserer Gemeinde jemals Tim anziehen würde.

Es gab ein weiteres Problem mit unserer zeitgenössischen Musik. Thomas Day beschreibt in seinem aufschlussreichen Buch „Warum Katholik/innen nicht singen können", dass es sich um etwas Größeres handelt als um „Geschmacksfragen":

„Es gibt die Tendenz dieser Musik, dass die Gemeinde die „Stimme Gottes" wird. In anderen Worten: In der Komposition ist der Text so gesetzt, dass die Gemeinde Gottes Worte singt, meist ohne Anführungszeichen, in gelangweilter, entspannter, beinahe lässiger Art und Weise. Das verwundert und das gab es in der Geschichte des Christentums bisher nicht. Die Worte, die von diesem Gott/dieser Gemeinde gesungen wurden, schienen immer alle darin zu versichern, dass sie ein fehlerloses, heldenhaftes, heiliges Leben führten und dass sie ihre eigene Erlösung durch ihre guten Werke erarbeiteten."[62]

> **Wir hatten ein Musikangebot; was wir aber brauchten, war ein Anbetungsangebot.**

Man kann es auch anders ausdrücken: Nicht all unsere Musik war auf Gott ausgerichteter Lobpreis und Anbetung. Wir strengten uns sehr an, ein Musikangebot zu entwickeln, und wir wussten intuitiv, wie wichtig das ist, aber trotz unserer Bemühungen bekamen wir es nicht hin. Wir hatten ein Musikangebot, zuerst ein schlechtes, dann ein besseres und schließlich ein großartiges. Wir hatten ein Musikangebot; was wir aber brauchten, war ein Lob- und Anbetungsangebot.

Es geht ohnehin nicht darum, ein Musikangebot zu schaffen. Es geht darum, die Gemeinde von Musikkonsument/innen, die durch die Musik entweder entzückt, gelangweilt oder beleidigt sind, zu Anbeter/innen zu machen. Gleichzeitig geht es darum, die Musiker/innen von einer Auftrittsmentalität wegzubringen und sie zu geistlichen Führer/innen zu machen. Es geht um Anbetung durch Gesang.

JÜNGER/INNEN SINGEN

„Singen" ist eines der häufigsten Wörter in der Bibel.[63] Von Gottes Volk wird erwartet, dass es singt. *„Dient dem HERRN mit Freuden! Kommt vor sein Angesicht mit Jubel!"* (Ps 100, 2) Singen ist eine elementare Form des Lobpreises. Mose und Israel taten es in Reaktion auf den Durchzug durch das Rote Meer; David und das Volk taten es, als sie die Bundeslade nach Jerusalem brachten; Jesus und seine Jünger taten es in der Nacht, bevor er starb (das Letzte Abendmahl war keine „stille Messe"). Musik in der Liturgie soll uns zum Singen bringen, wir sollten in der Liturgie singen und darüber hinaus.

„Inspiriert durch gesungene Beteiligung schreitet der Leib des fleischgewordenen Wortes voran, um die frohe Botschaft mit Stärke und Leidenschaft zu verbreiten. Auf diese Art und Weise führt die Kirche Männer und Frauen „zum Glauben, zur Freiheit und zum Frieden Christi durch das Beispiel ihres Lebens und Lehrens, durch die Sakramente und andere Gnadengaben. Ihr Ziel ist es, für alle Menschen einen freien und sicheren Weg der vollen Teilhabe am Mysterium Christi zu öffnen."[64]

Singen und Nachfolge gehören also zusammen. Jünger/innen sind ergriffen vom Lobpreis und dadurch motiviert, sich mit ihrem Gesang kräftig am Lobpreis zu beteiligen.

Als wir diese Kleinigkeit schließlich verstanden hatten, wussten wir endlich, wohin wir gehen mussten. Wir wussten nur nicht, wie wir dorthin kommen. Beten hätte geholfen, und schließlich begannen wir damit. Wir beteten und fasteten (ein wenig) und warteten. Und ehrlich: Eines Tages, es war ein Ostersonntag, kam ein Mann namens Al in unser Büro und erzählte uns, dass er in einer Pfarrgemeinde in Texas für die zeitgenössische Musik zuständig gewesen war. Er war in unsere Gemeinde gezogen, um näher bei seiner Familie zu sein und würde uns gern helfen. Das tat er auch. Er fing klein an und half uns dabei, Schritt für Schritt unser Angebot wesentlich zu verändern.

Wenn wir heute auf unser Angebot blicken, haben wir fünf annähernd gleiche Gottesdienste, die von Al und der Band, die er gegründet hatte, musikalisch gestaltet werden. Seit kurzem gibt es eine zweite Band unter der Leitung von Rob. In beiden Bands gibt es Schlagzeuger, Keyboardspieler, Bässe und weitere Musiker, je nachdem, was von Messe zu Messe, von Woche zu Woche gebraucht wird. Wir waren sehr überrascht, als wir herausfanden, wie viel musikalisches Talent in unseren Kirchenbänken saß. Normalerweise spielt die Band „Lobpreis- und Anbetungsmusik", da wir herausfanden, dass diese Art von Musik anziehend auf Tim und seine Familie wirkt. Und im Gegensatz zu allen anderen Musikstilen bringen diese lebendigen und fröhlichen Melodien zeitgenössischer Musik die Menschen zum Singen.

„Lobpreis- und Anbetungsmusik" ist ein wenig so wie erwachsene alternative Rockmusik (mit christlichen Texten). Ist das angemessen? Wir glauben, dass es zu uns passt, und wir glauben, dass wir auch liturgisch auf sicherem Boden stehen. Das Zweite Vatikanische Konzil hält fest:

„Da die Völker mancher Länder eine eigene Musiküberlieferung besitzen, die in ihrem religiösen und sozialen Leben große Bedeutung hat, soll dieser Musik gebührende Wertschätzung entgegengebracht und angemessener Raum gewährt werden, und zwar sowohl bei der Formung des religiösen Sinnes dieser Völker als auch bei der Anpassung der Liturgie an ihre Eigenart." (SC 119)

Die Konzilsväter dachten vor allem an die Wichtigkeit von Musik in Bezug auf Evangelisierung und Anbetung in Missionsgebieten. Das ist genau der Punkt: Timonium, Maryland, im 21. Jahrhundert ist Missionsgebiet. Und Musik, die zur Kultur passt, ist ein starkes und effizientes Werkzeug für Mission.

Manchmal nehmen wir auch traditioneller Lieder in überarbeiteten Versionen auf. An Heiligabend und in der Heiligen Woche singt Rich, unser Chorleiter, mit einem vollwertigem traditionellen Chor alle Favoriten und Klassiker, die jede/r (auch Tim) zu diesen Gelegenheiten hören will.

Wir pushen keinen bestimmten Musikstil. In der multikulturellen Wirklichkeit des amerikanischen Katholizismus wäre das absurd. Außerdem gibt es in der neuen Messordnung viele verschiedene Musikstile zur Auswahl, solange drei grundlegende Kriterien erfüllt werden, wie Kardinal Joseph Ratzinger, der emeritierte Papst Benedikt XVI., es formulierte:

● Sie steht in Bezug zu Gottes Wort und seiner Erlösungstat
● Sie erhebt die Herzen der Menschen zu Gott
● Es hilft dem/der Einzelnen dabei, sich mit der größeren Gemeinschaft zu vereinen.[66]

Darüber hinaus war es wichtig zu verstehen, dass Musik, die für unsere Gemeinde gut war, sich nicht nach den persönlichen Vorlieben des Pfarrers oder des/der Kirchenmusiker/in richtet, noch nach den Forderungen der Menschen in den Kirchenbänken, ja auch nicht nach der Mehrheit. Die Musik muss darauf abzielen, die Verlorengegangenen anzuziehen und durch Anbetung zu Jünger/innen werden zu lassen.

Timonium, Maryland, im 21. Jahrhundert ist Missionsgebiet. Und Musik, die zur Kultur passt, ist ein starkes und effizientes Werkzeug für Mission.

Bei uns gibt es keine „stillen" oder „niederschwelligen" Messen mehr. Wir haben vor einigen Jahren damit aufgehört, und es war eine der besten Entscheidungen, die wir je getroffen haben. Die stille Messe hielt die „Bringen-wir-es-hinter-uns-Mentalität" bei vielen Leuten hoch, die kamen und sich nicht am Gebet beteiligen wollten.

Eines Tages luden wir einen befreundeten Pastor einer anderen Denomination ein, mit uns die Messe zu feiern. Er gebrauchte eine großartige Analogie, indem er die Musik im Gottesdienst mit einer Filmmusik verglich. Wenn sie sorgfältig und genau ausgesucht wird, kann Musik die Geschichte formen, oder die Pfarrmitglieder auf eine Reise zu den höheren Dingen mitnehmen.

Wir bemühen uns, dass die Musik mit den liturgischen Tätigkeiten übereinstimmt. Sie muss Orientierung geben und alles in einen Fluss bringen und zum Ritual passen. Wie das Kirchenjahr eine „fortschreitende Feierlichkeit" mit sich bringt (damit ist gemeint, dass einige Feste eine größere Ernsthaftigkeit und Festlichkeit verlangen), kann dasselbe für die Messe gesagt werden.[67]

In der Messe ist eine fortschreitende Feierlichkeit vorgegeben, die durch die Musik kraftvoll unterstrichen werden kann. Wir glauben, dass Musik im Eröffnungsteil ein Gefühl des Ankommens, vielleicht sogar der Dringlichkeit vermitteln kann, die die Menschen in eine „Ereignis-Erfahrung" mit hineinnimmt. Musik während der Gabenbereitung führt die Menschen tiefer in das Geheimnis selbst hinein. Bei der Kommunion kann Musik sanfter oder ergreifender wahrlich erhebend und inspirierend sein. Bei der Entlassung braucht es etwas, mit dem die Menschen hochmotiviert hinausgesandt werden.

Um diesen Punkt zu unterstreichen, benutzen wir zwei weitere unerwartete Elemente in unserem kreativen und zeitgenössischen Zugang zum Wochenenderlebnis: Gregorianik und Stille.

Gregorianische Musik, die der römischen Liturgie angemessene Musik, verankert das Wochenenderlebnis in unserer Tradition. Wir nutzen sie beim Eucharistischen Hochgebet, manchmal zum Introitus und als Kontrapunkt zur Eröffnung oder während der Kommunion. Dies scheint unsere Gemeinde sehr effektiv im Herzen des Geheimnisses zu sammeln, das wir feiern. Tim und seine Familie wenden sich nicht ab, im Gegenteil, wir bemerken, dass sie dadurch in das hineingenommen werden, was sich entfaltet, indem sie Schritt für Schritt zur Ernsthaftigkeit der Feier hingeführt werden. Die Welt der Kirche kann auf verlorengegangene Menschen öde und abge-

droschen wirken oder protzig und unaufrichtig, zumindest ist das
ihre Einstellung, wenn sie hereinkommen. Dass wir unser Wochenenderlebnis mit dem Geist des Geheimnisses tränkten, das in der römischen Liturgie enthalten und in der Gregorianik seinen Ausdruck
findet, kann ein Gegenmittel für ihre bisherige Wahrnehmung sein.
Die Macht der Musik kann durch die Macht der Stille ergänzt werden. Wir sagten bereits, dass wir keine „stillen" Wochenendmessen
mögen, aber der überlegte und kreative Einsatz von Stille als Einleitung
oder Betonung des gesprochenen Wortes kann das Gottesdiensterleb-
nis erheblich erhöhen.

„Musik entsteht aus der Stille und kehrt in die Stille zurück. Gott offenbart sich sowohl in der Schönheit des Gesangs als auch in der Kraft der Stille ... Die Wichtigkeit von Stille in der Liturgie kann gar nicht überbetont werden."[68]

Musik kann die Geschichte formen, oder die Pfarrmitglieder auf eine Reise zu den höheren Dingen mitnehmen.

Ein geistvoll gesungener
Kommuniongesang, der in eine gemeinsame Stille mündet, kann äu-
ßerst dramatisch und wirkungsvoll für das gesamte Wochenenderlebnis sein. Wir haben erkannt, dass in unserer Gemeinde Stille in
Verbindung mit Musik sehr wirksam ist. Weil die Musik kraftvoll
ist, ist es auch die Stille. Verwenden Sie Musik, um mit der Stille zurecht zu kommen.

SIE SCHAFFEN DAS!
SCHRITTE IN IHRER PFARRGEMEINDE

Um dahin zu gelangen, wo Sie hinwollen, braucht es kein Talent,
Glück oder Geld. Sie müssen nur konsequent einige grundlegende
Prinzipien befolgen.

• Stellen Sie sicher, dass Sie die besten Musiker/innen haben, die

Sie finden können (haupt- oder ehrenamtlich), und binden Sie sie ein. Wagen Sie den schwierigen Schritt und trennen Sie sich von Menschen, die Ihr Angebot schlechter machen. Sehen Sie den Tatsachen ins Auge und tragen Sie den Konflikt aus, um Ihr Angebot verbessern zu können.

- Beten Sie für Ihre Musik und Ihre Musiker/innen. Fasten Sie für sie.
- Ganz egal welchen Musikstil Sie haben, stellen Sie sicher, dass Ihre Musik Gebet ist und dass Ihre Musiker/innen geistliche Leiter/innen sind.
- Wählen Sie Ihre Musik sorgfältig aus in Hinblick auf die Liturgie, aber auch auf die verlorengegangenen Menschen. Sie müssen mit Ihren Musiker/innen über die Musik sprechen. Es geht nicht darum, was Sie oder die Musiker/innen mögen, es geht nur um die Verlorengegangenen.
- Zögern Sie nicht, einige Lieder Woche für Woche zu wiederholen. Ermutigen Sie Ihre Pfarrmitglieder liebevoll dazu mitzusingen, und singen Sie mit ihnen.

Nach der Luftqualität ist Musik buchstäblich der wichtigste atmosphärische Faktor für Ihre Gemeinde, weil sie bestimmt, wie sich die Menschen in Ihrer Kirche fühlen. Sie hat die Kraft, dass sie sich wie verzärtelte oder unzufriedene Konsument/innen fühlen. Sie hat aber auch die Kraft, dass sie sich als Teil einer Bewegung sich entwickelnder Jünger/innen fühlen, was wir von unserer Pfarrgemeinde wollen. Außerdem sind wir zutiefst davon überzeugt, dass viele Gemeinden in ihrer Konsum-Mentalität bleiben werden, solange die Mitglieder nicht singen. Wir wissen nicht genau, warum das so ist, aber das gemeinsame Singen scheint ein Leitwert für die Gesundheit einer Pfarrgemeinde zu sein. In die Kirche zu gehen und nicht zu singen ist wie ins Fitnessstudio zu gehen ohne zu trainieren. Sie müssen singen!
In den letzten Jahren beobachteten wir mit wachsender Begeisterung, wie unsere Gemeinde schließlich zu singen begann. Wenn eine Gemeinde Gott in einem Lied lobt, ist das auf ernsthafte und selbstlose Weise verwandelnd.

„Singt dem Herrn ein neues Lied; sein Lob sei in der Versammlung der Heiligen ... Der neue Mensch kennt das neue Lied. Dieses Lied ist Ausdruck der Freude oder genauer noch: es ist Ausdruck der Liebe. Wer das neue Leben zu lieben versteht, der kennt auch dieses neue Lied. Deshalb müssen wir sorgfältig um das bedacht sein, was zum neuen Leben gehört – des neuen Liedes wegen. Hier hat alles Anteil am selben Reich der Himmel: der neue Mensch, das neue Lied, der Neue Bund. Der neue Mensch wird ein neues Lied singen und zum Neuen Bund gehören."[69]

ZUGÄNGLICH UND ATTRAKTIV

Wenn wir das Wochenenderlebnis aus dem Blickwinkel der Verlorengegangenen anschauen, geht es um die Mitarbeiter/innen. Wir wollen ganz sicher nicht die Konsumforderungen unserer Mitglieder begünstigen, weil wir nicht wollen, dass sie Konsument/innen bleiben. Aber Menschen beginnen damit. Wir möchten also unsere potenziellen Mitglieder miteinbeziehen, indem wir ein attraktives und zugängliches Angebot für unser Wochenenderlebnis haben.

Pfarrmitglieder, die ehrenamtlich arbeiten, beseitigen einige der Hindernisse und unterstützen uns dabei. Schon Kleinigkeiten können störend sein. Wenn Sie keinen Parkplatz finden, fühlen Sie sich nicht willkommen, oder wenn Sie in einer schmutzigen Kirche sitzen, wird es schwer sein, sich auf Gott zu konzentrieren. Aus Kleinigkeiten können Schwierigkeiten werden. Im nächsten Kapitel werden wir darüber sprechen, warum es wichtig ist, aus Mitgliedern Mitarbeiter/innen zu machen, und wie das geht. Wir möchten Ihnen die wichtigsten Teams vorstellen, die wir für das Wochenende brauchen.

In unserer Gemeinde ist es üblich, dass die Menschen mit dem Auto zur Kirche kommen. Also müssen wir uns zuerst um ihre Autos kümmern, dann um sie selbst. Das Wochenenderlebnis beginnt für uns mit dem Parkplatz-Team. Sie weisen die Menschen ein, helfen bei besonderen Anfragen und stellen sicher, dass die größtmögliche Anzahl an Autos gut geparkt wird. Aber noch viel wichtiger ist es, dass unser Parkplatz-Team eine willkommen heißende, festliche Atmosphäre schafft und auch ohne Worte spürbar werden lässt: „Wir erwarten Dich. Wir freuen uns, dass Du da bist."

Im Gebäude selbst gibt es das Begrüßungsteam. Ihr Ziel ist es, alle Menschen, die durch unsere Türen kommen, zu begrüßen und auf überzeugende Art und Weise zu vermitteln, dass wir es großartig finden, dass sie da sind. Es gibt kaum etwas, das schneller das Gefühl vermittelt willkommen zu sein als Menschen, die sich darüber freuen, dass Sie für sie da sind. Zu diesem Zeitpunkt haben unsere Gäste schon ein Lächeln auf ihren Gesichtern und wir haben bereits erfolgreich begonnen, die Frohe Botschaft zu verkünden. Statt der Platzanweiser/innen von früher haben wir nun Gastgeber, die den Gottesdienstbesuchern behilflich sind. Dieses Team sammelt auch die Kollekte ein, was vorher die Aufgabe der Platzanweiser war, und passt auch auf das Haus auf. Eine einladende Atmosphäre muss man auch pflegen und schützen. Deshalb hat das Begrüßungsteam hat einen Plan für das Begrüßen und die Zuweisung der Sitzplätze. Sie lösen auch Probleme mit schwierigen Menschen und auch mit schlechtem Benehmen, das in der Öffentlichkeit oft vorkommt. Das Wochenenderlebnis in Ihrer Pfarrgemeinde kann durch schlechtes Benehmen Einzelner beschädigt, ja sogar zerstört werden. Die Messe ist auch kein Ort für brüllende Kinder, die nicht beruhigt werden können, oder große Babys, die gern telefonieren wollen. Wenn es nötig ist, bittet das Begrüßungsteam die Menschen, die Kirche zu verlassen. Was immer sie tun, sie schaffen - hoffentlich- eine Atmosphäre, in der Erwachsene und junge Erwachsene Abstand zu ihrem Leben gewinnen können, wo sie entspannen und sich auf Gott ausrichten können.

Das Begrüßungsteam gibt eher Auskunft bei Fragen, wo etwas ist. Für weitergehende Fragen steht ein Informationsteam Verfügung. Es befindet sich im Eingangsbereich mit einem eigenen Schreibtisch und Laptop und kümmert sich – Sie haben es schon erraten – um alles, was mit Information zu tun hat. Das Team informiert die Gäste über die Angebote und Gottesdienste und hilft

Pfarrmitgliedern dabei, die nächsten Schritte in der Nachfolge zu gehen. Als wir mit dem Info-Tisch begannen, wussten die Ehrenamtlichen nicht viel über die Gemeinde, aber wir brachten ihnen bei zu sagen: „Ich werde es herausfinden." Schließlich entwickelte sich das Team weiter und ist nun immer auf dem neuesten Stand. Sie haben ein Handbuch mit den Informationen, die sie brauchen.

Der Teamleiter nimmt an unseren wöchentlichen Dienstbesprechungen teil, in denen wir das Wochenende vorbereiten und informiert dann seine Mitarbeiter/innen. Inzwischen wissen sie besser über alles Bescheid als wir. Zusätzlich reduziert dieser Dienst die Anzahl der Menschen, die von Montag bis Freitag in unser Büro kommen. Momentan haben wir nicht einmal jemand an der Rezeption im Sekretariat. Das Informationsteam am Wochenende kümmert sich um alles, angefangen von Messintentionen bis zu Taufbescheinigungen.

> **Die Messe ist kein Ort für brüllende Kinder, die nicht beruhigt werden können, oder große Babys, die gern telefonieren wollen.**

SIE SCHAFFEN DAS!
SCHRITTE IN IHRER PFARRE

Sammeln Sie an einem Ort (in einem Ordner oder auf Ihrem Laptop oder auf Ihrer Webseite) alle Informationen, die Pfarrmitglieder brauchen und wollen: wo man sich registrieren kann[70], wo man Kuverts für die Kollekte bekommt, wo man sich für Angebote oder Veranstaltungen anmelden kann … alles an einem Ort.

Finden Sie drei oder vier Personen aus Ihrer Pfarrgemeinde, von denen Sie gern mehr hätten: freundliche und begeisterte Leute, von denen Sie gerne vertreten würden; bringen Sie sie in Ihr Informationsteam. Sagen Sie ihnen, dass sie mit allen anderen Tätigkeiten in der Pfarrgemeinde aufhören können und versprechen Sie ihnen, dass Sie sie um nichts anderes bitten werden, solange sie diesen Dienst tun. Investieren Sie etwas in sie, so dass sie für erfolgreiche Arbeit gerüstet sind. Treffen Sie sich regelmäßig mit ihnen und versichern Sie sich, dass sie über alles Bescheid wissen, was sich tut.

Finden Sie einen Platz in Ihrem Eingangsbereich oder in der Nähe Ihrer Eingangstür, jedenfalls an einem gut einsehbaren und zugänglichen Ort. Stellen Sie einen Tisch hin. Bemühen Sie sich, einen schönen Tisch zu finden oder wenigstens ein schönes Tischtuch. Legen Sie nicht alles Mögliche auf den Tisch, nur einige wenige relevante und zeitnahe Dinge, die Sie zur Hand haben (wie z.b. den Wochenbrief). Legen Sie alles, was Sie sonst noch brauchen, unter den Tisch. Stellen Sie ein Schild auf, damit die Leute wissen, was der Sinn und Zweck dieses Tisches ist.

- Wichtig: keine Stühle, Ihr Team muss stehen.
- Übrigens: Verkaufen Sie nichts an diesem Tisch und sammeln Sie keine Spenden!

Machen Sie einen Dienstplan für das Team und stellen Sie sicher, dass niemand alleine Dienst machen muss. Helfen Sie Ihrem Team zu verstehen, dass sie keine Tränke für Insider/innen sind. Sie stehen an vorderster Front von Evangelisierung und Nachfolge.

Unser Café-Team kümmert sich um das Café. Sie verkaufen das ganze Wochenende über Kaffee, Tee, Saft und Mineralwasser; Krapfen und Donuts gibt es am Sonntagmorgen; Imbisse, Sandwiches und Pizza am Nachmittag. Um alles so einfach wie möglich zu halten, gibt es nur Fertiggerichte. Außer dem Kaffee wird nichts gekocht. Und es gibt nur Speisen, die man in der Hand halten kann, so dass die Leute stehen können. Wir wollen durch die Anzahl der Sitzplätze unsere Kapazität nicht begrenzen, und wir wollen auch kein Speisesaal für regelmäßige Besucher/innen werden (und so eine neue Konsum-Mentalität fördern). Das Ziel ist, eine niederschwellige Gemeinschaftsatmosphäre für so viele Menschen wie möglich zu schaffen. Und auch wenn wir kostendeckend arbeiten wollen, wir sammeln mit unserem Café keine Spenden.

Neben den Aufgaben im Café soll unser Team mit den Pfarrmitgliedern und Gästen in einen persönlicheren Kontakt kommen als die anderen Teams. Wir haben eine Kultur entwickelt, in der die Menschen nach der Messe gerne noch dableiben. Es gibt bei uns keine großen gesellschaftlichen Aktivitäten, wie Tanzveranstaltungen oder große Essen, weil das sehr arbeitsintensiv ist und die Menschen in unserer Gemeinde nicht noch zusätzliche Veranstaltungen in ihrem Terminkalender brauchen (und später werden wir berichten, warum wir keine Benefizveranstaltungen mögen).

Außerdem haben wir einen einfacheren Weg gefunden, wie wir Gemeinschaft schaffen, die hunderte Menschen mehr miteinbezieht als arbeitsintensive und altmodische Einzel-Events. Am Wochenende geschieht Gemeinschaft. Sie geschieht im Café und durch das Café-Team.

Je mehr Zeit die Menschen auf unserem Gelände verbringen, desto wahrscheinlicher ist es, dass sie an die Botschaft des Evangeliums glauben werden. Wir bieten ihnen Wege, sich zu beteiligen, die sie tiefer in den Glauben führen. Der größte Gewinn eines Wochenendes ist es, wenn wir die Menschen nach der Messe im Café über die Botschaft des Evangeliums reden hören.

INVESTIEREN UND EINLADEN

Diese vier Teams bzw. Dienste bilden ein zusammenhängendes Ganzes. Sie arbeiten strategisch zusammen. Die Parkplatzeinweiser/innen sprechen mit den Leuten in freundlichen, hilfsbereiten und kurzen Begegnungen. Das Begrüßungsteam kommt mit so vielen Menschen wie möglich in Kontakt, auch in Einzelbegegnungen, aber nur kurz. Doch diese beiden Dienste stellen gemeinsam sicher, dass jede/r auf mindestens zwei freundliche

> **Der größte Gewinn eines Wochenendes ist es, wenn wir die Menschen nach der Messe im Café über die Botschaft des Evangeliums reden hören.**

Begegnungen unserem Gelände hat, wenn er/sie am Wochenende zu uns kommt.

Das Informationsteam und das Café-Team gehen tiefer und zwar mit den Menschen, die aus welchem Grund auch immer mehr wollen. Der Informationstisch ist eine Anlaufstelle für Menschen, um uns besser kennenzulernen und miteinbezogen zu werden. Im Café schaffen unsere Mitarbeiter/innen eine gemeinschaftliche Atmosphäre, die mit einer Unterhaltung beginnen und in eine Beziehung müden kann.

Vor kurzem haben wir mit einem fünften Dienst begonnen, der diese Bemühungen ergänzen, vielleicht vervollständigen soll. Wir haben noch nicht einmal eine Bezeichnung dafür. Dieses Team soll eine spezifische Ausbildung erhalten, um Menschen zu helfen, die direkt nach der Messe Seelsorge brauchen. Sie können eine Schulter zum Ausweinen bieten, ein freundliches Ohr, eine tröstende Umarmung für die emotionale Reaktion von Menschen auf den Gottesdienst und einen sicheren Ort, um einiges von dem loszuwerden, was sie mit sich herumschleppen. Sie sind keine Berater/innen oder Therapeut/innen, sie sind Mitarbeiter/innen im Dienst für Unterstützung und Gebet. Der Priester soll nicht der einzige in der Gemeinde sein, der zuhören und sich um Gottesdienstbesucher kümmern kann.

Alle die im Wochenenddienst mitarbeiten sind Teil unserer Evangelisationsstrategie unter dem Motto „Investieren und einladen". Es funktioniert so: Wenn Sie sich darum bemühen, einen Gast einzuladen, können Sie sicher sein, dass dieser freundlich empfangen wird, und das motiviert Sie wiederum, mehr Einladungen auszusprechen!

PUTZEN SIE IHRE KINDERECKE

Zusätzlich zu den liturgischen Diensten, die für die Messe nötig, haben wir noch andere Dienste, die sich um die Technik und Arbeiten kümmern. Das Betriebsteam kümmert sich um Vorbereitung und Abbau von Pfarranveranstaltungen und Gottesdiensten. Sie putzen die Fenster, saugen die Teppiche und halten alles das ganze Wochenende über sauber. Das ist eine besonders wichtige Arbeit, die von Pfarrangehörigen getan werden kann. Wenn Sie am späten Sonntagvormittag in unsere Kirche kommen, waren vor Ihnen schon 1000 andere da. Ohne durchgehende Pflege gehen Mülleimer über, sind Glastüren unsauber und die Kinderbereiche dreckig. Menschen wollen ihre Kinder nirgendwohin bringen, wo es schmutzig ist. Zudem schadet mangelhafte Pflege unserer Glaubwürdigkeit.Wenn Sie am Sonntagvormittag in unsere Kirche kommen, waren vor Ihnen schon 1000 Menschen da. Ohne durchgehende Pflege gehen Müllkübel über, sind Glastüren schmutzig und Kinderecken dreckig. Menschen wollen ihre Kinder nirgendwohin bringen, wo es schmutzig ist. Außerdem schadet mangelhafte Pflege unserer Glaubwürdigkeit.

Ein befreundeter Pastor erzählte, wie er eine Pfarrgemeinde besuchte, die ihn um Rat und Unterstützung gebeten hatte (weil die Dinge bei ihnen nicht besonders gut liefen). Er kam ein wenig zu früh und spazierte umher. Als erstes kam er in den Kinderbereich, der ziemlich schmutzig war. Er drehte sich um und wollte gehen. Da kamen die Gastgeber/innen ihm gerade entgegen. Auf dem Weg hinaus sagte er ihnen: „Mein Rat ist folgender: Putzen Sie Ihre Kinderecke. Erzählen Sie mir nicht, wie sehr Sie Jesus lieben, putzen Sie einfach nur Ihre Kinderecke!"

SIE SCHAFFEN DAS!
SCHRITTE IN IHRER PFARRE

Wir drängen Sie dazu, darüber nachzudenken, wie Ihr Gebäude auf den ersten Blick auf jemanden wirkt, der zum ersten Mal da ist. Ist alles ordentlich und nett und am wichtigsten: Ist alles sauber? Wie Ihr Gebäude aussieht, wird Ihren Gästen mehr über Sie erzählen als alles, was Sie von der Kanzel sagen. Ob Ihre Kirche schön ist, spielt für verlorengegangene Menschen keine Rolle, ob sie gepflegt ist, ist hingegen entscheidend.

Am Wochenende haben wir auch ein Technikteam. Es kümmert sich um grundlegende Dinge: was Sie sehen und was Sie hören. Wie oft waren Sie schon in der Kirche und konnten nicht sehen, was gerade geschieht, oder hören, was gesagt wurde? Ist das nicht verrückt? Zur Technik gehört unser Kamerateam, sowie die Leute, die am Schnittpult sitzen, wo Audio- und Videosignale zusammenlaufen. Zurzeit haben wir einige Video-Treffpunkte, in die die Gottesdienste übertragen werden. Wir nennen sie Gebetsorte außerhalb des Kirchenraums. Diese Bereiche bieten zusätzliche Sitzplätze und sind für Menschen mit speziellen Bedürfnissen, z.B. Eltern mit Kindern. Außerdem bieten diese Orte bequemere Sitzgelegenheiten für entkirchlichte Neulinge, die sich im Ablauf des Gottesdienstes noch nicht auskennen oder sich im Kirchenraum nicht so wohl fühlen. Wir übertragen unsere Wochenendbotschaft auch live auf unserer Webseite (ein noch leichter zugänglicher Bereich, um die Verlorengegangenen einzuladen). Das Entscheidende ist: Was unser Technikteam produziert, ist das Wochenenderlebnis für viele Menschen. Im Kirchenraum, der der Hauptort des Gebets ist, sorgt das Team für den richtigen Sound und für gute Sicht. Wie bereits erwähnt, ist unsere Kirche aus den 70er Jahren und weist eine minimalistische Architektur auf. Die Innenwände bestehen aus eintönigen braunen Ziegeln. Vor einigen Jahren bekamen die Zustimmung der Erzdiözese, um die Atmosphäre grundlegend zu verändern: Zu beiden Seiten des Altars brachten wir Großbildschirme an (2,70 x 4,90 m). Mit Hilfe des Technikteams begannen wir, die Messe als Video zu übertragen. Das brachte viel an Kritik und Kommentaren, aber das Endergebnis ist positiv und stark und zieht Menschen tiefer in die Liturgie hinein. Übrigens, wenn Sie den Petersdom in Rom oder die St. Patrickskathedrale in New York besuchen, werden Sie das gleiche sehen.

EINE UNWIDERSTEHLICHE ATMOSPHÄRE

Kleinigkeiten sind nicht zu unterschätzen. Machen Sie es den Menschen leicht, einen Parkplatz zu finden, grüßen Sie die Leute, schaffen Sie eine freundliche Atmosphäre, sorgen Sie für inspirierende Musik und Sie werden die besten Rahmenbedingungen für ein großartiges Wochenenderlebnis haben. Andy Stanley fasst diese Bemühungen in Bezug auf die Gestaltung zusammen und nennt es eine „unwiderstehliche Atmosphäre". Mit Blick auf seine unglaubliche Gemeinde nördlich von Atlanta schreibt er:

„Der Grund für unsere Ehrenamtlichen, warum sie das tun … ist, weil sie verstehen, dass wir nicht einfach Autos einparken; wir schaffen eine unwiderstehliche Atmosphäre. Wenn die Menschen hierher kommen, haben sie ein gewisses Aha-Erlebnis, sobald sie die Relevanz des Evangeliums und der Schrift mit ihrem alltäglichen Leben in Verbindung bringen."[71]

Unsere Wochenendmitarbeiter/innen und Musiker/innen schaffen eine Atmosphäre, die anziehend und schließlich – so hoffen wir – unwiderstehlich ist.

Wollen Sie mehr wissen oder tiefer gehen?
Hören Sie Barry zu, unserem Wochenendverantwortlichen, wie er über unsere Wochenenden spricht, und wie das alles funktioniert. Gehen Sie auf rebuiltparish.com/chapter6 und dann auf „Weekend Director".

Erwachsene kommen nicht immer alleine
Bei dem, was wir über die Entwicklung einer Wochenendatmosphäre für Erwachsene sagten, gibt es eine Rückseite. Ohne dieses andere Element werden Sie niemals eine anziehende – schon gar nicht unwiderstehliche – Atmosphäre haben. Und zwar deshalb: Sie müssen die …

„Die Kirche blickt auf die Jugendlichen; mehr noch, die Kirche erblickt sich selbst in einer besonderen Weise in den Jugendlichen."[72]
Johannes Paul II.

7 DIE NÄCHSTE GENERATION MOBILISIEREN

Neben unserem Altarraum in Nativity gibt es einen verglasten Bereich, der zusätzliche Sitzplätze bietet, z.B. für Mütter und Väter mit lauten Babys. Wenn man bedenkt, dass diese Kirche in den 70ern gebaut wurde, war das eine beeindruckende Innovation.

Dennoch war es in der Gemeinde aus irgendeinem Grund ein Streitpunkt und führte zu Konflikten, wer dort saß bzw. wem es erlaubt wurde, dort zu sitzen. Bei einer unserer ersten Pfarrversammlungen gab es eine unschöne Diskussion über dieses Thema. Es gab auch liberale Ansichten wie „Es macht nichts" und dagegen der konservative Zugang „Niemand sollte dort sitzen, alle sollten in der Kirche sein!" Obwohl keine Entscheidung getroffen worden war, machte das konservative Lager (Platzanweiser/innen) es schwierig und unangenehm für jede/n, der dort sein wollte. Es gab nicht einmal Stühle dort.

Pfarrer Michael White: *Eines Sonntags beobachtete ich die Auswirkungen dieses Konflikts. Eine Mutter kam herein, mit einem Baby in einer Trage in der einen Hand, an der anderen Hand ein Kleinkind, und sie schleppte noch einige Dinge mit sich, die eine Mutter braucht. Sie musste zu einer weit entfernten kleinen Kammer gehen, wo sie eine schwere Me-*

talltür öffnen und offen halten musste, um dann einen Metallstuhl herausziehen und ihn aufstellen. Plötzlich lief das Kleinkind weg, der Säugling begann zu schreien, und sie sah, dass der Stuhl kaputt war. Sie gab das Projekt auf und ging wortlos weg.

KLEINE KINDER SIND EINE GROSSE SACHE

Das Wochenende vom Blickwinkel der Verlorengegangenen aus zu betrachten, bedeutet: „Es gibt ein Angebot für Kinder!" Wir sind überzeugt davon, dass Wochenendangebote für Kinder, die während oder zusätzlich zur Messe angeboten werden, nicht nur einfach gut sind: Sie sind entscheidend, um eine unwiderstehliche Atmosphäre für Eltern (und Großeltern) mit kleinen Kindern zu schaffen. Einer der Hauptgründe, warum Familien heutzutage der Kirche den Rücken kehren, ist, weil es zu schwierig für sie ist, wöchentlich zur Messe zu kommen. Es funktioniert einfach nicht, kleine Kinder zu einem Gottesdienst für Erwachsene mitzunehmen.

Es ist die Zeit, die wir Gott schenken. Wir sind der festen Überzeugung, dass Kinder die Messe kennenlernen und beten lernen sollen. Aber wir glauben auch, dass das am besten in einer altersgerechten Atmosphäre gelingt, die ihnen hilft, beten zu lernen. Ohne Angebote für Kinder haben Eltern keine Wahl. Wie oft haben Sie schon einen Elternteil beobachtet, der erfolglos versucht, ein Kleinkind beschäftigt und ruhig zu halten und noch die bösen Blicke rundherum zu ignorieren (von denen einige vom Altar kommen). Wir zwingen kleine Kinder dazu, in einem Gottesdienst zu sitzen, der für sie unverständlich ist. Und dann wundern wir uns, warum sie es hassen und bei der ersten Gelegenheit nicht mehr hingehen. Wir erreichen das Gegenteil dessen, was wir wollen. Dies ist ein Teil unserer Kultur, den wir verändern müssen.

> **Die Messe ist weder ein Service für Kinder noch „Familienzeit".**

Tom: *Auf der anderen Seite ist Elternsein mit kleinen Kindern eine der herausforderndsten Zeiten im Leben. Glauben Sie mir, ich weiß, wovon ich spreche, ich habe fünf Kinder unter zehn Jahren.*

Frisch gebackene Eltern befinden sich an einem wichtigen Übergang in ihrem Leben. Oft geht das auch einher mit einer Veränderung der religiösen Praxis. Sie wachen auf, und es dämmert ihnen, dass Elternschaft nicht leicht und nicht allein zu bewältigen ist. Beinahe intuitiv begreifen sie, dass die Weitergabe moralischer Werte und tugendhafter Gewohnheiten an Kinder eine größere Autorität erfordert, als sie es selbst sind. Die meisten Eltern haben Interesse daran, ihren Kindern Glaubenserfahrungen zu ermöglichen, selbst wenn sie entkirchlicht sind. Aus diesen Gründen zieht es sie in die Kirche. Diesen Gefühlen und Bedürfnissen mit angemessenen Angeboten zu begegnen, ist eine Erfolgsformel.

Obwohl es bei Ihnen anders sein kann, glauben wir, dass die beste Gelegenheit für die Pfarrgemeinde mit kirchenfernen Menschen in Timonium in Kontakt zu kommen, den Familien mit Kindern zu helfen. Carol, eine Kollegin von uns, sagt gern: „Tu was für mein Kind, und Du tust etwas für mich."

> „Tu was für mein Kind, und Du tust etwas für mich."

Natürlich haben wir die notwendige Sakramentenvorbereitung, deren Inhalt in einem späteren Kapitel vorgestellt wird. Hier wollen wir über die Wochenendangebote sprechen, die wir für Kinder entwickelt haben. Unsere Angebote sind sicher, und alle unsere Mitarbeiter/innen haben die Überprüfung für den Umgang mit Kindern durchlaufen. Wir wollen, dass unsere Angebote für Neulinge und Gäste offen sind. Deshalb muss man sich nicht anmelden, die Kinder können einfach kommen. Und wir hoffen, dass sie die Zeit bei uns genießen und gerne wiederkommen – es ist o.k., Spaß in der Kirche zu haben. Wenn Eltern und Großeltern darauf vertrauen, dass wir uns um ihre Kinder kümmern, können sie sich tiefer auf das Gebet einlassen.

KINDERBEREICH

Wir haben Angebote für Kinder ab sechs Monaten in unserem Kinderbereich. Wir möchten sicherstellen, dass die Kirche auch für die kleinsten Kinder ein Ort ist, an dem sie gekannt und geliebt werden, ein Ort, an den sie gerne kommen. Aber wir machen kein Babysitting. Vom ersten Besuch an hören Kinder Geschichten aus der Bibel, singen Lobpreislieder und hören Puppen zu, die ihnen Bibelgeschichten erzählen, aus denen sie ihre Wochenendbotschaft erhalten. Sie sind nicht in einer Kinderkrippe. Sie befinden sich in einer Atmosphäre von Lobpreis und Gebet, und lernen von anderen, Kindern und Erwachsenen, wie man betet. Der Kinderbereich ist für Kinder bis zu drei Jahren während jeder Messe geöffnet.

SIE SCHAFFEN DAS!
SCHRITTE IN IHRER PFARRGEMEINDE

Sie sind für das Programm des pfarrlichen Religionsunterrichts verantwortlich, haben ein begrenztes Budget, wenig Platz und kein Angebot für Kinder an den Wochenenden. Wie auch immer Ihre Infrastruktur aussieht, es gibt sicherlich einen Raum, den Sie als Kinderbereich nutzen können, wenigstens sonntags, wenigstens während einer Messe.
- Finden Sie diesen Ort.
- Putzen Sie ihn.
- Machen Sie ihn kindersicher.
- Statten Sie ihn aus.
- Übergeben Sie jemandem die Verantwortung.

Sie wollen eine saubere, sichere und einladende Atmosphäre für Kindern schaffen. Wenn Sie den Raum bunt und anziehend machen können, umso besser. Finden Sie einige Leute, die gern dekorieren, um Ihnen zu helfen, den Raum sonntags herzurichten und Stauraum für die Aufbewahrung der Sachen während der Woche zu finden.

Gebrauchtes Spielzeug und Bücher in gutem Zustand sind ein guter Anfang. Sie werden diese Dinge sicher geschenkt bekommen. Wenn es um Betreuer/innen geht, fragen Sie keine Mütter (die brauchen auch mal Pause). Sprechen Sie Paare an, deren Kinder ausgezogen sind, sowie Student/innen. Selbstverständlich müssen Sie – bevor Sie beginnen – darauf achten, dass diese Menschen hinsichtlich des Umgangs mit Kindern überprüft wurden und sich mit Kindersicherheit auskennen.

Investieren Sie in Ihre ehrenamtlichen Mitarbeiter, planen Sie Zeit ein, mindestens einmal pro Monat, in der Sie sich mit ihnen auf einen Kaffee treffen und Angebote für den Kinderbereich besprechen: Lobpreismusik, Videos, lustige Aktivitäten mit Bezug zum Glauben. Es gibt auch im Internet großartige Gratisvorschläge für Aktivitäten! Einige unsere besten Ideen haben wir über die Suchmaschine gefunden. Bevor die Messe beginnt, informieren Sie die Menschen über das Angebot für die Kinder und wie es abläuft. Sorgen Sie dafür, dass es einfach zu finden ist.

Stars

Die drei-bis sechsjährigen Kinder gehen zu den „Stars". Wir bezeichnen das als „Spielen-Beten-Lernen"-Bereich, weil wir wollen, dass jedes dieser Elemente die Kinder zum jeweils nächsten führen. Die Spielzeit ist eine Gemeinschaftszeit, die zu einer Gebetserfahrung führt, die Musik und Bibel beinhaltet (wir versuchen so oft wie möglich die Texte aus dem Lektionar zu verwenden). Nach dem Gebet treffen die Kinder sich in Kleingruppen für die Lektion des Tages.

Zeitreisende

Unsere Kinderwortgottesdienste nennen wir „Zeitreisende", weil das für Kinder interessant klingt. Aber wir machen auch klar, was wir als Christ/innen glauben: Wir möchten, dass die Kinder verstehen, dass das Wort Gottes lebendig ist und dass sie dieses Wort leben können. Bei den Zeitreisenden gehen sie zurück in die biblischen Geschichten, um eine Botschaft zu hören, die relevant für ihr jetziges und späteres Leben ist. Die Lesungen sind immer dem Lektionar entnommen, die Botschaft ist dieselbe wie in der Messe. Meist wird die Botschaft von verkleideten Personen aus der biblischen Geschichte selbst erzählt (wenn Ihre Pfarrgemeinde unserer ähnlich ist, wird es auch bei Ihnen Menschen geben, die das unglaublich gern machen). Das Angebot findet in einem alten Klassenraum statt, der an die Kirche angrenzt. Wir nennen den Ort „Zeitreisentheater", was sich für Kinder lustig anhört und wohin sie gerne gehen. Jeder Raum kann dafür adaptiert werden. Neben der Botschaft gibt es auch einen dynamischen Lobpreis geleitet von einem Lobpreisleiter. Die *Zeitreisenden* sind für Kinder von der ersten bis zur vierten Klasse.

Wollen Sie mehr wissen oder tiefer gehen?
Treffen Sie Lisa, unsere Verantwortliche für die Kinderangebote, und lassen Sie sich von ihr die Details zu unserem Kinderbereich erzählen. Gehen Sie auf rebuiltparish.com, klicken Sie auf „Chapter 7" und dann auf „Weekend Kids Programs".

Dieser Dienst hilft Kindern dabei, ihre Beziehung zu Jesus zu leben, zu beten und in dieser Beziehung zu wachsen. Die Angebote für Kinder müssen nicht teuer sein und im Gegensatz zu unseren früheren Erfahrungen ist es leicht, Erwachsene und junge Erwachsene als freiwillige Mitarbeiter/innen zu gewinnen. Besonders Mädchen im Teenageralter und Mütter aus Familien, wo die Kinder bereits ausgezogen sind, sind leicht dafür zu begeistern. Aber wir wollen auch Männer miteinbeziehen, weil ihre Gegenwart einen Einfluss auf die Buben hat. Menschen verbringen gern Zeit mit Kindern, und wenn Sie sie gut vorbereiten, werden sie sich darauf einlassen.

Wenn sie einmal da sind, werden großartige Angebote für Kinder dafür sorgen, dass die Kinder mit ihren Eltern wiederkommen. Ein befreundeter Pastor hat davon berichtet, wie er einen Elternteil beobachtete, dem es kaum gelang, sein Kind zum Nachhausegehen zu motivieren, und immer wieder sagte: „Wir müssen jetzt gehen." Schließlich reißt das Kind sich los und schreit: „Ich will in diese verdammte Kirche zurück!" Die Erfahrung, die wir vermitteln möchten, zeigt sich sehr gut in diesem Brief (wir haben viele solcher Briefe erhalten):

> **Großartige Angebote für Kinder werden dafür sorgen, dass die Kinder mit ihren Eltern wiederkommen.**

„Liebe Pfarre Nativity,
Ich wollte mich bei allen in der Gemeinde dafür bedanken, dass Sie unserer Familie so offen und freundlich begegnen. Nativity hat eine Hürde beseitigt, da wir frustriert waren durch den Versuch, mit drei Kindern die Messe zu besuchen. Wir waren viele Monate nicht mehr in der Kirche, weil wir so frustriert waren, denn wir hatten ständig damit zu tun, unsere Kinder ruhig oder beschäftigt zu halten, während wir selbst gar nichts davon hatten außer dass wir wütend aufeinander waren.

Jemand empfahl uns Nativity, und wir gaben dieser Pfarrgemeinde eine Chance. Bei unserem ersten Besuch führte uns eine sehr freundliche Person herum und zeigte uns, wohin wir unsere Kinder bringen konnten. Sie war sehr offen und hilfsbereit, und unsere Kinder fühlten sich so wohl, dass sie wiederkommen wollten. Jedes Mal beim Betreten oder Verlassen der Kirche lächelte uns jemand zu und grüßte uns, das bedeutet uns viel. Auch die Parkplatzanweiser waren hilfsbereit, bemüht und freundlich.

Die Gastfreundschaft, das Umsorgtsein, und das Service, die Gemeinschaft und die tolle Organisation haben uns davon überzeugt, dass Christus in dieser Gemeinde präsent ist. Das Angebot für unser 20 Monate altes Kind ist wunderbar und sicher. Die Stars waren eine große Hilfe für unsere vier und fünf Jahre alten Kinder, ihre Erfahrungen in der Kirche zu vertiefen.

Dank Nativity können meine Frau und ich nun als Paar eine Stunde dasitzen, beten, singen und unseren Geist erneuern, um es durch die nächste verrückte Woche zu schaffen! Wir freuen uns nun auf jeden Sonntag und möchten uns mehr einbringen, weil wir zu der Einsicht gekommen sind, dass dies die einzige Möglichkeit ist, unseren Glauben am Leben zu erhalten.

SIE BRAUCHEN ANGEBOTE FÜR SCHÜLER/INNEN

Sich auf das Wochenende zu konzentrieren, bedeutet, dass Sie Angebote für Schüler/innen brauchen! Spezifische Angebote für Teenager und jüngere Kinder sind ein Schlüsselelement für unser Wochenenderlebnis. Schon der Platz für sie in unserem Terminkalender unterstreicht, dass wir uns um junge Menschen kümmern genauso wie um alle anderen und dass wir sie in das Pfarrleben einbeziehen wollen.

> „Der Weg um anzufangen, ist, mit dem Reden aufzuhören und mit dem Tun zu beginnen."[73]

Wir haben Angebote für High School Schüler/innen und ein eigenes für Mittelschüler/innen, denn wenn Sie diese nicht trennen, bleibt es bei einem Angebot für Mittelschüler/innen. Jugendliche, die die High School besuchen, brauchen ein eigenes Angebot. Kürzlich haben wir auch die Angebote für die Mittelschüler/innen aufgeteilt: fünfte und sechste Schulstufe sowie siebte und achte Schulstufe. Je altersgemäßer die Angebote sind, desto attraktiver und erfolgreicher werden sie sein. Unser derzeitiges Angebot leidet darunter, dass wir den Raum mit den Kinderangeboten teilen müssen, was bedeutet, dass sie nicht gleichzeitig stattfinden können. Das wiederum bedeutet, dass Familien mit Kindern in unterschiedlichem Alter mehrmals kommen müssen. Wir hoffen, das eines Tages zu ändern, aber bis dahin gibt es am Sonntagmorgen und Samstagnachmittag das Angebot für Kinder, und die Angebote für die Jugend am Sonntagnachmittag. Idealerweise wären die Angebote für die Mittelschüler/innen am Sonntagmorgen. Aber ganz egal, wie viel Platz Sie haben: Für Jugendliche aus der High School muss es Angebote am Abend geben, einfach weil sie am Morgen nicht kommen.

Das Wochenenderlebnis für die Jugendlichen beinhaltet Gemeinschaftszeit, bei der viele Erwachsene – Männer und Frauen – da sind und sich um die Jugendlichen kümmern. Keine Anmeldung, einfach kommen und eine/n Freund/in mitbringen, wenn man mag. Dann gibt es ein Gebet mit der Unterstützung einer Jugendband und dann eine Botschaft, meist von Chris, unserem Jugendverantwortlichen. Seine Botschaft basiert auf den Lesungen aus dem Lektionar und orientiert sich an der Predigt in der Messe. Wir nennen das unser „Breitenangebot", und auch wenn es kein Ersatz oder eine Alternative für die wöchentliche Messe ist, ist es eine gute Ergänzung, und ein guter Startplatz für entkirchlichte Jugendliche.

Der Hauptzweck der Botschaft von Chris ist es, den Gesprächen, die in den Kleingruppen hoffentlich entstehen, eine Richtung zu geben. Nach der Botschaft teilen sich die Jugendlichen in Kleingruppen auf, um in die Tiefe zu gehen, und die Botschaft mit ihrem Leben in Verbindung zu bringen. Es gibt gleichgeschlechtliche Gruppen von sechs bis acht Personen, die alle von einem Erwachsenen geleitet werden. Die Gruppen organisieren auch Aktivitäten unter der Woche, wie Ausflüge, Sport und Freizeitaktivitäten. Über die Kleingruppen werden wir im nächsten Kapitel hören.

Als wir hierher kamen, stellten wir fest, dass es fast keine jungen Menschen bei uns gab. Auch nach Jahren zahlreicher Bemühungen war es schwierig, mehr als die Firmvorbereitung anzubieten. Die jungen Leute waren einfach nicht interessiert, und auch ihre Eltern kümmerten sich nicht darum oder wollten einfach nicht mehr kämpfen. Wir geben zu, dass wir es immer noch schwer haben mit den Angeboten für die Jugend: Sie zum Kommen zu motivieren, zum Wiederkommen und sie miteinzubeziehen sind keine Kleinigkeiten. Andererseits sahen wir in allen erfolgreichen Pfarrgemeinden, von denen wir lernten, dass ihre Jugendarbeit sehr erfolgreich war. Was ist ihr Geheimnis? Es ist keine hohe Wissenschaft, nur einige grundlegende Schritte statt Spielereien oder Schuldgefühlen.

1. Bauen Sie ein Programm für Kinder auf

Der Grund, warum wir keine Angebote für Jugendliche hatten, war, dass unser Angebot für Kinder langweilig und schlecht war. Also verbessern Sie Ihr Angebot für Kinder. Mit guten Angeboten für Kinder legen Sie den Grundstein für eine gute Jugendarbeit. Wenn die Kinder gute Erfahrungen in der Kirche machen, werden sie auch wiederkommen wollen, wenn sie älter werden. Es wird ein Teil ihres Lebens, und sie nehmen es nicht mehr als lästige Verpflichtung wahr. Ein gutes Angebot für Kinder ist die Vorstufe eines guten Angebots für Jugendliche. Darum arbeiten unsere Verantwortlichen in diesen Bereichen eng zusammen und teilen sich sogar das Büro.

2. Machen Sie Ihre/n Jugendverantwortlichen bekannt.

Neben dem Pfarrer sollte der/die Jugendverantwortliche der/die bekannteste in Ihrem Team sein und der ganzen Gemeinde gut vertraut. Warum? Weil diese Person sonst in der Menge untergehen kann, und dann wird auch Ihre Jugendarbeit untergehen. Denken Sie nach: Für Kinder ist es nicht so wichtig, wer für ihre geistlichen Angebote verantwortlich ist. Aber der/die Jugendverantwortliche muss sein Angebot den Jugendlichen verkaufen. Zurzeit macht Chris bei vielen unserer Messen die Verlautbarungen, auch wenn diese nichts mit der Jugendarbeit zu tun haben. Alle kennen ihn, und es ist hilfreich, dass er sehr lustig sein kann. (Er denkt auch, dass er cool ist, aber hier kann man geteilter Meinung sein.)

Wollen Sie mehr wissen oder tiefer gehen?

Lassen Sie Chris sich selbst vorstellen und Ihnen davon erzählen, was er zum Aufbauen und Aufrechterhalten großartiger pfarrlicher Jugendarbeit gelernt hat. Gehen Sie auf rebuiltparish.com, „Chapter 7", dann auf „Chris Speaks!" Es gibt auch einen Blog von ihm: „Marathon Youth Ministry" unter christopherwesley.org.

Es ist Ihnen sicher am liebsten, wenn der/die Jugendverantwortliche ein junger Erwachsener ist. Das wird ihn/sie für Schüler/innen leichter erreichbar machen. So eine Person wird wahrscheinlich auch genug Energie und einen flexiblen Zeitplan mitbringen. Wenn diese Person männlich ist, finden Sie eine junge Frau, die ihn unterstützt (oder umgekehrt). Schüler/innen brauchen Vorbilder vom selben Geschlecht. Stellen Sie sicher, dass diese Person genau der Typ Mensch ist, den sich die Eltern für ihre Kinder wünschen. Er oder sie braucht die volle Unterstützung des Pfarrers und direkten Zugang zu ihm. Stehen Sie als Leiter am Wochenende den Schüler/innen nicht im Weg, damit diese selbst vorne stehen können, in der Liturgie und in allen anderen Diensten.

3. Machen Sie Ihr Angebot für die Jugend zugänglich.
Das Mantra, das Sie hier brauchen, lautet „Keine Voranmeldung, komm einfach!". Es gibt keine Bücher, keine Klassenzimmer, nichts, was im Entferntesten an Schule erinnert. Es gibt auch keine Gebühren oder Erfassung. Die Jugendlichen sind jederzeit willkommen, und können immer Freund/innen mitbringen. Wenn ein Teenager jemanden mitbringen kann, macht das einen großen Unterschied, besonders in einer Gemeinde wie unserer, in der die jungen Menschen aus unterschiedlichen Schulen kommen.

4. Machen Sie Ihr Angebot ausgezeichnet und anziehend.
Für Jugendangebote gelten dieselben Regeln wie für Angebote für Erwachsene. Die Musik, die Botschaft und die Mitarbeiter/innen müssen höchste Qualität haben. Junge Menschen erkennen und schätzen Qualität, und es macht unsere Botschaft glaubwürdig.

5. Lassen Sie nicht nach.
Es geschieht oft, dass Pfarrgemeinden viel Geld und Mühen aufwenden, um ein geniales Jugendevent auf die Beine zu stellen und dann enttäuscht von der Besucherzahl sind. Hören sie auf, es zu versuchen. Oder man versucht etwas ein Arbeitsjahr lang, lässt seine Mitarbeiter/innen ausbrennen und gibt dann auf. Veranstalten Sie nicht nur Events, und sorgen Sie sich nicht um einen be-

stimmten Stil Ihres Angebots. Es geht nicht um Events, und es geht nicht um Angebote. Es geht darum, Schüler/innen auf den Weg der Nachfolge zu bringen und eine Atmosphäre zu schaffen, in der sie auf dem Weg weitergehen und Gott loben können, einen Weg, auf dem sie Gemeinschaft erleben, in Erkenntnis von Liebe und Glaube wachsen, anderen dienen und ihren Glauben teilen. Machen Sie das zu einem Teil Ihrer Kultur und lassen Sie nicht nach. Was Jugendarbeit betrifft, hat der Autor Reggie Joiner das Problem und die Lösung auf den Punkt gebracht:

„Acht von Zehn Jugendlichen engagieren sich in ihren Teenager-jahren in der Kirche, aber die meisten wenden sich an einem be-stimmten Zeitpunkt bald nach Erhalt des Führerscheins vom aktiven Glauben ab, … sie nennen das Christentum langweilig, irrelevant und wirklichkeitsfern. Zu lange haben wir versucht, ihren Geist zu erziehen anstatt ihr Leben miteinzubeziehen. Je mehr wir versuchen, die Kirche zu ändern, damit diese Generation zu uns kommt, desto mehr scheinen sie fern zu bleiben. Einige von uns sind überzeugt davon, dass das System fehlerhaft ist, weil wir unser Ziel nicht ken-nen ... Was, wäre, wenn unser Ziel nicht ist, sie in die Kirche zu brin-gen? Was, wenn wir dieselbe Energie dafür aufwenden würden, sie dazu zu bewegen, Kirche zu sein?"[74]

Das Ziel unseres Wochenendangebotes für Jugendliche ist, sie zu bewegen, dass sie jetzt Kirche sind.

SIE SCHAFFEN DAS!
SCHRITTE IN IHRER PFARRGEMEINDE

Sie sind ein Pfarrer oder ein/e Pastoralverantwortliche/r, und Sie haben keine Jugendpastoral außer der Firmvorbereitung. Sprechen Sie mit Schüler/innen der achten Schulstufe, ob sie nicht nächstes Jahr dabei sein wollen. Planen Sie etwas für das Frühjahr, das nur für sie ist, und erklären Sie ihnen die Idee von Jugendpastoral.

Suchen Sie nach älteren Schüler/innen, die schon zur Messe

kommen. Laden Sie sie ein, sich einzubringen: Menschen zu begrüßen, Lektor/in zu sein, Ministrant/in zu werden oder Platzanweiser/in zu werden. Wenn sie ein Instrument spielen, können sie zwischendurch bei der Musik aushelfen, aber achten Sie darauf, dass die Kultur Ihres Dienstes nicht darunter leidet.

Suchen Sie nach einem Erwachsenen, den Sie kennen, der Teenager mag und gut mit ihnen kann. Laden Sie die Person ein, ehrenamtlich die Verantwortung zu übernehmen und sich den Teenagern, die sich einbringen, zur Verfügung zu stellen. Lassen Sie diese Person nun die Verlautbarungen vorlesen, entweder nach der Kommunion oder vor der Messe. Geben Sie den Menschen in Ihrer Gemeinde ein Gesicht und einen Namen, der für die Jugendarbeit steht. Es ist notwendig, dass Sie sicherstellen, dass es jemand ist, der Zeit und Energie investieren kann, besonders, wenn er/sie ein junger Erwachsener ist. Das Wichtigste, das Sie dieser Person geben können, ist Ihre Aufmerksamkeit, Unterstützung und Liebe.

Und noch eine Sache

Das Wochenende ist wirklich sehr wichtig. Fast wichtiger als alles andere. Fast.

Es gibt noch ein Element in Ihrem Wochenenderlebnis, und das ist so wichtig, dass es alles andere umschließt. Wenn Sie das nicht hinbekommen, werden all Ihre anderen Bemühungen darunter leiden, Ihre harte Arbeit wird sich nicht lohnen, und Ihre Pfarrgemeinde wird sich wahrscheinlich nicht entwickeln. Das ist deshalb so, weil Sie, um das Wochenende aus dem Blickwinkel der Verlorengegangenen zu sehen, noch etwas anderes tun müssen …

„Lehren,
erfreuen,
bewegen."
Cicero[75]

8 GEBEN SIE IHRER BOTSCHAFT EINE BEDEUTUNG

Einer der größten Prediger/innen in der Geschichte des Christentums, der Hl. Augustinus, war der erste, der gezielt die Prinzipien der Rhetorik Ciceros (lehren, erfreuen, bewegen) auf die christliche Predigt anwandte. Für Augustinus ist die Predigt ein wesentliches Element in der Arbeit der Kirche, ihr Zweck ist es, Menschen zu beteiligen und Menschen mit dem Wort Gottes zu lehren, damit sie sich verändern. Das sehen wir auch bei den Aposteln von Anfang an, die dem Beispiel Jesu folgen: Sie nahmen die Menschen in Dienst und lehrten sie, damit sie sich veränderten und Christus ähnlicher wurden. Darum geht es. Das Wort Gottes hat die Kraft, Menschen zu verändern. In der Geschichte der Kirche wurden die Zeiten großer Reformen jeweils durch eine Erneuerung der Predigt markiert. Die Gründung des Dominikanerordens und der Franziskaner, die Reformation und die Gegenreformation, die Jesuitenbewegung, die missionarischen Bemühungen der Kirche in Nord- und Südamerika, Asien, Afrika und heute evangeliumsorientierte katholischen Gemeinden waren Bewegungen wirkungsvoller und relevanter Predigt.

Immer wieder wurde die Wichtigkeit der Predigt im Leben der Kirche wiederentdeckt; dies ging einher mit der Wiederherstellung des Primats der Predigt in der Arbeit der Kirche.

DER TISCH DES WORTES

Das Zweite Vatikanische Konzil war bahnbrechend für die gegenwärtige katholische Erneuerung:

„Auf daß den Gläubigen der Tisch des Gotteswortes reicher bereitet werde, soll die Schatzkammer der Bibel weiter aufgetan werden. ... Die Homilie, in der im Laufe des liturgischen Jahres aus dem heiligen Text die Geheimnisse des Glaubens und die Richtlinien für das christliche Leben dargelegt werden, wird als Teil der Liturgie selbst sehr empfohlen." (SC 51, 52)

Ich habe fest vor, Euch das Wort Gottes zu verkündigen, bis es einen Unterschied gibt, wie Ihr von hier herauskommt im Vergleich dazu, wie ihr hereingekommen seid.[77]

Katholische Christ/innen nennen sie „Homilie" (homily), Protestant/innen nennen sie „Predigt" (sermon). Wir nennen sie „Botschaft" (message). Jede Woche bekommen wir für ein paar Minuten Anteil an der lebensverändernden Botschaft Jesu Christi. Es ist eine unvergleichliche Gelegenheit, den Menschen zu helfen, tiefer zu gehen. Neben den Sakramenten ist die Predigt des Wortes Gottes eines der wichtigsten Dinge, die Sie tun können, um Jünger/innen zu gewinnen, und sie ist noch wichtiger, wenn es darum geht, die Verlorengegangenen zu erreichen. Für verlorengegangene oder neu gewonne Jünger/innen ist die Wochenendbotschaft das entscheidende Element, weil sie die Eucharistie noch nicht verstehen oder schätzen.

Als wir hierher kamen, hatten wir das nicht begriffen. Woche für Woche stellten wir unsere Kanzel jedem zur Verfügung, der uns half, das Wochenende abzudecken (so wird die Praxis genannt, andere Priester einzuladen, um alle Messen laut Plan feiern zu können). Was immer sie sagten, war ihre Entscheidung und passte uns, so lange sie es in weniger als acht Minuten schafften. Natürlich wussten wir auch nicht, worüber sie sprechen würden. Manchmal gab es sogar widersprüchliche Botschaften. Mit der Zeit verfielen die Prediger in einen (oder mehrere) der folgenden Stile:

1. Bibelstudium für Gläubige

Weil das Zweite Vatikanische Konzil Katholik/innen dazu ermunterte, sich mehr mit der Heiligen Schrift zu beschäftigen, begannen viele Prediger in den folgenden Jahrzehnten damit, tief in den Text zu blicken – das war sicherlich eine großartige Entwicklung. Dennoch nutzte einer der Prediger die Homilie ausschließlich für Exegese und Textkritik. Einige kirchliche Menschen liebten das, weil es für sie interessant war (und vielleicht fühlten sie sich dadurch intelligent). Für Verlorengegangene hätte er aber auch Griechisch sprechen können.

> **Jede Woche bekommen wir für ein paar Minuten Anteil an der lebensverändernden Botschaft Jesu Christi. Es ist eine unvergleichliche Gelegenheit, den Menschen zu helfen, tiefer zu gehen.**

2. Kirchengeplapper für Kirchendamen

Plapperhafte Neuigkeiten, Tratsch und Insiderwitze anstelle des Wortes Gottes charakterisieren diesen Zugang. Die Verlorengegangene werden unverkennbar daran erinnert, dass sie nicht dazugehören.

3. Predigten für Seminaristen

Pfarrer Michael White: *Das war ich, wenn ich auf meine Predigten zurückschaue. Mir wurde im Seminar beigebracht zu predigen, und mein Publikum dort waren andere Seminaristen. Viel Theologie, feine theologische Nuancen, lustiges Wissen über die Liturgie, große Momente der Kirchengeschichte – das alles waren dort wichtige Werte. Manche Predigten, die in diese Kategorie fallen, können genial sein und am richtigen Ort (wie ein Priesterseminar) sehr effektiv sein. Aber eine solche Predigt sagt nicht nur den Verlorengegangenen klar und deutlich, dass sie nicht dazugehören, es erinnert sie auch daran, warum sie nicht dazugehören wollen.*

4. Die Überzeugten überzeugen (Eulen nach Athen tragen)

Wir kennen jemanden, der jede Woche genau das predigt, was seine Gemeinde von ihm erwartet und schon glaubt. Selbstverständlich wird diese Botschaft auf offene Ohren stoßen und gerne von den Menschen in den Kirchenbänken aufgenommen werden. Aber wenn Sie den Menschen immer nur das erzählen, was sie hören wollen, und nicht, was sie brauchen, können Sie sicher sein, dass Sie nicht das Wort Gottes predigen. Damit helfen Sie den Menschen sicher nicht, zu wachsen. Einer der Priester hier predigte regelmäßig über die Sonntagspflicht und die Notwendigkeit, sich angemessen zu kleiden. Die „Anzug und Krawatte und keinen Sonntag auslassende"-Menge war immer sehr erfreut und glücklich, ihre „Sagen Sie es Ihnen"-Einstellung verbreiten zu können. Das einzige Problem war nur, dass „die" nie da waren.

In diese Kategorie fallen auch politische Predigten. Einige Priester teilen die politischen Ansichten ihrer Gemeinde, besonders wenn sie schon länger vor Ort sind (oder sie glauben das zumindest), und sie predigen über politische oder soziale Fragen. Nichts wird die Menschen schneller dazu bringen, sich abzuwenden, selbst wenn sie Ihnen zustimmen, weil es genau so ist, wie sie die Kirche einschätzen, was sie an ihr stört.

5. Die Uninteressierten quälen

Pfarrer Michael White: *Meine Heimatpfarrgemeinde hatte große Schulden nach dem Bau einer neuen Kirche. Jede Woche stieg der Pfarrer auf die Kanzel und quälte alle damit, mehr zu spenden, was offensichtlich nichts bewirkte. Ein Prediger sah hier eine Gelegenheit, die Defizite der Gemeinde aufzuzeigen, und tat das auf wirkungslose und zutiefst demoralisierende*

Art und Weise. Prediger in dieser Kategorie beschimpfen die Menschen oder bringen sie in Verlegenheit, um sie dazu zu bringen, das zu tun, was die Prediger wollen. Ihr Hauptargument ist Verpflichtung und Schuldgefühl. Leider reicht das nicht, um uninteressierte Menschen zu motivieren, und niemand ist uninteressierter als Verlorengegangene.

6. Geplänkel im Burschenclub

Wir haben ab und zu eine Pfarrgemeinde besucht, in der der Pfarrer immer mit einem Witz beginnt. Immer! Die Witze sind schal, manchmal beleidigend und völlig überflüssig. Sie haben keinen Zusammenhang mit irgendetwas außer vielleicht damit zu helfen, dass der Mythos einer katholischen Kultur bestehen bleibt, die längst verschwunden ist. Natürlich „liebt" diese Gemeinde das. In diese Kategorie fallen auch sinnloses Geschichtenerzählen, Filmrezensionen, Bücherbesprechungen und Nebenbemerkungen zu Nachrichten und Sport.

Das ist die grundlegende Botschaft der „Bringen wir es hinter uns"-Mentalität. Nachdem das, was wir als Versammlung tun, nur Pflicht ist, die wir erfüllen müssen, tut der Prediger allen einen Gefallen und macht es so schmerzlos wie möglich für sie. Dieser Zugang stellt positive Reaktionen nach der Messe sicher, vor allem von den Platzanweiser/innen mit Kommentaren wie: „Der war wirklich gut, Herr Pfarrer!" Für verlorengegangene Menschen, die kein Gefühl einer Anwesenheitsverpflichtung haben, ist diese geniale Unterhaltungsprogramm wertlos (vielleicht sogar peinlich). Außerdem unterstreicht es das Faktum – genau wie sie es vermuteten –, dass es in der Welt der Kirche wirklich nichts Substantielles gibt.

7. Es maßlos übertreiben

Ein Priester, den wir kennen, war ein absoluter Entertainer: er sang, er tanzte, er erzählte Geschichten, er brachte sie zum Lachen und Weinen und machte ihnen Lust auf mehr. Gute Arbeit, ein großes Talent, aber die Botschaft drehte sich nur um ihn: seine Probleme, seine Sorgen, seinen Hund (er brachte ihn sogar einige Male mit). Verlorengegangene Menschen genossen das wahrscheinlich wie alle anderen (vor allem Hundeliebhaber/innen), aber es brachte sie dem Wort Gottes nicht näher.

8. Dosenfleisch

Vorgefertigte Predigten! Dieser Prediger nimmt Bezug auf offensichtlich fremde Erlebnisse, versucht etwas klar zu machen, das er selbst nicht verstanden hat, er verwendete sogar Worte, die er nicht aussprechen konnte. Er war ein liebenswerter Mann, aber sein Auftritt auf der Kanzel wurde für alle zur Qual, egal ob kirchlich oder nicht kirchlich.

9. Altes Geschirr

Endlose Wiederholungen alter Hüte. Dem Prediger war es egal. Und wenn es ihn nicht kümmerte, warum sollten die Verlorengegangene sich dafür interessieren?

10. So tun als ob (ich eine Botschaft hätte)

Woche für Woche täuschte der Kerl etwas vor. Wirklich. Er hatte einfach keine Botschaft. Er bereitete sich nie auf die Predigt vor und hatte nichts zu sagen. Er sagte einfach, was ihm in den Sinn kam, wiederholte Plattitüden, Lehrsätze und Gemeinplätze über Gott, all das hatte keine Bedeutung. Es war wie Seifenblasen. Versuchen Sie mal, eine zu fangen. Seine Homilie schien etwas zu sein, war aber in Wirklichkeit nichts. Seine fadenscheinigen Behauptungen begann er immer mit der Phrase „Unser Gott ist…", und er ließ sie mit dem Gefühl zurück, dass Gott so ziemlich gar nichts ist. Wir begannen diese Phrase zu hassen. Und die Verlorengegangene werden sie ebenso meiden wie alle anderen.

11. Öffentliche Beichte/öffentliche Prahlerei

Einige Prediger benutzen die Kanzel dazu, sich selbst von Sorgen oder Bedenken zu befreien, oder sogar von Defiziten und Scheitern. Es ist, wie wenn der Pfingstprediger Jimmy Swaggart singt:[78] „Ich habe gesündigt."

Pfarrer Michael White: *Ein Pastor, den ich kannte, war ein trockener Alkoholiker, was ich ihm sehr zugute halte. Aber jeden Sonntag gab es eine Version über seine Sucht und seine Gesundung. Ihm hat das zweifelsohne sehr geholfen (und vielleicht auch anderen), aber es hatte keinerlei Bezug zum Wort Gottes.*

Am anderen Ende dieses Spektrums gibt es den Prediger, der ständig mit seinen Erfolgen prahlt, oder der sich als intelligent und wichtig darstellt. Ein Prediger erfreute die Gemeinde regelmäßig mit seinen Auszeichnungen, seinen Titeln, griechischen und lateinischen Phrasen, die er auswendig wusste. Es war unglaublich prahlerisch, gleichzeitig ermüdend und langweilig. Er begriff nicht, dass das niemanden interessierte. Und warum auch? Zudem sind Protz und Stolz in der Predigt Dinge, die verlorengegangene Menschen an organisierter Religion hassen.

12. Lasst uns Freund/innen sein

Das ist der Typ, der im Mittelgang auf- und abging, seine Brille abnahm, um sich die Tränen abzuwischen und jeden in mit sanfter, samtiger Stimme ansprach. Seine Botschaft war: „Wir sind alle Freund/innen." Dagegen ist nichts zu sagen, solange er die Botschaft des Evangeliums nicht so zusammenfasst, dass wir uns alle wohl fühlen und glücklich sind. Es ist geistlos und hält Verlorengegangene ab, die ja nicht auf der Suche nach Freund/innen waren. Sie suchen nach Gott.

DISZIPLIN SCHAFFT FÄHIGKEITEN

Prediger bringen ihre jeweilige Persönlichkeit in ihre Predigt ein, das ist gut und richtig so. Zum natürlichen Zug eines jeden Predigers gehört es, seinen eigenen Stil zu finden und dabei zu bleiben. Ebenso ist es nötig, zuverlässige Ressourcen zu haben und eine klare Einstellung, um für eine wöchentliche, gute Predigt eine zuverlässige Erfolgsformel zu finden. Daran ist nichts Verwerfliches. Jede/r Hand-

werker/in muss dasselbe tun. Es ist lediglich die gründliche Vorbereitung einer schwierigen Arbeit. Es geht darum, sein Handwerk gut
zu lernen. Die Bibel sagt uns:

*„Siehst du einen, der gewandt ist in seinem Beruf: vor Königen wird
er dienen."* (Spr 22, 29)

Aber warum wird die Predigt/die Botschaft für so viel anderes
verwendet als für ihren eigentlichen Zweck? Wie kann die Botschaft
so banal und formelhaft werden? Warum ist alles andere wichtiger
als die Predigtvorbereitung? Warum wird sie so leicht als Anhängsel
gesehen? Ich denke das liegt daran, dass Gottes Wort zu verkünden
und sich darauf vorzubereiten, Disziplin verlangt, und Disziplin
macht keinen Spaß.

Denken Sie an die langen und einsamen Bahnen eines Olympia-
schwimmers oder einer Olympiaschwimmerin, an das stetige, einsame
Engagement eines Langstreckenläufers oder einer Langstreckenläufe-
rin, die Anstrengungen eines jeden Sportlers/einer jeden Sportlerin
beim Training. Das ist die Vorbereitung auf die Botschaft. Es ist eine
langwierige und einsame, abgeschiedene und stetige, fokussierte und
manchmal erzwungene Arbeit. Es ist nicht einfach oder immer genuss-
voll und es bringt nicht unbedingt Belohnungen oder führt zu Zufriedenheit mit der Arbeit. Es scheint nicht einmal wichtig zu sein.

Pfarrer Michael White: *Ich erinnere mich an eine Frau, die unangekün-
digt in mein Büro kam, sah, dass ich an meiner Predigt arbeitete und sagte:
„Oh, gut, dass Sie gerade nichts zu tun haben", sich hinsetzte und mich in
meiner Arbeit unterbrach.*

Es ist spannender, sich mit Krisen und Notfällen zu beschäftigen. Es
ist lohnenswerter, den Erwartungen und Forderungen von Menschen zu entsprechen. So viel anderes kann dazwischenkommen
und Ihre Zeit stehlen. So war es immer schon.

Die Apostelgeschichte sagt uns, dass die Kirche der Apostel
wuchs, weil sie aufgrund der Gnade Gottes stark in der Verkündigung durch die Apostel war. Aber in der Apostelgeschichte lesen

wir, dass einige Kirchenmenschen begannen, sich zu beschweren: *„Da riefen die Zwölf die ganze Schar der Jünger zusammen und erklärten: Es ist nicht recht, dass wir das Wort Gottes vernachlässigen und uns dem Dienst an den Tischen widmen. ... Wir aber wollen beim Gebet und beim Dienst am Wort bleiben."* (Apg 6, 2–4)

Es ist nicht richtig, mit dem Predigen aufzuhören. Die Apostel sagen nicht, dass andere Dienste unwichtig sind. Sie sagen nur, dass der Dienst am Wort Gottes wichtiger ist und dass das nur sie tun können. Andere könnten – und taten es schließlich auch – an den Tischen dienen. Ebenso dürfen wir nicht aufhören, zu predigen (und uns darauf vorzubereiten). Wir müssen das Wort Gottes verkünden anstatt Aufgaben zu übernehmen, die Pfarrmitglieder füreinander erfüllen können.

> **Die Botschaft ist der erste Ort, an dem Verlorengegangene andocken und Pfarrmitglieder zum Wandel gefordert werden.**

Pfarrer Michael White: *Die Menschen kommen am Sonntagmorgen nicht, weil ich ein guter Berater bin. Ein guter Verwalter oder Manager zu sein, wird die Kirchenbänke nicht füllen. Wenn Sie versuchen, alle Erwartungen der Gemeinde zu erfüllen, wird die Gemeinde niemals wachsen. Neben der Feier der Sakramente sehe ich die Vorbereitung und die Wochenendbotschaft selbst als meine wichtigste Arbeit. Es ist der Bereich, in dem ich den größten Einfluss auf viele Menschen habe – die Botschaft ist der erste Ort, an dem Verlorengegangene andocken und Pfarrmitglieder zum Wandel gefordert werden.*

Oberflächlich betrachtet kann es schwierig sein, an die Bedeutung der Botschaft zu glauben. Es sind schließlich nur Worte. Und es hört ohnehin nie jemand zu, nicht wahr? Aber immer wieder beschreibt die Bibel die Macht der Worte. Am Anfang spricht Gott mit seinem Wort die Welt in ihre Existenz hinein. Und wir sind wie er, also werden unsere Worte auch Kraft haben. Das soll nicht meinen, dass Gesprochenes sofort umgesetzt wird. Viele Predigten, gleich welcher

Schule oder welchen Stils, erzählen den Menschen nur, was sie hören wollen. Das sind nur leere Worte, die keine Auswirkungen auf die Pfarrmitglieder haben, außer ihnen zu gefallen. Wir müssen uns daran erinnern, dass Gesagtes nicht automatisch umgesetzt wird. Wir können durch unsere Worte nichts erschaffen wie Gott, aber unsere Worte haben die Macht, etwas aufzubauen oder niederzureißen. Die Bibel sagt: *„Tod und Leben stehen in der Macht der Zunge."* (Spr 18, 21)

> **Wenn du dem Wort Gottes vertraust, wirst du die Macht Gottes in Deinem Leben am Werk sehen.**

Worte haben Macht, und das Wort Gottes hat Gottes Macht. Und wenn wir Gottes Wort aussprechen setzen wir Gottes Macht frei.

„Denn lebendig ist das Wort Gottes, kraftvoll und schärfer als jedes zweischneidige Schwert; es dringt durch bis zur Scheidung von Seele und Geist, von Gelenk und Mark; es richtet über die Regungen und Gedanken des Herzens." (Hebr 4, 12)

Wir sehen das überall in der Bibel. Gott sandte Mose zum Pharao, und als er Gottes Wort ausspricht, setzt Gottes Macht sich in den Plagen frei (vgl. Ex 7–12). Petrus spricht das Wort Gottes zum gelähmten Bettler, und er ist geheilt (vgl. Apg 3, 1–8). Gott führt den Propheten Ezechiel in ein Tal voll trockener Knochen. Diese Knochen stehen für die geistliche Trockenheit des Volkes Israel, dessen Herz völlig verhärtet war. Gott sagt Ezechiel *„Sprich als Prophet über diese Gebeine und sag zu ihnen: Ihr ausgetrockneten Gebeine, hört das Wort des Herrn! So spricht Gott, der Herr, zu diesen Gebeinen: Ich selbst bringe Geist in euch, dann werdet ihr lebendig. Ich spanne Sehnen über euch und umgebe euch mit Fleisch; ich überziehe euch mit Haut und bringe Geist in euch, dann werdet ihr lebendig. Dann werdet ihr erkennen, dass ich der Herr bin."* (Ez 37, 4–6)

Ezechiel spricht das Wort Gottes und bekommt die Macht Gottes zu sehen. Das ist der Deal. Wenn du dem Wort Gottes vertraust, wirst du die Macht Gottes in deinem Leben am Werk sehen.

Wenn Sie vertrauensvoll Gottes Wort in Ihrer Gemeinde verkünden, werden Sie die Macht Gottes sehen. Es ist die Macht, die das Leben der Menschen verändert: sie heilt, was zerbrochen war, sie erweckt zum Leben, was tot war. Gottes Wort bringt Veränderung, wenn wir uns die Zeit nehmen, den Menschen seine Bedeutung und seinen Sinn für ihre Leben nahe zu bringen. Wenn Sie in Ihrer Kirche Gottes Wort aussprechen, wird das die Menschen in Ihrer Gemeinde verändern. Dann wird es Ihre Gemeinde verändern, es wird ihr neues Leben einhauchen, vielleicht wird es Ihre Pfarrgemeinde von den Toten auferwecken.

Das offensichtlichste Beispiel dafür hatten wir bei den Finanzen unserer Pfarre. Wir werden in einem späteren Kapitel darüber sprechen, aber wir wollen klar machen, dass, indem wir über das Wort Gottes in Bezug auf Geld predigten, unsere finanzielle Situation neu belebt wurde. Und wir bekommen stetig mehr Spenden, sogar während der Wirtschaftskrise. Es gab keine Kampagne. Wir haben keine Berater/innen geholt, die uns sagten, wie wir vorgehen sollten. Wir begannen nur damit, Gottes Wort zu nutzen, und dann sahen wir Gottes Macht am Werk. Wir waren keine „reiche" Pfarrgemeinde, in der das Geld die Basis unseres Wachstums war. Unsere Strategie wurde nicht vom Geld getragen, sondern es war umgekehrt, das Geld kam als Antwort auf die Predigt.

Neues Leben wurde den ehrenamtlich Dienenden eingehaucht, nachdem wir konsequent gepredigt hatten, was Gott über das Dienen sagt. Jüngerschaft, eine tägliche stille Zeit, in der Messe mitsingen, ja, jegliches Wachstum in unserer Pfarrgemeinde ist eindeutig die Frucht der Predigt.

> *Als Jesus die Rede beendet hatte, war die Menge sehr betroffen von seiner Lehre, denn er lehrte sie wie einer der (göttliche) Vollmacht hat, und nicht wie ihre Schriftgelehrten.* **(Mt 7, 28f.)**

EIN WEG ZU BESSERER VERKÜNDIGUNG

Das ist der Schlüssel. In einem Umfeld wie Nativity sprachen wir viel zu oft aus unserer eigenen Autorität heraus. Wir verließen uns nicht auf Gottes Vollmacht. Und so wurden wir immer weniger effektiv und begrenzten unser Wachstum. Wenn wir auf die erfolgreichsten Gemeinden im Land blicken, entdecken wir, dass ihr Zugang ein anderer war unserer, und wir begannen damit, einige unserer Annahmen hinterfragen und zu ändern. Das sind die Prinzipien, auf die wir uns jetzt verlassen:

1. Predigen Sie sich selbst

Das Gebet sollte die Grundlage für jede Predigt und die Predigtvorbereitung sein. Wenn Sie wirklich versuchen, das, was Sie predigen, in Ihrem Leben umzusetzen, werden Sie immer authentisch sein. Das erste Leben, das sich durch Ihre Predigt verändert, sollte Ihr eigenes sein. Ihre Predigt muss aus der gelebten Erfahrung herauskommen, indem Sie versuchen, mit Gott zu gehen, von ihm zu lernen und auf sein Bild hin verwandelt zu werden. Daher soll die Predigt und die Vorbereitung ihre Grundlage im Gebet haben.

2. Predigen Sie Ihrer Gemeinde

Auf dieselbe Weise müssen wir sehr bedacht zu unseren Leuten predigen. Wenn wir der Gemeinde predigen, müssen wir uns auf verschiedenen Ebenen mit ihrem Leben verbinden. Aristoteles bemerkte, dass die Bereitschaft des Publikums, jemandem zuzuhören, von Ethos, Logos und Pathos abhängt.[79]

Ethos stellt Fragen wie „Lebst Du ethisch?" oder „Sagst Du die Wahrheit?" Als Prediger muss unser Leben auf transparente Weise authentisch sein, wenn uns jemand zuhören soll.

Logos fragt: „Weißt Du, worüber Du sprichst?" Als Prediger muss die Grundlage unserer Botschaft sowohl im Wort Gottes liegen als auch im Lehramt der Kirche, um diese Frage positiv zu beantworten.

Pathos stellt die Frage: „Kümmerst Du Dich um mich?" oder „Sprichst Du wirklich in meinem Interesse?" Um diese Frage zu beantworten, müssen wir unsere Gemeinde gut kennen und wissen, wie wir auf emotionale Weise mit ihnen in Kontakt kommen können. Wenn Sie den emotionalen Zusammenhang einer Botschaft übersehen, werden die Leute aussteigen und die Botschaft nicht aufnehmen. Sich auf wirksame Art und Weise mit den Emotionen im Gemeindeleben zu beschäftigen, ist harte Arbeit, weil es darum geht, in die Welt anderer Menschen einzutauchen und aus deren Blickwinkel heraus zu arbeiten.

Das wohl wichtigste und mächtigste Element für eine emotionale Verbindung mit einem Publikum ist Humor: keine Witze, kein Kabarett, nicht affektiert, aber Menschen einfach zum Lachen bringen. Unsere Vorfahren nannten die menschlichen Körperflüssigkeiten „humors". Sie waren überzeugt davon, dass ausgewogene und reine Körperflüssigkeiten der Schlüssel zu guter Gesundheit seien.[80] Auch wenn wir heute wissen, dass der menschliche Körper nicht so funktioniert, ist es doch wahr, dass eine Ausgeglichenheit, die aus einer wohlgelaunten Einstellung kommt, gesund für uns ist. Lachen verbessert sogar schlechte Umstände.

Humor hat seinen Grund in der Wahrheit und geschieht, wenn Menschen ein wahres Muster erkennen oder überrascht werden, wenn das Muster umgekehrt oder durchbrochen wird. Und dann lachen sie, und wenn sie lachen, entspannen sie sich … und hören zu.

Wenn Sie Humor in Ihrer Botschaft verwenden, indem sie unsere Menschlichkeit freilegen, sich über sich selbst lustig machen oder geteilte Erfahrungen übertrieben darstellen, ist das eine große Hilfe, um ein Publikum zu fesseln und ihm zu helfen, eine schwierige oder herausfordernde Botschaft zu hören. Durch Humor gewinnen Sie Zuhörer/innen.

Auf der anderen Seite des emotionalen Spektrums befinden sich die Anliegen und der Kummer Ihrer Gemeinde. Vor einigen Jahren passierte eine schreckliche Tragödie in unserem Stadtteil: Ein junger Mann tötete seine Familie. Das waren schockierende und schreckliche Neuigkeiten, aber am Sonntag machten wir alles so wie immer. Eine verstörte Frau fragte nach der Messe, warum wir es nicht erwähnt hatten. Ob Sie es glauben oder nicht, wir hatten nicht einmal daran gedacht! Es wurde uns klar, wie wenig wir über unsere Gemeinde wissen, wie viel wir zu lernen haben und wie leicht wir uns von der Kultur, die uns umgibt, isoliert hatten. Wir sind immer wieder überrascht, dass es uns manchmal noch immer so geht, und wie sehr unsere Wahrnehmungen auseinanderklaffen.

Wir müssen unserer Gemeinde predigen, indem wir uns damit beschäftigen, was sie ablenkt oder ihnen Sorgen bereitet. Wenn wir aktuelle Ereignisse ignorieren, werden wir keine Bedeutung im Leben der Menschen haben.

3. Predigen Sie *eine* Botschaft
Unser Grundsatz ist „Eine Pfarrgemeinde. Eine Botschaft". Wir bemühen uns sehr, bei jeder Messe am Wochenende dieselbe Botschaft zu verkünden.

Pfarrer Michael White: *Von September bis Mai – unsere Hochsaison – predige ich normalerweise bei allen Wochenendmessen, egal wer der Zelebrant ist. Ich weiß, dass das ungewöhnlich ist, aber es stellt sicher, dass die ganze Gemeinde jedes Wochenende dieselbe Botschaft hört. Als wir noch im Wachsen waren, reduzierten wir die Anzahl der Messen am Wochenende, vor allem die weniger gut besuchten, um dieses Grundprinzip nachhaltig zu verankern.*

Wenn Sie das nicht wollen, oder wenn Sie Kollegen haben, die auch predigen, können Sie Ihre Predigten mit einem zusätzlichen Aufwand aufeinander abstimmen. Das lohnt sich, damit die ganze Gemeinde eine Botschaft hören kann. Eine Botschaft hilft dabei, die Gemeinde auf ein Thema zu fokussieren, denselben Herausforderungen gegenüberzustehen und sich in dieselbe Richtung zu entwickeln.

4. Machen Sie Predigtreihen

Eine Predigtreihe hilft dabei, ein einziges Thema über mehrere Wochenenden zu verfolgen. Das ist in den evangelikalen Kirchen, von denen wir gelernt haben, übliche Praxis. Wenn Sie darüber nachdenken, ist das eine sinnvolle Idee auch in unseren Gemeinden, weil wir das Kirchenjahr und die Leseordnung haben. Es ist interessant, die Themen in unseren Predigtreihen zu entdecken, die im Kirchenjahr verwoben sind.

Eine Predigtreihe erleichtert Ihnen auch die Vorbereitung, da wir nicht jedes Wochenende von Null beginnen müssen. Es ermutigt auch die Menschen wiederzukommen, weil sie neugierig auf die Fortsetzung sind. Wir machen eine Reihe „zurück in die Schule" im September, eine Reihe zu Verantwortung im Oktober und November, eine Adventreihe in der Vorbereitung auf Weihnachten und eine Reihe im Neuen Jahr über Vorsätze und eine Änderung des Lebensstils. In der Fastenzeit versuchen wir, die Menschen mit einer Reihe zur Nachfolge Jesu herauszufordern, tiefer zu gehen, und zu Ostern gibt es eine festlichere Predigtreihe. In den letzten Jahren haben wir die Predigtreihen über das ganze Jahr ausgedehnt. In den letzten Sommern stützten wir uns auf einen zweifachen Ansatz: eine biblische Predigtreihe und eine mit Fokus auf die Eucharistie.

Die meisten unserer Predigtreihen stehen in engem Zusammenhang mit den Lesungen aus dem Lektionar, die wiederum mit dem Jahreskreis zusammenhängen und für unsere Gemeinde von ihren Emotionen und Erfahrungen her von Bedeutung sind. Eine Predigtbotschaft im Dezember wird also einen anderen Stil haben als eine im Juli. Für uns haben sich vier- bis sechswöchige Predigtreihen am meisten bewährt. Wenn sie länger dauern, ist es zu lang, wenn sie kürzer sind, kommt nicht genug Schwung hinein.

5. Predigen Sie den Sinn der Botschaft. Predigen Sie einen Lebens-Wandel.

Augustinus hat gesagt, dass es nötig sei, zu lehren und die Menschen einzubeziehen, damit sie sich ändern und um ihnen zu helfen, intellektuell und emotional dorthin zu kommen, wo Gott sie haben will.[81] Wir versuchen, unseren Pfarrmitgliedern zu helfen, ihr Denken zu verändern und die Art und Weise, wie sie über Gottes Wort denken, so dass er sie nach seinem Willen formen kann. In diesem Prozess wird sich ihr Leben verändern. Der Sinn der Predigt ist es, Leben zu wandeln.

6. Predigen Sie über die Wirkungen der Botschaft

Was soll sich bei den Menschen verändern? Was ist die Botschaft, und was sollen die Menschen damit tun? Wenn Sie auf *nichts* zielen, werden sie jedes Mal *nichts* treffen. Botschaften kommen oft nicht an, weil es kein Ziel, keinen Gewinn gibt. Wenn Predigten eine Wirkung haben sollen, ist es notwendig, ein Ziel zu definieren. In Bezug auf die Predigt fragt Andy Stanley: „Was sollen die Menschen wissen, und was sollen sie tun?"[82]

Wir versuchen jede Woche, diese Fragen so klar und deutlich wie möglich zu beantworten, denn wenn die Antwort in einer Wolke auf der Kanzel bleibt, wird es in Ihrer Gemeinde dichten Nebel geben. Es ist erstaunlich, wie schwierig es oft ist, die Antwort zu finden, wie oft wir uns montags bei der Vorbereitung fragen: „Was sollten sie wissen und was genau wollen wir von ihnen?"

Im letzten Jahr gab es bei uns am Ende des Gottesdienstes noch einige Anmerkungen, wie es auch in vielen Pfarrgemeinden Verlautbarungen gibt. Wir nennen sie „Schlusspunkte". Wir versuchen dabei nicht, jemandem etwas zu verkaufen oder besondere Veranstaltungen anzukündigen. Stattdessen unterstreichen wir gezielt, manchmal spielerisch, noch einmal das, was die Menschen wissen sollten und was wir von ihnen wollen. Das ist auch eine großartige Gelegenheit, der Gemeinde Ihre Mitarbeiter/innen vorzustellen. Die Stimme des Pfarrers darf nicht die einzige sein, die sie hören.

7. Predigen Sie die Verlautbarungen

In unseren Predigtreihen sind auch Ziele für die ganze Gemeinde enthalten. Wir stellen die Vorher-Nachher-Frage: „Was wird sich in der Pfarrgemeinde verändert haben?" Eine Predigtreihe zu Verantwortung zielt unter anderem auch darauf ab, mehr zu spenden. Einmal hatten wir im Januar eine Reihe darüber, was Gott von uns will, und das größere Ziel für die Gemeinde war, dass wir mehr Mitarbeiter/innen brauchten. Mit einer Reihe über die Apostelgeschichte nach Ostern wollten wir, dass alle die Apostelgeschichte lesen. Wir machten eine Reihe über emotionale Gesundheit, und forderten alle dazu auf, an einem Wochenende zur Beichte zu gehen (Hunderte kamen!). Es ist sehr aufbauend, eine Predigtreihe anzubieten und diese Erfolge der Bemühungen zu sehen.

8. Predigen Sie die Botschaft anderer

Diebstahl geistigen Eigentums ist eine schwere ethische Verfehlung. Aber es ist kein Plagiat, wenn Sie die Hilfsmittel nutzen, die andere Prediger bereitwillig teilen. Rick Warren drückt das so aus: „Wir sitzen alle im selben Boot." Die Predigten anderer zu lesen und ihnen zuzuhören, kann Ihnen helfen, Ihr Repertoire zu erweitern, nicht indem Sie die Botschaften anderer kopieren oder nachäffen, sondern indem Sie sie adaptieren und zu Ihrer Botschaft machen. Das bedingt, dass wir zugeben, dass es andere gibt, die besser sind als wir selbst. Je mehr wir von anderen lernen, desto mehr Talente werden wir entdecken.

9. Predigen Sie vorbereitet

Wenn Sie konsequent nur nach solider Vorbereitung auf die Kanzel gehen, wird Ihre Gemeinde sich auf Ihre Vorbereitung verlassen. Wenn sie wissen, dass sie Freund/innen einladen können, ohne dass diese enttäuscht sein werden, werden Sie ihre Aufmerksamkeit haben. Sie werden keine „Aufmerksamkeitserreger" brauchen, damit Sie ihre Aufmerksamkeit bekommen. Die Menschen merken es, wenn Sie Zeit und Energie in Ihre Botschaft investieren, und sie werden das schätzen. Die beste Art und Weise, sich auf die kommende Predigt vorzubereiten, ist, auf die letzte zurückzublicken. Sehr hilfreich ist es auch, sich eine Audio- oder Videoaufnahme Ihrer Predigt anzuhören oder anzusehen. Sie werden sich dadurch sehr verbessern.

Wollen Sie mehr wissen oder tiefer gehen?
Sehen Sie Michael und Tom, wie Sie über die Vorbereitung ihrer Botschaft und der Predigtreihen sprechen. Gehen Sie auf rebuiltparish.com, „Chapter 8" und dann auf „Message Preparation".

10. Predigen Sie das Wort Gottes
Stellen Sie sicher, dass sich alles um das Wort Gottes dreht und um nichts anderes. Wenn wir dem Wort Gottes treu bleiben, wird unsere Botschaft eine Bedeutung haben. Ein Pastor aus Oklahoma sagt es folgendermaßen: „Es ist lächerlich zu sagen, dass man keine relevante Predigt halten kann, wenn man dem Text genug Raum gibt. Das ist dumm. Wir müssen der Bibel nicht zu einer Bedeutung verhelfen. Wenn wir dem Text treu bleiben, ist er auf jeden Fall von Bedeutung."[83]

Und predigen Sie das ganze Wort Gottes, sowohl die tröstenden als auch die herausfordernden Stellen. Im 20. Kapitel der Apostelgeschichte gibt Paulus den Ephesern seine letzte Botschaft mit, er weiß, dass er sie nie wiedersehen wird. Er sagt: „Denn ich habe mich der Pflicht nicht entzogen, euch den ganzen Willen Gottes zu verkünden."

Pfarrer Michael White: *Was für eine unglaubliche Verantwortung, was für eine unglaubliche Gelegenheit, den gesamten Ratschluss Gottes mit den Menschen zu teilen! Diese Verantwortung und diese Gelegenheit verdienen unsere größten und nachhaltigsten Bemühungen.*

In Nativity war die Predigt der gefürchtetste Teil der Messe und wahrscheinlich der Hauptgrund dafür, warum die Menschen nicht mehr in die Kirche kamen. Nein, ich bin mir ganz *sicher*, dass das der Grund war. Und oft war es so, dass sie unsere Kirche verließen und eine Kirche fanden, wo es eine einbeziehende Botschaft mit Sinn gab, auch wenn das bedeutete, die Sakramente aufzugeben. Unsere Predigt sollte die Menschen tiefer in das Verständnis und die Feier der Eucharistie hineinführen, nicht sie davon entfremden. Zurzeit dauert meine Wochenendbotschaft ungefähr 20 Minuten. Und ich entschuldige mich nicht dafür. Die Botschaft ist wirklich sehr wichtig. Es ist die traurige Wahrheit, dass Ihre Pfarrgemeinde in Ihrem Ort keine Bedeutung hat, solange Ihre Botschaft bedeutungslos ist. Lesen Sie den Rest des 6. Kapitels der Apostelgeschichte. Die Apostel bestellten Menschen zur Mitarbeit, weil gewisse Dienste sie von der Predigt abgehalten hatten. In anderen Worten: Sie hatten mehr Mitarbeiter/innen, widmeten sich wieder dem Gebet (der Eucharistie und der Liturgie) und dem Dienst am Wort Gottes (Predigt). Was geschah dann? *„Und das Wort Gottes breitete sich aus, und die Zahl der Jünger in Jerusalem wurde immer größer; auch eine große Anzahl von den Priestern nahm gehorsam den Glauben an."* (Apg 6, 7)

Für Gott hat die Predigt seines Wortes Priorität. Und wenn wir es verkünden, verbreitet sich sein Wort. Die Zahl seiner Jünger/innen wächst. Ihre Pfarrgemeinde wächst!

SIE SCHAFFEN DAS!
SCHRITTE IN IHRER PFARRGEMEINDE

- Wenn Sie ein Pfarrer sind, setzen Sie sich hin und planen Sie eine Predigtreihe für den nächsten Advent oder die Fastenzeit mit konstanten Themen, klaren Herausforderungen und attraktiven Auswirkungen.
- Wenn Sie sich bei der Predigt mit jemandem abwechseln, setzen Sie sich zusammen und planen Sie die Predigtreihe gemeinsam.
- Wenn Sie ein/e Verantwortliche/r in der Pastoral sind, laden Sie Zelebranten ein, die Predigtreihe zu planen und fördern Sie den Austausch.

- Halten Sie Ausschau nach zugänglichen Ressourcen (Beispiele für Botschaften etc.) auf den Webseiten anderer Pfarrgemeinden und Kirchen.
- Bewerben Sie Ihre Predigtreihe als solche und machen Sie die Menschen neugierig. Machen Sie ihnen Lust auf ein gemeinsames Abenteuer.

KURZE HALTBARKEITSDAUER

Pfarrer Michael White: *Wir wollen nun ganz ehrlich sein: Auch die brillanteste, am besten vorbereitete, einbeziehendste und effizienteste Predigt hat eine Haltbarkeitsdauer von ungefähr zwei Tagen. Am Dienstag haben die meisten mehr oder weniger schon wieder vergessen, was ich am Sonntag gesagt habe. Am Mittwoch weiß ich es selbst nicht mehr. Das muss einen nicht traurig stimmen, denn unsere Wochenendbotschaften sollten nie das letzte Wort zu einem Thema sein. Ganz im Gegenteil: Sie sind der Startpunkt. Dort sollen wir miteinander ins Gespräch kommen. Die Komplimente, die mir am meisten bedeuten, sind für mich, wenn Menschen mir erzählen, dass sie im Auto auf dem Heimweg, beim Mittagstisch, beim Treffen am Schwimmbad über meine Botschaft gesprochen haben. Wir wollen, dass die Unterhaltung während der Woche weitergeht, weil Nachfolge nicht nur am Wochenende stattfindet. Wir wollen die Unterhaltung nur in Gang bringen.*
So wichtig sie auch sind: Das Wochenenderlebnis und die Predigt sind nicht genug. Um die Unterhaltung am Laufen zu halten, müssen Sie noch etwas tun; Sie müssen …

„Ihr seid von Gott geliebt, seid seine
auserwählten Heiligen. Darum bekleidet
euch mit aufrichtigem Erbarmen, mit
Güte, Demut, Milde, Geduld! Ertragt
euch gegenseitig und vergebt einander,
wenn einer dem andern etwas
vorzuwerfen hat. Wie der Herr euch
vergeben hat, so vergebt auch ihr! Vor
allem aber liebt einander, denn die Liebe
ist das Band, das alles zusammenhält
und vollkommen macht.“
(Kol 3, 12–14)

9 VON UNTEN AUFBAUEN

Schieben Sie es auf 225 TV-Programme, die Ihnen zur Verfügung stehen. Oder vielleicht ist auch Ihr verrückter Terminkalender schuld daran. Oder das Trainingsprogramm Ihrer Kinder. Vielleicht sind die endlose Mobilität und der schreckliche Verkehr schuld. Denken wir auch an ständige Ablenkung durch die omnipräsenten Bildschirme, die uns mit Information bombardieren, egal ob sie nützlich ist oder nicht. Was auch immer der Grund ist: Amerikaner/innen verfügen über immer weniger Gemeinschaftssinn. Dies hat neben der unvermeidlichen Einsamkeit und Isolation, zu der das führt, noch weitere ernste Konsequenzen. In seinem faszinierenden Buch „Bowling Alone“ sagt Robert D. Putnam: „Unser wachsendes Defizit im Sozialkapital bedroht unsere Bildung, sichere Nachbarschaften, gerechte Steuern, Demokratiefähigkeit, alltägliche Ehrlichkeit und sogar unsere Gesundheit und Zufriedenheit.“[84]

Das Grundproblem ist, dass der Mensch buchstäblich auf Beziehung angelegt ist: *„Dann sprach Gott, der Herr: Es ist nicht gut, dass der Mensch allein bleibt. Ich will ihm eine Hilfe machen, die ihm ent-*

spricht." (Gen 2, 18) Wir brauchen Beziehungen und werden sie in der virtuellen Welt suchen, wenn wir sie in der realen nicht finden, wie das Phänomen Facebook dramatisch erkennen lässt. Wir sind für Beziehungen gemacht, weil Gott uns so gemacht hat. Die Bibel sagt uns, dass unsere Mitmenschen die Qualität und die Richtung unseres Lebens sicherlich beeinflussen werden.

„Wer mit Weisen unterwegs ist, wird weise, wer mit Toren verkehrt, dem geht es übel." (Spr 13, 20)

Wenn Sie Ihre persönliche Geschichte anschauen, werden Sie eine Geschichte voller Beziehungen sehen. Wir wachsen, entwickeln und verändern uns mit anderen gemeinsam. Und was auch immer wir erreichen wollen, wir brauchen Freund/innen, die uns unterstützen und ermutigen. So funktioniert das Leben. Was für Ihr Leben im Allgemeinen stimmt, stimmt auch für Ihr Glaubensleben: Alles dreht sich um Beziehungen.

Tom: *Wenn ich auf mein Leben zurückschaute, hatte ich das Glück, in meinen Eltern und in meinem Großvater großartige Beispiele von Gläubigen zu haben, sowie eine solide katholische Erziehung. Aber erst als ich meine zukünftige Frau kennenlernte, wurde mein Glaube ein wichtiger und aktiver Teil meines Lebens. Mit Mia habe ich jemanden gefunden, mit dem ich über meinen Glauben sprechen und ihn teilen kann, für den ich Verantwortung trage und mit dem ich wachsen kann.*

PERSÖNLICH, NICHT PRIVAT

Christlicher Glaube ist sicherlich etwas Persönliches, aber nichts Privates. Das sehen wir von Beginn an, als Jesus die zwölf Apostel beruft, um miteinander zu leben und zu arbeiten. Ebenso war das Leben der Kirche, von dem wir in der Apostelgeschichte lesen, ein gemeinsames Leben.

„Und alle, die gläubig geworden waren, bildeten eine Gemeinschaft und hatten alles gemeinsam. Tag für Tag verharrten sie einmütig im Tem-

pel, brachen in ihren Häusern das Brot und hielten miteinander Mahl in Freude und Einfalt des Herzens. Sie lobten Gott und waren beim ganzen Volk beliebt." (Apg 2, 44–46f.)

Ohne Freundschaften mit Christus in der Mitte wird unser Glaubensweg sicher langsamer und weniger konstant sein, und es ist viel wahrscheinlicher, dass wir vom Weg abkommen und scheitern. Wenn Christus in unseren Freundschaften eine zentrale Rolle einnimmt, werden wir uns auf eine Weise mit ihm verbinden, wie wir es allein nicht könnten. Man kann es auch so sagen: Wir wachsen in unserem Glauben beziehungsweise.

„Denn ich sehne mich danach, euch zu sehen; ich möchte euch geistliche Gaben vermitteln, damit ihr dadurch gestärkt werdet, oder besser: damit wir, wenn ich bei euch bin, miteinander Zuspruch empfangen durch euren und meinen Glauben." (Röm 1, 11f.)

Historisch betrachtet wurden in den meisten amerikanischen Pfarrgemeinden Freundschaft und Gemeinschaft durch verschiedene Brüdervereinigungen, Gilden und Clubs gefördert. Diese Organisationen verlieren seit einigen Jahrzehnten immer mehr Mitglieder und sind an manchen Orten fast gänzlich verschwunden. Vielleicht liegt das daran, weil ihr ursprünglicher Zweck nicht mehr klar war, oder weil manche Rituale und Regeln nicht mehr zeitgemäß sind. Vielleicht sind sie auch demselben Generationenwechsel zum Opfer gefallen, die auch die amerikanischen Freimaurer und Bruderschaften dezimiert haben. In jedem Fall hat der Gemeinschaftssinn in der Kirche sehr gelitten.

Pfarrkirchen – vielerorts und besonders in unserem Landesteil – wurden oft mitten in Siedlungsgebieten oder dicht besiedelten Stadtteilen gebaut, wo die Menschen einander kannten. Gemeinschaft und Unterstützung war leichter zugänglich als in arrivierter Umgebung, in der sich viele Pfarrgemeinden befinden.

Aus diesem Grund sind Pfarrgemeinden nicht mehr die sozialen Zentren, die sie einmal waren, und auch die unvorhersehbaren Änderungen im Lebensstil in Verbindung mit Mobilität und Technologie, die alle Amerikaner/innen betreffen, tragen dazu bei. Tanzveran-

staltungen für Jugendliche an Freitagabenden und Pfarrpicknicks
an Sonntagnachmittagen sind jetzt nur noch schöne Erinnerungen
für die einen und schräge Kuriositäten aus der Vergangenheit für
andere. Das Ergebnis jedoch
bleibt: Pfarrmitglieder kennen einander kaum mehr. In Nativity
kam es vor, dass Menschen
Freund/innen hatten, die zufällig
im Pfarrgebiet wohnten, aber nur
wenige hatten Freund/innen aus

> **Menschen versammelten
> sich in Nativity, aber diese
> Versammlung war keine
> Gemeinschaft.**

der Kirche. Bei Hochzeiten, Taufen und Begräbnissen wurde das besonders deutlich. Außer den direkt Beteiligten sahen wir kaum jemanden von der Pfarrgemeinden bei solchen Ereignissen. Unsere
Pfarrmitglieder waren also nicht miteinander befreundet.

Menschen versammelten sich in Nativity, aber diese Versammlung war keine Gemeinschaft. Tatsächlich war vieles unserer Kultur
sogar kontraproduktiv, wenn es um Gemeinschaft ging. Es gab keine
Zeiten und Orte dafür; es gab auch keine Bemühungen, Gemeinschaft
entstehen zu lassen. Menschen kamen später und gingen früher. Sie
grüßten einander nicht. Der Friedensgruß war eine halbherzige, zu-
rückhaltende Angelegenheit. Wir erinnern uns an eine Begebenheit,
die uns erzählt wurde: Ein Gast saß neben einer Dame, die während
der Messe fromm ihren Rosenkranz betete. Beim Friedensgruß wollte
der Gast ihr die Hand reichen. Die Dame sah kurz von ihrem Rosenkranz auf und sagte: „Ich brauche diesen Mist nicht."

Es gab keine emotionale Verbindung zwischen unseren Pfarrmitgliedern (wenn man die Spannungen auf dem Parkplatz außer Acht
lässt). Das ist nicht wirklich überraschend, da Konsument/innen sich
nur selten umeinander kümmern.

Für Pfarrmitglieder ist es nicht gerade bestärkend, und für Verlorengegangene ist es schrecklich unattraktiv. Viele Leute, die
nicht in die Kirche gehen, sagen, dass sie dort nicht hingehen, weil
Kirchen oft so unfreundlich wirken.

Unfreundlichkeit ist für unseren Zweck keine Hilfe. Wenn wir Menschen herausfordern, ihren Glauben tiefer zu leben, aber sie dabei nicht unterstützen, wird das kaum gelingen. Wenn wir sie dazu einladen, ihren Lebensstil zu ändern und sie dann in eine Kultur zurückschicken, wo sie allein zurechtkommen müssen, wird das nicht geschehen.

> Manchmal möchtest du dorthin gehen, wo jeder deinen Namen kennt, und wo sie sich immer freuen, wenn du kommst.
> Du möchtest dort sein, um zu sehen, dass es überall dieselben Schwierigkeiten gibt, du möchtest dort sein, wo jeder deinen Namen kennt.[85]

Gemeinschaft entsteht nicht durch Zufall und nicht von selbst. Und in großen Kirchen, die sich in ausbreitenden Vororten befinden, wird das nicht ohne überlegtes Vorgehen gelingen. Es sieht auch so aus, als würden unsere Pfarrgemeinden in Zukunft noch größer werden (zumindest geographisch) durch Zusammenlegung oder Fusion, die in vielen Landesteilen üblich sind, und durch schnell wachsende Kirchen in anderen Landesteilen. Welche Auswirkungen wird das auf den Gemeinschaftssinn haben?

Wir müssen unsere großen Pfarrgemeinden persönlicher machen, Gemeinschaft anbieten und uns um unsere Mitglieder kümmern. In Gemeinden jeglicher Größe müssen wir Beziehungen fördern, die die Menschen im Glauben unterstützen.

In einem Zeitalter der Technologie und wachsender oberflächlicher Beziehungen müssen wir eine Gemeinschaft der Freundschaft im Glauben schaffen, wie es die Kirche in der Vergangenheit für arme Immigrant/innen tat. Gleichzeitig brauchen wir eine Strategie, um Gemeinschaft zu schaffen. Unsere Strategie in Nativity lautet: Kleingruppen.

KLEINGRUPPEN

Es mag wie eine neue Idee aus der Nachkonzilsära aussehen, aber Kleingruppen sind so alt wie die Gemeinschaften im Neuen Testament. Es mag wie eine weitere „protestantische" Idee klingen, die wir sklavisch nachmachen, aber sie ist durch und durch katholisch. Der heilige Papst Johannes Paul II. lehrte:

„Damit alle diese Pfarreien lebendige, christliche Gemeinden werden, müssen die kleinen Basisgemeinschaften, auch lebendige Gemeinden genannt, in denen die Gläubigen einander das Wort Gottes verkündigen und im Dienst und in der Liebe tätig werden können, wachsen. Diese Gemeinden sind in Gemeinschaft mit ihren Hirten wahre Konkretisierungen der kirchlichen communio und Zentren der Evangelisierung."[86]

Auch hier begann alles als eine Jugendbewegung. Wir nutzten die Kleingruppen, um unseren schlecht funktionierenden Religionsunterricht für die Jugendlichen zu ersetzen. Es ging sofort auf, und neues Leben kam in unser todgeweihtes Unternehmen.

> **Wir brauchen eine Strategie, um Gemeinschaft zu schaffen. Unsere Strategie in Nativity lautet: Kleingruppen.**

Danach fingen wir langsam mit den Erwachsenen an. Im Frühjahr 2005 bildeten wir zwei Gruppen mit einigen abenteuerlustigen Menschen, die ein Arbeitsjahr lang mit uns lernen wollten. Es stellte sich heraus, dass wir eine Menge zu lernen hatten. Eine der Gruppen löste sich auf, noch bevor wir mit dem Programm durch waren, und eine unserer Ehrenamtlichen hörte mittendrin auf (sie verließ sogar die Gemeinde und wir wissen bis heute nicht, warum). Es fühlte sich nicht besonders erfolgreich an. Aber wir blieben dran und lernten, und nur ein Jahr später luden wir ganz mutig die ganze Pfarrgemeinde ein, in der Fastenzeit Kleingruppen auszuprobieren. Als Inhalt verwendeten wir Rick Warrens Kleingruppen-Handbuch „40 Tage Leben mit Vision".

Das war ermutigend, da viele Menschen es versuchten, aber es war ein kurzlebiger Erfolg. Unser erster durchgehender Durchlauf mit den Gruppen gelang erst zwei Jahre später mit viel weniger Teilnehmer/innen. Anfangs waren wir naiv genug zu glauben, dass ein Kleingruppenangebot ein Selbstläufer wäre. Was kann da schon schwer sein? Bringen Sie ein paar Erwachsene zusammen, laden Sie sie ein, über ihren Glauben zu sprechen, und es wird funktionieren. Wie schon gesagt ist Pfarrgemeinde nicht einfach, und diese Aufgabe sollte sich als eine unserer größten Herausforderungen entpuppen.

Wir haben herausgefunden, dass Kleingruppen im katholischen Milieu eine zähe Sache sind. Die erste Hürde ist, sich auf einen zusätzlichen Pfarrtermin jede Woche zu verpflichten oder überhaupt den Mehrwert darin zu sehen. Aber es gibt noch andere Schwierigkeiten: Leute zu sich nachhause einladen, über persönliche Probleme sprechen, zugeben, dass sie Probleme haben – das ist einfach nicht das, was Menschen gern tun. Und es ist ganz sicher nichts, was Katholik/innen beigebracht worden ist.

Auch verwaltungstechnisch ist es ein arbeitsintensives Unterfangen, ganz gleich wie groß die Anzahl der Gruppen ist. Die Gruppen sind ständig im Fluss: sie fusionieren, wachsen, teilen sich und fallen auseinander. Es wird ständig logistische Probleme und persönliche Auseinandersetzungen geben. Und sie können ein Gefühlschaos auslösen. Wir erlebten Enttäuschungen und auch Erfolg und blieben dran. Wir sprechen die ganze Zeit über Gruppen und fördern sie. Einmal pro Jahr, meistens im Januar, machen wir eine Startveranstaltung für neue Gruppen, Leiter/innen und Mitglieder von Kleingruppen. Heute haben wir Gruppen für Männer und Frauen, Senior/innen und junge Erwachsene; es gibt Gruppen für Paare und für Singles; wir haben Neigungsgruppen, z.B. für Mütter, und es gibt Gruppen, die sich aufgrund passender Zeiten oder Orten zusammenfinden.

Auch Student/innen treffen sich in Kleingruppen, wenn sie unsere Wochenendangebote nützen. Das Angebot für Schüler/innen der High School geht weiter, und es gibt nun auch eines für Mittelschüler/innen. Die Gruppen beziehen sehr erfolgreich junge Menschen auf einem neuen Niveau der Nachfolge mit ein und sind nun das Kernstück unserer Jugendarbeit.

Im vergangenen Jahr begannen wir damit, auch das Angebot für die Schüler/innen der vierten Schulstufe in Kleingruppen überzuführen, so dass es nun keinen pfarrlichen „Religionsunterricht" mehr für sie gibt. Das ist eine ganz neue Bemühung, wurde aber sowohl von den Kindern als auch von den Eltern mit großer Begeisterung aufgenommen. Tatsächlich sind die Kinder die größten Fans der Kleingruppen, weil sie viel mehr Spaß machen als die Sonntagsschule.

Wollen Sie mehr wissen und tiefer gehen?
Hören Sie Chris und Lisa zu, wenn sie über die Kleingruppen für Student/innen und Schüler/innen sprechen. Gehen Sie rebuiltparish.com, „Chapter 9" und dann auf „Kids and Students, Small Groups".

Das Gruppenleben ist nicht ganz so, wie wir es gern hätten, aber es ist sicherlich ein entscheidendes Element in unserer Kultur. Wir sind froh darüber, da der Lohn für Gemeinschaft in der Pfarrgemeinde und Nachfolge unglaublich wertvoll ist.

Was wir über Kleingruppen gelernt haben:
1. Kleingruppen sind klein
C. S. Lewis schreibt im Buch „Was man Liebe nennt", dass der beste Ort, um Freundschaft zu fördern, ein kleiner Freundeskreis ist.[87] Ebenso müssen Beziehungen, die auf Glaube aufbauen, in kleinen Gruppen gefördert und gestärkt werden. Idealerweise besteht eine Gruppe aus sechs bis zehn Personen. Wenn es mehr sind, fühlen Menschen sich verloren und hören auf, von sich zu erzählen. Und dann hören sie auf zu kommen. Wenn die Gruppe zu klein wird, ist das auch problematisch: Zwei Menschen sind ein Paar, keine Gruppe, und bei drei oder vier Personen ist der Druck zu hoch, etwas sagen zu müssen.

Da Kleingruppen sich aus Menschen bilden, deren Lebenssituationen sich ständig verändern, verändert sich auch die Zusammensetzung der Gruppe ständig, sogar in einer gesunden Gruppenkultur.

Gruppen vergrößern und verkleinern sich, und der Schlüssel für die Leitung ist, dass man den Prozess gut begleitet, Gruppen teilt, die zu groß geworden sind, und Gruppen zusammenlegt, die zu klein geworden sind. Gruppen werden sich dagegen immer wehren, aber darum muss die Leitung sich kümmern.

2. Kleingruppen sind in das Pfarrleben integriert

Das ist sehr wichtig: Kleingruppen sollten keine Gemeinschaften im luftleeren Raum sein, Bunker für unabhängige Bemühungen, parakirchliche Versammlungen für Menschen mit gemeinsamen Interessen oder Kreise für oberflächliche Gespräche und Pfarrtratsch. Diese Gefahren müssen vermieden werden, sonst gefährden sie die Gemeinschaft Ihrer Pfarrgemeinden. Gruppen entstehen aus der *Communio* sowohl mit der Pfarrgemeinden als auch mit der Gesamtkirche, und sie müssen in *Communio* mit dem Pfarrer bleiben, wie auch der heilige Johannes Paul II. lehrte. Das bedeutet, dass sie sich in dieselbe Richtung entwickeln wie die gesamte Gemeinde, Gruppenmitglieder leisten einen Beitrag für die Pfarrgemeinde. Daher achten wir auch darauf, dass die Gruppen pfarrliche Initiativen unterstützen. Gruppen, die einen gemeinsamen Dienst tun oder denselben Auftrag haben, sind besser verbunden, miteinander und mit dem Pfarrleben. Kleingruppen sind von unschätzbarem Wert, indem sie Pfarrmitglieder für das Pfarrleben interessieren und sie aus der Rolle der zuschauenden Konsument/innen herausholen. Der Schlüssel dazu ist der/die Kleingruppenleiter/in. Wir haben immer besser begriffen, wie wichtig unsere Leiter/innen für das Gelingen der Gruppen sind und für ihre Rückbindung an die Pfarrgemeinde. Die Leiter/innen als Diener/innen und Hirt/innen zu vernetzen, unterstützen, auszubilden und auszustatten, ist essentiell für das Gelingen.

3. Kleingruppen sind Träger der Seelsorge

Kleingruppen sind der Ort, an dem unsere großartige und große Pfarrgemeinde klein und persönlich werden kann, wo man uns kennt, wir geliebt werden und wo man sich um uns kümmert. Somit sind Kleingruppen unsere ersten Träger der Seelsorge. Wenn Menschen in einer Kleingruppe sind, bekommen sie die Seelsorge, die sie brauchen, und viel mehr als sie jemals von unseren Angestellten bekommen könnten. Leider werden wir manchmal von enttäuschten Menschen auf einen Mangel an Fürsorge in unserer Gemeinde aufmerksam gemacht. Und dann erfahren wir unweigerlich, dass diese Menschen in keiner Kleingruppe sind.

In einer Pfarrgemeinde unserer Größe werden Menschen durch das Netz fallen, ganz egal, wie sehr sich die Mitarbeiter/innen um Seelsorge bemühen. Wir gehen noch weiter und behaupten, dass die Zeiten vorbei sind, in denen der Klerus und Hauptamtliche – allein oder vor allem – für alle Anliegen der Pfarrgemeinde zuständig sind. Diese Erwartung muss endlich aufhören! Das führt nur zu Frustration und Scheitern, und es kann nicht so weitergehen, wenn wir die momentane Anzahl der Berufungen zum Priestertum und zu anderen kirchlichen Diensten berücksichtigen.[88] Wenn wir wirklich die Kirche sein wollen, zu der Jesus uns beruft, müssen wir uns alle umeinander kümmern. Die Bibel fordert uns dazu auf.

Tom: *Vielleicht ist der Hauptgrund, dass Menschen sich nicht umeinander kümmern, der, dass es kein System dafür gibt. Aber in Kleingruppen ist das kein Problem. Hier ein Beispiel, das ein Gruppenleiter uns kürzlich berichtete:*

Eine Frau, die schon lange unter einer schweren Belastung litt, wurde Teil unserer Gruppe. Ihrem Mann ging es sehr schlecht, körperlich, seelisch, geistig, im Arbeitsleben usw. Aber er bestand darauf, dass niemand von seinen Problemen wissen durfte, und so hatte sie keinerlei Unterstützung. Als sie in unsere Gruppe kam, hatte ich schnell das Gefühl, dass sie etwas zurückhielt. Ihre Kommentare waren unglaublich vorsichtig, wie jemand, der nur die Zehenspitze ins Wasser taucht, um die Temperatur zu fühlen, und sie rückte nie mit der Sprache heraus. Nach Monaten öffnete sie sich endlich der Gruppe, was ein großer Schritt für sie war. Einige der

Frauen gaben ihr praktische Tipps, um ihre Ehe zu heilen. Die äußeren Umstände haben sich nicht wesentlich verbessert, aber sie kommt in die Gruppe und weiß, dass sie akzeptiert, unterstützt, geliebt wird und dass für sie gebetet wird. Sie verlässt die Gruppe jedes Mal voll Hoffnung und Entschlossenheit.

Pfarrmitglieder können sich sicher umeinander kümmern, und sie werden es tun, wenn sie Teil einer Kleingruppe sind. Sie besuchen Kranke, kümmern sich um Menschen mit familiären Problemen, bieten Hilfe an, wenn jemand eine schwierige Woche durchlebt, sie kochen für jemanden oder bringen jemanden wohin, sie passen auf Kinder auf oder gehen mit den Hunden raus. Das alles sind Kleinigkeiten, die sehr wertvoll für das Leben der gesamten Pfarrgemeinde werden können. Und wenn von Zeit zu Zeit etwas Schlimmes passiert, dann gibt es bereits ein Team, das ihnen hilft. Wir kennen eine Gruppe, die von der unheilbaren Krebserkrankung eines Mitglieds erfuhr. Sie rückten bei ihm ein, um ihn zu unterstützen, sich um ihn zu kümmern und seiner Frau zur Seite zu stehen. Tag für Tag waren sie für ihn da, lachten und weinten mit ihnen und liebten sie. Welche bessere Seelsorge könnte eine Pfarrgemeinde wohl bieten?

Pfarrer Michael White: *Ich musste das herzzerreißende Begräbnis eines kleinen Mädchens feiern. Trotz der Trauer war es ein wunderschöner Gottesdienst. Dafür sorgte die Kleingruppe, in der die Mutter war. Die Frauen sprangen ein und kümmerten sich um alles. Sie begrüßten die Gäste, erstellten die Feierhefte, teilten sie aus und sorgten dafür, dass alles reibungslos ablief. Eine von ihnen hielt eine Grabrede, die einfach wunderbar war (stellen Sie sich das vor: eine Grabrede für ein Baby!).*

Nach der Feier gingen sie mit der Familie nach Hause und blieben den ganzen Tag und die folgenden schwierigen Tage bei ihnen. Die Familie war völlig von der Liebe und Unterstützung der Gruppe umgeben, und das in einer Tiefe und Breite, die Hauptamtliche niemals schaffen würden. Für mich war es eines der besten Beispiele, wie unsere Kirche die sein kann, die sie sein soll.

4. In Kleingruppen geschieht die Veränderung des Lebens

Alles, worüber wir in Zusammenhang mit Pfarrleben sprechen, hat etwas mit der Änderung des Lebens zu tun. In Kleingruppen geschieht das viel eher und kann das tiefer ansetzen als bei den Wochenend-Versammlungen der ganzen Gemeinde, und sonst geschieht es nirgendwo.

Die Macht der Kleingruppen kommt von den Beziehungen, in denen Gespräche zu Bekehrung führen. Gott möchte, dass wir von den Erfahrungen und Beispielen anderer Menschen lernen. Wenn Menschen im Kreis sitzen und anderen zuhören, verstehen sie besser, was im Leben gut läuft und wie das Leben selbst funktioniert. Ein Autor beschreibt das so:

„Es ist kein etymologischer Zufall, dass Gespräch (conversation) und Bekehrung (conversion) im Lateinischen dieselbe Wurzel haben. Während unseres ganzen Lebens verändern Gespräche uns und manchmal bekehren sie uns auch. Die Gemeinsamkeit der Wortwurzeln ist mehr als ein Wortspiel. Die etymologische Verbindung macht uns auf eine wichtige Wahrheit aufmerksam. Sie erzählt die Geschichte unserer Menschlichkeit. Und unserer Göttlichkeit."[89]

Das Format unserer Kleingruppentreffen ist so einfach wie möglich. Die Gruppen treffen sich bei einem der Mitglieder zu Hause (nicht in den Pfarrgebäuden, das wäre unnötiger Aufwand für uns). Es gibt eine Zeit zum Ankommen, Erfrischungen, eventuell etwas zu essen. Danach folgt eine kurze Gebetszeit, danach einige Impulsfragen, die wir zur Verfügung stellen, damit alle Mitglieder auf demselben Level sind. Danach gibt es ein Video, das wir vorbereitet haben. Es gibt auch weiteres kostenloses Material, das andere Gemeinden zur Verfügung stellen.

Unsere Kleingruppen-Botschaft, die meist von Tom kommt, läuft parallel zur Wochenendbotschaft von Pfarrer Michael White vom vorherigen Sonntag, aber meist mit einem anderen Ansatz. Wenn die Mitglieder miteinander zu diskutieren beginnen, haben sie bereits zwei Botschaften zum selben Thema gehört. Bei der Diskussion geht es nicht um den intellektuellen Austausch von Ideen;

Was können Pfarrgemeinden tun?

REBUILT-STUDIENTAGE

Eine erste Einführung für Diözesen und Pfarrkonferenzen, die Impulse dieses Buches umsetzen wollen

INNOVATIONSKURS

Ein einjähriger Kurs für kirchlich Engagierte, die mit einer pastoralen Idee schwanger gehen. Ziel sind erfolgreiche Umsetzungen und gute Früchte für Kirche und Welt – an alten und neuen Orten.

REBUILT KURS

Ein dreijähriges Programm für 8-12 Pfarrgemeinden: Bei den gemeinsamen Seminaren lernen sie die entscheidenden, allgemein gültigen Qualitäten für Gemeindewachstum kennen und wenden diese auf den jeweiligen lokalen Kontext an. Statt ständigem Zuviel erleben sie fokussierte Dynamik und neue Attraktivität.

Pfarrer Michael White und Tom Corcoran in Österreich

Von Do, 8. - Sa, 10. Juni 2017 werden die Autoren von REBUILT, Pfarrer **Michael White** und **Tom Corcoran** nach **Salzburg** kommen.

Forum · Geist · Innovation
8.-9. Juni 2017 SALZBURG

Beim Innovationsforum PfinXten von 8.-9. Juni in St. Virgil werden sie über ihre Erfahrungen in Bezug auf effizientes Change-Management und bevollmächtigende Leitung berichten.

Erleben Sie die Autoren auch beim ersten REBUILT-TAG am Samstag, den 10. Juni 2017 in Salzburg – sie werden mit begründeter Hoffnung und erneuerter Motivation in ihren Pfarrgemeinden erste Schritte setzen! Spezielle Angebote für Pfarrgemeinderäte.

Infos und Anmeldung unter: pastoralInnovation.org

Michael White | Tom Corcoran

Die Geschichte
einer katholischen Pfarrgemeinde

REBUILT

Gläubige aufrütteln
Verlorengegangene erreichen
Kirche eine Bedeutung geben

Pastoral nnovation

Der „Reisebericht" des Aufbruchs der katholischen Pfarrgemeinde Nativity in Baltimore

„Ich bin überaus dankbar, dass ich die Church of the Nativity kennen lernen konnte. Was ich dabei erlebt habe, ist ein starkes Signal wider die Resignation!"

„Rebuilt hat mich erwischt! Beim Lesen des Buches wurde mir klar, was es heißt, für seine Gemeinde Hoffnung zu haben. Ich hatte sie nicht mehr."

ISBN 978-3-95042-500-0
Erhältlich auf www.ezechiel.at
Pro zehn Stück ein Exemplar gratis!

Ab 100 Stück gibt es zusätzliche Rabatte.
office@pastoralinnovation.org

Ihr Lieblingssatz aus Rebuilt?

Senden Sie ihn an rebuilt@pastoralinnovation.org!
Welches Zitat beeindruckt Sie? Was hat es bei Ihnen ausgelöst und bewirkt? Wir sammeln Erfahrungen mit Rebuilt auf unserer Homepage und Facebook-Seite. So wollen wir weitere in Pfarrgemeinden Engagierte zu echter Erneuerung ermutigen.

USA – Seminar 8.-16. November 2017

PASTORALINNOVATION organisiert regelmäßig Seminare in Washington und Baltimore. Zielgruppe sind kirchliche Führungskräfte, die sich vor Ort inspirieren lassen und danach einen Prozess der Erneuerung beginnen wollen. Erleben Sie dabei die *Church of the Nativity* persönlich und kommen Sie mit Pfarrer White und weiteren Führungskräften ins Gespräch.

Infos und Anmeldung unter: pastoral nnovation.org

es geht darum, etwas zu teilen, das vom Herzen kommt, darüber, wo die Mitglieder hinsichtlich dieses bestimmten Themas stehen – praktische Dinge wie Geld, Ehe oder Wut – und wohin sie gehen sollen. Vor dem Ende betet die Gruppe noch einmal miteinander. Wir schlagen ein Zeitfenster von 90 Minuten für das Treffen vor. Es ist erstaunlich, was in 90 Minuten ehrlichen und transparenten Austausches geschehen kann.

Tom: *Einer unserer Freunde berichtet von einer lebensverändernden Herausforderung in seinem Arbeitsleben:*
Vor einigen Jahren war ich mit meiner Arbeit sehr unzufrieden, was auch andere Bereiche meines Lebens beeinflusste und mein ganzes Denken in Beschlag nahm. Zum Glück hatte ich jede Woche die Unterstützung meiner Gruppe, die mich ermutigte. Dadurch konnte ich hören, was Gott von mir wollte und es dann auch tun – ich machte mich selbständig. Nicht in einer Million Jahren hätte ich gedacht, dass das mein Weg sei. Aber dank der Predigtreihe in Nativity und der Unterstützung durch meine Gruppe, erkannte ich es schließlich, entschied mich zu kündigen und mein eigenes Geschäft aufzumachen. Ich war noch nie glücklicher.

Pfarrer Michael White: *Vor einigen Jahren war ich in einer Gruppe (auch die Hauptamtlichen sind Teil einer Gruppe). Ein Mann erzählte, dass er abhängig von Pornografie war. Ein anderer Mann in der Gruppe hatte bereits dasselbe durchgemacht und konnte mit ihm sprechen und ihm Schritt für Schritt klar machen, wie er das Problem angegangen war. Für seine Ehe war das etwas, was sein Leben veränderte. Ich kenne Beispiele von Gruppen, wo Leuten geholfen wurde mit dem Rauchen aufzuhören, abzunehmen, wieder in Form zu kommen und zerbrochene Beziehungen wiederherzustellen.*

Tom: *Eines meiner Lieblingsbeispiele für die Veränderung eines Lebens kenne ich von einer meiner Kleingruppen. Ein Mitglied erzählte, dass sich seine Beziehung zu einer seiner Töchter nach einer Entscheidung wesentlich verbessert hatte. Sie war aufs College gegangen und machte eine*

schwere Zeit durch. Sie rief zu Hause an, um über ihre Probleme zu spre-
chen. Ihr Vater beschloss, alles stehen und liegen zu lassen und die fünf
Stunden Autofahrt auf sich zu nehmen, um ihr seine Unterstützung und
Liebe zu zeigen. Am nächsten Morgen stand er vor ihrem Wohnheim. Sie
verstand auf neue Art und Weise seine Liebe zu ihr. Danach hatte sich ihre
Beziehung, die vorher angespannt gewesen war, verändert. Circa ein Jahr
später befand sich ein Gruppenmitglied in einer ähnlichen Situation, und
er wusste sofort, was er zu tun hatte.

Ein Gruppenleiter erzählte ebenso ein Beispiel: *Eines unserer Grup-*
penmitglieder hatte 18 Monate lang Probleme mit seinem Unternehmen:
Sein Partner hinterging ihn, er musste die Hälfte seiner Angestellten
entlassen, sein ganzes Privatvermögen steckte in seinem Geschäft. Sein
Schwager, ein guter Freund seit der Volksschule, litt unter einer Sucht,
was seiner Schwester und seinem Neffen große Sorgen machte. Er konnte
ihnen nicht helfen. Nach dem Tod eines nahen Verwandten litt sein Sohn
an einer Depression. Er führte eine gute Ehe, aber er glaubte, dass er
seine Familie vor allem bewahren müsse, was kommen könnte. Als er
zum ersten Mal vor zwei Jahren in die Gruppe kam, setzte er oft aus,
wenn es zum Gebet kam. Jetzt beginnt er oft mit dem Gebet; sein Beten
kommt direkt aus dem Herzen und ist berührend und mächtig. Letzte
Woche sagte er, was die Gruppe für ihn bedeute: „Es ist der einzige Ort
in meinem Leben, wo ich nicht gute Miene zum bösen Spiel machen
muss." Sein Mut und sein Glaube haben uns alle tief berührt.

In einer sündhaften Welt haben wir alle unsere Probleme. Wir sind
nicht immer diejenigen, die wir sein wollen oder die wir zu sein
scheinen. Viele von uns haben auch keinen Ort, an den sie diese Probleme bringen können. Wir können unsere Sorgen und Freuden mit
niemandem teilen. Wir werden dazu erzogen, unseren Schmerz und
unsere Fehler zu verbergen und bei unserem Scheitern und unseren
Ängsten zu schummeln. Gerade im kirchlichen Umfeld tragen wir
Masken oder stellen uns aufwändig anders dar als wir sind, doch
sind wir zu zerbrechlich, um nicht zu scheitern. Das ist eine schwere

Bürde. Wenn die Maske verrutscht und Menschen ihr wahres Ich zeigen, entfernen sie sich paradoxerweise oft von der Kirche, weil sie sich nicht länger würdig oder willkommen fühlen. Gerade wenn sie die Hilfe der Pfarrfamilie besonders brauchen könnten, geben sie auf, weil alle ihr Geheimnis entdeckt haben: Sie sind nicht perfekt, und ihr Leben ist chaotisch.

In einer Kleingruppe können Menschen einander Geschichten anvertrauen und sich trotz ihrer Fehler und Schwächen akzeptieren. Kleingruppen sind eine Gelegenheit für uns, das zu tun, was die Bibel uns aufträgt: *„Einer trage des anderen Last; so werdet ihr das Gesetz Christi erfüllen."* (Gal 6, 2)

Kleingruppen sind ein Ort, an dem wir Unterstützung finden können, aber sie sind keine Unterstützungsgruppen. Sie sind auch keine Gesprächstherapie oder 12-Schritte-Programm. Sie sind nicht als Plattform für einzelne gedacht, die nur auf ihre Bedürfnisse konzentriert sind, auf eine Art und Weise, die das Leben der Gruppe beeinträchtigt. Da es in den Gruppen darum geht, das Leben miteinander zu teilen, ermutigen wir die Mitglieder, so echt und authentisch wie möglich zu sein, ehrlich zu dem zu stehen, wer sie sind, und wo sie auf dem Weg zu Gott stehen. Die Mitglieder lieben und unterstützen einander, wer sie auch sind, wo auf ihrem Weg sie sich auch befinden. Und sie legen einander Rechenschaft über ihre Veränderung und ihre Entwicklung ab.

Wenn wir es mit der Veränderung unseres Lebens ernst meinen, werden ernste Themen auftauchen. Daher ist Diskretion der Schlüssel. Diskretion schafft eine sichere Atmosphäre, in der die Mitglieder ehrlich sein können. Ein Mangel daran kann das Vertrauen in der Gruppe zerstören, und dann wird die Gruppe zerstört. Wir ermutigen die Gruppen dazu, stabil zu bleiben, das hilft dabei, die sichere und angenehme Atmosphäre zu bewahren. Die Mitglieder bleiben eine vereinbarte Zeit lang in derselben Gruppe. Wenn Menschen nicht von Gruppe zu Gruppe hüpfen, sondern sich zu einer bestimmten Gruppe zugehörig fühlen, wächst der Level der Geborgenheit und somit die Wahrnehmung von Stabilität.

5. Kleingruppen sind unsere Schulen für Nachfolge

In Kleingruppen geht es um die Veränderung des Lebens. Die größte Veränderung, nach der wir suchen, ist, in der Nachfolge zu wachsen. Der primäre Zweck unserer Kleingruppen ist es, Menschen zu helfen, Jünger/innen Jesu Christi zu werden. Gesunde Kirchen wachsen nicht nur: In ihnen gibt es auch immer mehr Jünger/innen. Kleingruppen sind unsere Schulen für Nachfolge.

Wir hoffen, dass das geschieht, wenn wir Gottes Wort in unserem Alltag umsetzen. Aber wir fördern weder das Bibelstudium noch andere Weiterbildung als Selbstzweck, denn wenn Menschen auf den Inhalt fokussieren, hören sie auf, sich mitzuteilen. Unsere Kleingruppen sind also „Schulen" nicht im Sinn von Erwachsenenbildung oder Glaubenslehre – es geht dabei um Wandlung des Lebens.

Tom: Die erstaunlichste unserer Kleingruppenerfahrungen betrifft unseren Freund Jack. Seine Geschichte ist wohl die bemerkenswerteste als ein Beispiel von Bekehrung, Auswirkungen der Veränderung deines Lebens und Nachfolge. Dieser Mann wollte sein Leben nach einer schmerzlichen Scheidung und einer Änderung in seinem Arbeitsleben wieder auf die Reihe bekommen. Jack war ein Kirchgänger, aber skeptisch gegenüber unseren neuen Initiativen. Die Kleingruppen betrachtete er nur zynisch.

Nach wiederholten Einladungen gab Jack der Kleingruppe eine Chance, wahrscheinlich um zu beweisen, dass er Recht und wir Unrecht hatten und dass Kleingruppen einfach eine blöde Idee sind. Aber nach und nach öffnete diese Erfahrung Jacks Geist und formte sein Herz um. Er begann, sich um die Männer in seiner Gruppe zu kümmern. Er begann es zu schätzen, dass er sich Dinge von der Seele reden und offen sein konnte. Er veränderte sich. Jack wurde zu einem begeisterten Gruppenmitglied und ein engagierter Jünger. Schließlich wurde er Gruppenleiter und sogar Mitglied unserer Steuerungsgruppe. Als kürzlich die Stelle des Kleingruppenverantwortlichen frei wurde, fiel uns die Wahl nicht schwer: Jack war die logische Wahl. Wir nennen ihn den Hl. Paulus unserer Kleingruppen, weil er ebenso vom Verfolger zum Verfechter wurde.

Wollen Sie mehr wissen oder tiefer gehen?
Hören Sie Kleingruppenleiter/innen darüber sprechen, wie sie Menschen für die Kleingruppe begeistern und sie auf den Weg der Nachfolge führen. Gehen Sie auf rebuiltparish.com/chapter9 und schauen Sie sich das Video „Small Groups" an.

SIE SCHAFFEN DAS!
SCHRITTE IN IHRER PFARRGEMEINDE

- Gründen Sie eine Kleingruppe mit einigen Pfarrmitgliedern, die sich darauf einlassen möchten. Treffen Sie sich von September bis Mai wöchentlich mit einer Unterbrechung in den Weihnachtsferien.
- Hilfsmittel und Material für Kleingruppen finden Sie zum Download auf unserer Webseite. Damit bleiben Sie auf die Bibeltexte des Sonntags konzentriert. Nehmen Sie Bibeln mit (und verwenden Sie sie). Wenn Sie eine andere Richtung einschlagen möchten, gibt es genug anderes Material (beginnen Sie mit Ihrer Suche beim Ave Maria Press-Verlag).
- Bestimmen Sie eine/n Gruppenleiter/in, dessen/deren Aufgabe es ist, darauf zu achten, dass niemand zu dominant wird, dass alle zu Wort kommen und dass das Gespräch nicht ins Stocken kommt. Seien Sie offen, ehrlich und liebevoll.
- Laden Sie auch andere Pfarrmitglieder ein, aber sorgen Sie dafür, dass es nicht zu einem ständigen Kommen und Gehen kommt. Sie müssen sich verpflichten. Wenn Sie mehr als zwölf Gruppenmitglieder haben, teilen Sie die Gruppe. Der/die Leiter/in muss die Mitglieder dazu ermutigen. Wiederholen Sie das Ganze. Aber achten Sie darauf, in engem Kontakt mit den neuen Gruppenleiter/innen zu bleiben.
- Ermutigen Sie Ihren Pfarrer dazu, über die Kleingruppen zu predigen, um die Kultur in ihrer Pfarrgemeinde zu verankern.

WEGGEFÄHRT/INNEN

Nachfolge geschieht in kleinen Schritten, und wenn wir Weggefährt/innen haben, ist der Weg leichter. In bestimmtem Sinn wird es schon leichter, wenn Sie sich mit Menschen umgeben, die ebenfalls versuchen, ein christliches Leben zu führen. Authentische Beziehungen wurzeln in einer wachsenden Beziehung zu Jesus Christus – darum geht es in den Kleingruppen. Wir sind überzeugt davon, dass das der Weg ist, auf dem die Kirche in die Zukunft geht.

„Die zukünftige Kirche wird durch nichts anderes als durch den Glauben derjenigen Menschen getragen, die freiwillig eine Gemeinde bilden. Wir sollten alles dafür tun, dass diese Entwicklung nicht aufgehalten wird, sondern sie fördern und in die richtigen Bahnen lenken. Die Kirche wird nur existieren, wenn sie sich ständig in der freien Entscheidung des Glaubens erneuert.[90]

Während wir daran arbeiten, eine Kultur zu schaffen, die Kleingruppen fördert und unterstützt, ist das letztlich Gottes Werk. Jesus lehrte uns: *„Wenn ihr mich liebt, werdet ihr meine Gebote halten. Und ich werde den Vater bitten, und er wird euch einen anderen Beistand geben, der für immer bei euch bleiben soll. Es ist der Geist der Wahrheit."* (Joh 14, 15ff.)

Die zentrale Lehre des Christentums ist die Wahrheit, dass es in Gott drei Personen gibt: Vater, Sohn und Geist, ein Gott, drei verschiedene Personen. Das ist ein Geheimnis, das bewahrt und gefeiert werden muss, und dessen volle Bedeutung selbst wir nicht erfassen können. Aber das Geheimnis enthüllt etwas Entscheidendes und Wichtiges darüber, wie Gott existiert und wirkt: in einer innigen Beziehung – als Gemeinschaft. Die Dreifaltigkeit ist eine *Communio* von Personen und als solche die ursprünglichste Kleingruppe. Schließlich wollen Kleingruppen das Leben Gottes widerspiegeln, der drei in eins ist.

Es gibt solches und solches Teilen: Wenn es darum geht, Jünger/innen zu gewinnen, geht es auch darum, das Leben zu teilen, aber das ist nicht das Einzige, das Sie teilen müssen. Es wird deutlich, dass Sie etwas teilen müssen, das wichtiger als das Leben ist.

„Der Zehnte ist um Gottes willen zu zahlen, und wer sich weigert, nimmt einem anderen etwas weg. Diejenigen, die nicht zahlen, sollen exkommuniziert werden, und ihnen soll nicht vergeben werden, bis sie voll Wiedergutmachung geleistet haben."[91]
Konzil von Trient

10 BESTEHLEN SIE GOTT NICHT

Jesus hat die ganze Zeit über Geld gesprochen. Warum? Weil er wusste, wie sehr es unseren Gedanken dominiert, unsere Herzen gefangen hält und als großes Hindernis einer Beziehung mit Gott im Weg steht. Und er sagte uns klar, dass wir nicht beiden dienen können. Sie müssen wählen.

„Kein Sklave kann zwei Herren dienen; er wird entweder den einen hassen und den andern lieben, oder er wird zu dem einen halten und den andern verachten. Ihr könnt nicht beiden dienen, Gott und dem Mammon." (Lk 16, 13)

Als jemand Hilfe in finanziellen Angelegenheiten brauchte, gab Jesus ihm den Rat: „Gebt Acht, hütet euch vor jeder Art von Habgier." (Lk 12, 15)

Gier, oder Habgier, ist die Liebe zu Geld oder Reichtum in unangemessener oder zerstörerischer Art und Weise. Sie tritt in unterschiedlichen Formen auf, also müssen wir auf der Hut sein, um sie zu erkennen. In der katholischen Moraltheologie wird sie als gravierendes Laster betrachtet, weil sie Geld zum Lebenszweck macht. Wenn Gier in einer armen Agrargesellschaft vor 2000 Jahren ein Problem war, um wie viel mehr dann heute in unserer Konsumkultur. Milliarden von Dollar werden jedes Jahr in Werbung und Marketing investiert; neue

Technologien, Stile, Geschmäcker, Modelle und Marken kommen täglich in die Geschäfte. Und täglich erinnert uns unsere Kultur an das, was wir nicht haben, und ermutigt uns, zu glauben, dass wir glücklich wären, wenn wir es hätten. Wir glauben die Lüge und geben so viel Geld aus wie nie zuvor in der Geschichte der Menschheit.

Wie alle anderen haben auch Katholik/innen Kreditkartenschulden und andere Verpflichtungen. Manche haben Hypotheken aufgenommen, die sie nicht abbezahlen können. Ein Pfarrer erzählt, wie er Menschen seiner Pfarrgemeinde in ihren überdimensionalen Reihenhäusern besuchte, die allerdings unmöbliert waren, weil ihnen wahrscheinlich das Geld ausgegangen war. Ein anderer Pfarrer rechnete aus, dass sich seine Einnahmen verdreifachen würden, wenn die Menschen in seiner Pfarrgemeinde denselben Betrag spendeten, den sie nur an Zinsen für ihre Kredite zahlten. Das ist ein Problem für Gemeinden mit unterschiedlichen finanziellen Ressourcen.

Einige unserer Pfarrmitglieder sind nicht in der Lage, etwas zu spenden, selbst wenn sie viel verdienen, weil sie das Geld schon für sich selbst ausgegeben haben. Die schlechte Verwaltung ihres Geldes und Schulden verursachen vielen Menschen gewaltigen Stress und tragen auch zur Erhöhung der Scheidungsrate bei.[92] Die Menschen schwimmen nicht nur im See des Materialismus, sie ertrinken vielmehr darin. Wenn es um Geld geht, wissen die Menschen nicht, wie sie leben sollen, weil sie nicht wissen, wie sie geben sollen. Das Gegenteil von Gier und ein Ausweg aus den Schulden ist das Geben.

GEBEN IST UNGLAUBLICH WICHTIG

Wir waren überrascht und schließlich schockiert, dass das Thema Geld in den Büchern, die andere über Pfarrarbeit schrieben, schlicht und einfach nicht vorkam. Niemand von uns erinnert sich daran, dass die Themen Geld und Gebet in unseren katholischen Schulen vorkamen, auch nicht im Priesterseminar. Was lehrt die Kirche über das Geben? Was sagt die Bibel? Wer weiß es?

Unsere Erfahrung unterstreicht einige Missverständnisse und folglich die mangelhafte Unterweisung und Predigt, ebenso wie fehlerhafte Fundraisingmethoden im katholischen Umfeld. Das Spendenniveau in katholischen Pfarrgemeinden ist katastrophal niedrig, ja die Katholik/innen spenden im Vergleich zu anderen Christ/innen am wenigsten. Das ist ein Skandal, der Gott verhöhnt und eine gewisse Unreife beweist.

> **Das Spendenniveau in katholischen Pfarrgemeinden ist katastrophal niedrig, ja die Katholik/innen spenden im Vergleich zu anderen Christ/innen am wenigsten.**

Aus zwei Gründen sind Geldspenden so wichtig, wenn es darum geht, als Pfarrgemeinde zu wachsen. Der erste ist offensichtlich, obwohl viele Katholik/innen ihn einfach ignorieren: Eine Pfarrgemeinde kostet Geld. Es gibt keinen Strom, keine Heizung oder Angebote, wenn es kein Geld gibt. Unsere Dienste kosten etwas, und wenn weniger gespendet wird, bremst das alle Bemühungen oder bringt sie sogar um. Vor allem brauchen Sie Geld, um die Hauptamtlichen zu bezahlen. Katholik/innen waren es gewohnt, dass Kirche so gut wie nichts kostet, weil viele in Schulen und Pfarrgemeinden fast unentgeltlich arbeiten. Das war zwar ganz nett, aber diese Zeiten sind vorbei.

Auf dem Weg in die Zukunft werden vor allem Lai/innen in den Pfarrgemeinden arbeiten, und der Großteil von ihnen wird bezahlt werden müssen. Wenn unsere Pfarrgemeinden erfolgreich sind, werden Angestellte vergleichbar gut bezahlt werden müssen, weil sie uns sonst nicht lange erhalten bleiben. Die Finanzierung einer Pfarrgemeinde ist also ein wesentliches und entscheidendes Element. Wenn wir das nicht hinkriegen, droht auch den Pfarrgemeinden eine Finanzkrise, wie sie zurzeit die katholischen Schulen im ganzen Land erleben. Vielleicht ist die Krise auch schon da.

In Bezug auf Nachfolge ist das Geben noch wichtiger. Eines Tages kam ein junger Mann zu Jesus und wollte sein Jünger werden. Er scheint dafür geeignet zu sein. Es scheint, als erfüllte er alle Vo-

raussetzungen – bis auf eine. Als Jesus zu ihm sagt *„Wenn du voll-*
kommen sein willst, geh, verkauf deinen Besitz und gib das Geld den
Armen; so wirst du einen bleibenden Schatz im Himmel haben; dann komm
und folge mir nach." (Mt 19, 21), geht der Mann weg und ignoriert
diesen Rat. Matthäus erzählt uns, dass er traurig wegging, weil er
sehr reich war. Und soweit wir es wissen, ist aus ihm nie ein Jünger
geworden. An anderer Stelle erzählt Jesus die Geschichte des reichen
Narren, der nur reich war an Dingen, die keinen Bestand haben und
nicht *„vor Gott reich ist"* (Lk 12, 21). Unser Geld und unsere Nachfolge gehen Hand in Hand.

Trotz weit verbreiteter Fehlwahrnehmung und vieler Schwierigkeiten wird das Thema in der Predigt so gut wie nie als geistliches
Thema wahrgenommen. Warum?

Pfarrer und Hauptamtliche wissen vielleicht selbst nicht viel darüber, was das Wort Gottes dahingehend lehrt, und sind vom geistlichen Mehrwert des Gebens nicht überzeugt. Wenn sie dieses
Thema in einer ähnlich unwissenden Gemeinde anschneiden, wird
das zu Konflikten führen. Viele Katholik/innen sind erschöpft und
frustriert aufgrund kirchlicher Misswirtschaft, Skandalen, und Fi-
nanzproblemen und wenden sich ab. So ist es leichter für alle das
Thema zu ignorieren.

FASCHING, CHRISTBÄUME UND SPAGHETTI-ESSEN

Wir können niemandem außer uns selbst die Schuld geben. Auch
hier bietet Nativity ein Lehrbuchbeispiel, wie man es nicht machen
soll, bevor wir hierher kamen und auch noch danach. Bei der Gründung versammelte die Pfarrgemeinde sich in einem Turnsaal. Von
Anfang an bemühten sich der Pfarrer und die Gemeinde darum, so
schnell wie möglich eine Kirche zu errichten. Das ist ein weit verbreiteter, wenn auch verständlicher Fehler. Kirchliche Menschen
wollen Kirchen bauen, noch bevor sie wirklich eine brauchen oder
sie die finanziellen Mittel dafür haben. Natürlich müssen sie sich

dann nicht mehr jede Woche an einem gemieteten Ort treffen. Doch
unweigerlich definiert das Kirchengebäude, wer sie als Gemeinde
sind. Es ist falsch, so zu denken, denn die Gemeinde sollte ihren
Raum bestimmen. Aber leider
ist auch das ein immer wieder
begangener Fehler.   **Bauen Sie lieber Ihr Volk als**
    Was danach in Nativity   **einen Kirchturm auf.**[93]
passierte, war auch typisch: Die
junge Gemeinde, die wachsen
wollte, machte viele Schulden, was sehr bald das dominierende
Thema in der Pfarrgemeinde war. Als man durch Spenden die nötigen Summen nicht aufbringen konnte, wandte man sich an professionelle Fundraiser, die helfen sollten. Also wurden diese der
Mittelpunkt der Gemeinde, nutzten haupt-und ehrenamtliche Mit-
arbeiter/innen für ihre Zwecke und verhinderten so missionarische
Seelsorge. Als sie auch damit nicht erfolgreich waren, bot die Pfarrgemeinde ein Hypothekenprogramm an. Das war ein einfallsreicher,
aber keineswegs biblischer Zugang, bei dem die Pfarrmitglieder der
Pfarrgemeinde Geld borgten anstatt es ihr zu schenken.
    Mit der Zeit waren alle verwirrt durch diese verschiedenen
Versuche, und die Pfarrgemeinde hatte weiterhin Schwierigkeiten
mit den Finanzen. Eines Sonntags – so geht die Mär – verkündeten
Pfarrverantwortliche von der Kanzel folgendes, um die Situation
zu erläutern: „Wir brauchen jede Woche lediglich acht Dollar von
jeder Familie, damit die Pfarrgemeinden funktioniert." Somit
machten Sie aus der Spende so etwas wie ein Eintrittsgeld. Das
äußerte sich ironischerweise in einem Rückgang der Spenden.
Wahrscheinlich haben eher die Leute zugehört, die bisher mehr
als acht Dollar pro Woche gegeben hatten.
    Als wir nach Nativity kamen, dachten wir zunächst nicht viel
über Geld nach. Wir wussten nicht, wie wichtig es ist, abgesehen
davon, was wir damit tun könnten. Für die Gemeinde gab es auch
keine Botschaft, was die Spenden anging, außer „wir wollen mehr".
    Es schien ständig Benefizveranstaltungen zu geben. Wir betrach-

teten diese klarerweise als zusätzliches Einkommen, damit wir mehr
Leute anstellen konnten, was mit dem ordentlichen Haushaltsgeld
nicht möglich war. Im Frühling versuchten wir ein Auto zu verlosen,
das wir für diesen Zweck gekauft hatten. Doch wir erreichten nicht
einmal den ursprünglichen Kaufpreis, also mussten wir noch mehr
Lose verkaufen. Währenddessen stand das Auto vor unserer Kirche,
als große, strahlendende und leuchtende Anklage all dessen, was
wir nicht verstanden. Zu unserem Mangel an Wissen und Verständnis
kam noch hinzu, dass wir selbst nicht gerne gaben. Niemand von uns
unterstützte unsere Pfarrgemeinde finanziell. Wir dachten nicht einmal
daran. Nur wenige Angestellte spendeten etwas, und die aktiverten
freiwilligen Mitarbeiter/innen betrachteten ihre Arbeit als Spende.
Während einer besonders anstrengenden Benefizveranstaltung sagte
jemand von ihnen: „Ich gebe sicher keinen Cent dazu, weil die Zeit, die
ich in die Pfarrgemeinde investiere, mindestens 20.000 Dollar pro Jahr
wert ist." In unserer damaligen finanziellen Situation wäre uns das
Geld lieber gewesen.

Auch wir hatten persönliche Schwierigkeiten mit dem Geld:
sinnlose Ausgaben, Kreditkartenschulen, kein Finanzplan und keine
Ersparnisse. Das alles hängt miteinander zusammen.

In einer Pfarrgemeinde, die wir kennen, hängt ein Schild: „Wir
sind eine Gemeinde, wo es noch den Zehnten gibt." Wen wollen die
überzeugen? Außerdem widersprachen sie ihrer eigenen Werbung,
weil auf dem Schild daneben zu lesen war: „Wir spielen Bingo!" Tut
mir leid, aber beides geht nicht.

Um regelmäßige Benefizveranstaltungen, Spaghetti-Essen usw.
durchzuführen, muss eine kleine Pfarrgemeinde eine große Geld-
summe aufbringen, um eine großen Saal und eine Küche zu bauen.
Die Essen sind in der Gemeinde sehr beliebt, aber ironischerweise bringen sie nicht einmal genug ein, um die monatlichen Raten des Baukre-
dits abzubezahlen. In einer anderen Gemeinde in unserer Nähe gibt
es ständig Benefizveranstaltungen – große, furchtbare, arbeitsintensive
Benefizveranstaltungen –, eine nach der anderen. Nach dem Sommer-
karneval folgt das Herbstfestival, danach kommt Halloween, der Ver-

kauf von Christbäumen beendet die Saison. So etwas gibt es häufig, aber es ist nicht, was Gott von uns will.

Benefizveranstaltungen können Spaß machen. Sie können Gemeinschaft vermitteln. Manchmal sind sie Teil der sozialen oder ethnischen Kultur einer Gemeinde und sogar eine Quelle des Stolzes. Als solche respektieren wir ihre Anziehungskraft.

Aber schließlich geht es bei Benefizveranstaltungen immer um einen Austausch von Geld gegen irgendetwas, oder zumindest um die Möglichkeit, etwas zurückzubekommen. Also geht es um einen Austausch von Gütern. Wenn das überhandnimmt, wird die Idee der Kirche Jesu Christi geradezu parodiert. Tombolen, Auktionen, verdeckte Auktionen, Verkäufe, Essen, Dinnershows, Tanzveranstaltungen, Glücksspiel, Bingo oder andere Anreize für Spenden – nichts davon lehrt Gott uns, um unsere Arbeit damit zu finanzieren.

Es ist wie mit Obst. Beim Fundraising geht es nur um die „Früchte". Man muss sie pflücken, vom Baum schütteln, sie aufsammeln. Als kurzzeitige Strategie kann das auch in der Kirche erfolgreich sein, langfristig sicher nicht. Irgendwann sind alle Früchte geerntet, und man beschädigt oder zerstört den Baum durch aggressive Übererntung (professionelle Fundraiser nennen das Nachlassen der Spendenfreudigkeit). Wir können die Früchte ernten, oder wir können fruchtbringende Bäume pflanzen. Das sind zwei völlig verschiedene Tätigkeiten, die zu völlig verschiedenen Ergebnissen führen. Bei erfolgreicher Finanzierung in der Kirche geht es um das Pflanzen von fruchtbringenden Bäumen – Pfarrmitglieder, die großzügig sind. Bei Fundraising geht es um Geld. Uns sollte es um die Menschen gehen.

MENSCHEN GROSSZÜGIG MACHEN

Unsere Ausbildung starteten wir mit einer Lehre aus dem 3. Kapitel des Prophetenbuches Maleachi. Gott sagt zum Volk Israel:

„Seit den Tagen eurer Väter seid ihr von meinen Gesetzen abgewichen und habt auf sie nicht geachtet. Kehrt um zu mir, dann kehre ich mich euch

zu, spricht der Herr der Heere. Doch ihr sagt: Worin soll denn unsere Um-
kehr bestehen? Darf der Mensch Gott betrügen? Denn ihr betrügt mich.“
(Mal 3, 7–8a)

Gott erinnert das Volk Israel daran, dass er ein Gesetz gegeben
hat, das es befolgen sollte. Das Volk aber hat es ignoriert und der
Ungehorsam hat es von ihm und seinem Segen entfernt. Er beschuldigt die Israeliten, dass sie ihn betrügen. Wie kann man Gott betrügen? Das ist gar nicht so schwer.

„Doch ihr sagt: Womit betrügen wir dich? – Mit den Zehnten und
Abgaben! Dem Fluch seid ihr verfallen, doch ihr betrügt mich weiter,
ihr, das ganze Volk. Bringt den ganzen Zehnten ins Vorratshaus, damit
in meinem Haus Nahrung vorhanden ist. Ja, stellt mich auf die Probe
damit, spricht der Herr der Heere, und wartet, ob ich euch dann nicht
die Schleusen des Himmels öffne und Segen im Übermaß auf euch herab-
schütte.“ (Mal 3, 8b–10)

Gott verspricht reichen Segen in unseren Pfarrgemeinden und
in unserem Leben, wenn wir
sein Wort befolgen. Wenn wir
es aber ignorieren, schneiden
wir uns selbst davon ab. Unglücklicherweise gibt es tausende Gemeinden unter-
schiedlicher Denomination

**Bei Fundraising geht es um
Geld. Uns sollte es um die
Menschen gehen.**

mit finanziellen Problemen, ihre Schwierigkeiten illustrieren diese
Wahrheit auf traurige Weise. Beachten Sie, dass Gott sagt: „Stellt
mich auf die Probe damit.“ Er fordert uns auf, ihn zu prüfen. Wenn
es um Geld geht, möchte Gott, dass wir ihn testen und überprüfen,
ob er treu ist. Probieren Sie es und schauen Sie, ob er seinen Segen
in Ihren Leben und dem Ihrer Pfarrgemeinde wirksam werden lässt.
Es ist eine Herausforderung. Wenn man diese Bibelstelle gelesen hat,
ist es leichter, Mark Twain zu verstehen, der sagt: „Die meisten Menschen haben Schwierigkeiten mit den Bibelstellen, die sie nicht verstehen. Ich für meinen Teil muss zugeben, dass mich gerade
diejenigen Bibelstellen beunruhigen, die ich verstehe.“

DER ZEHNTE

Unter dem Zehnten versteht man eine Gabe von zehn Prozent dessen, was wir haben oder verdienen, um Gott zu ehren. In den Zehnten wird alles miteingerechnet, was man entweder den Armen gibt oder im Gottesdienst spendet. Eine katholische Schule wird da leider nicht berücksichtigt. Das Element des Zehnten zieht sich durch die gesamte Bibel und wird zum ersten Mal im Buch Genesis erwähnt. Im Zusammenhang mit seinem Gebet gibt Abraham dem Priester, König Melchisedek, den Zehnten seines Besitzes. Es ist der Anteil des Königs und eine Opfergabe (Gen 14, 18–20). Später lesen wir, dass sein Nachkomme Jakob ebenso betete:

„Jakob machte das Gelübde: Wenn Gott mit mir ist und mich auf diesem Weg, den ich eingeschlagen habe, behütet, wenn er mir Brot zum Essen und Kleider zum Anziehen gibt, wenn ich wohlbehalten heimkehre in das Haus meines Vaters, und der Herr sich mir als Gott erweist, dann soll der Stein, den ich als Steinmal aufgestellt habe, ein Gotteshaus werden, und von allem, was du mir schenkst, will ich dir den zehnten Teil geben." (Gen 28, 20–22)

Viele Katholik/innen hören den Begriff des Zehnten und fahren aus der Haut. „Ist das nicht etwas Alttestamentliches, das Jesus abgeschafft hat?" Oder sie verstehen es als etwas Protestantisches, das wir bereits überwunden haben.

Pfarrer Michael White: *Als ich das erste Mal in einer Predigt über den Zehnten sprach, sprach mich danach eine Frau mit erhobenem Zeigefinger an und beschimpfte mich: „Dieses Wort will ich nicht noch einmal in der Kirche hören." Glauben Sie es oder nicht, ich hielt mich daran. Ich benutzte dieses Wort lange nicht mehr. Ich ignorierte diesen Teil der Bibel einfach.*

Das Argument, dass der Zehnte ein alttestamentliches Gebot sei, das im Neuen Testament überflüssig war, mag bequem sein, aber es ist falsch. Jesus sagte, dass er nicht gekommen sei, um das Gesetz aufzuheben, sondern um es zu erfüllen. In Mt 23, 23 und Lk 22, 42 spricht Jesus ausdrücklich über den Zehnten und empfiehlt ihn. An anderen Stellen hebt er die Abgabe an Gott auf ein völlig neues Niveau. Er lobt Zachäus, der versprach, 50 Prozent seines Besitzes zurückzugeben (vgl. Lk 19, 9f.), und die Witwe, die ihr gesamtes Vermögen verschenkte (Mk 12, 43f. Lk 21, 3).

Gott verlangt von uns nicht nur den Zehnten. Er möchte, dass wir erkennen, dass ihm alles gehört und dass wir unsere Rolle als Verwalter/innen ernst nehmen. Und schließlich wird er alles auch zurücknehmen. Der Zehnte ist lediglich ein Richtwert.

Geschichtlich betrachtet wurde alles kompliziert, als der Zehnte in einigen Ländern in die Steuer integriert wurde. Die Menschen hatten keine Wahl. Jede/r musste bezahlen. Als geschichtliche Entwicklungen in Europa und Nordamerika eine Trennung von Kirche und Staat mit sich brachten (damit ging meist das Ende der staatlichen Unterstützung für die Kirchen einher), verlor man den Zehnten oft aus den Augen oder verstand ihn einfach nicht mehr. In Irland wurde er völlig abgelehnt, als sich die protestantische Staatskirche entwickelte, die auch durch Steuern unterstützt wurde.[94] Dort gipfelte der Widerstand in einem Aufstand, der als Zehnt-Krieg in die Geschichte einging. Währenddessen hemmt die staatliche Unterstützung, die es noch in einigen europäischen Ländern gibt, die Spendenfreudigkeit in der Gemeinde.

In Amerika fristete der Zehnte neben den ganzen Benefizveranstaltungen ein Schattendasein aufgrund der endlosen Spendenaufrufe für die Gebäude, die für die wachsende Kirche gebraucht wurden. Das ständige Durcheinander von Spendensammlungen für Kirchen und Schulen ist auch nicht besonders hilfreich. Ja, der Zehnte ist ein Imperativ, durch den wir uns und unsere Pfarrgemeinden für den Segen öffnen sollen, der im Buch Maleachi verheißen wird. Es ist eine Lehre, die wiederentdeckt und wieder gelernt werden muss, wenn wir Konsument/innen in Jünger/innen verwandeln wollen, wenn Pfarrgemeinden wiederbelebt und wahrhaft wiederaufgebaut werden sollen und zwar auf eine Art und Weise, die dem Evangelium besser entspricht.

Aber nach langer Zeit der Missverständnisse ist das nicht einfach.

BEGINNEN SIE BEI SICH SELBST

Wir mussten irgendwo anfangen, also begannen wir bei uns selbst. Gott etwas zu geben, zwang uns dazu, alle anderen Ausgaben hintanzustellen. Und wir können beide ganz ehrlich sagen, dass wir unsere Schulden los wurden und sogar etwas ansparen konnten, nachdem wir begonnen hatten, den Zehnten zu geben. Vor kurzem motivierten wir auch unsere anderen Mitarbeiter/innen dazu. Einige von ihnen geben nun ebenfalls den Zehnten, andere noch ein bisschen weniger, aber sie sind auf dem besten Weg. Da wir in letzter Zeit wesentlich mehr Spenden von der Gemeinde bekommen, konnten wir auch die Löhne unserer Mitarbeiter/innen erhöhen. Das hängt alles miteinander zusammen. Nachdem wir unsere Herzen gewandelt hatten, konnten wir andere durch eine klare Botschaft herausfordern und verwandeln, eine Botschaft, die im Fundraisingnebel nicht mit untergeht. In diesem Prozess war es unser Ziel, Jünger/innen zu gewinnen, die gerne den Zehnten geben. Wir versuchen aktiv und ermutigend unsere Gemeindemitglieder zum Zehnten zu motivieren, aber außer den Hauptamtlichen machen das bisher zunächst wenige. Das ist o.k., zumindest momentan. Wir wollen sie nur auf den richtigen Weg bringen, vielleicht um erst bei der nächsten Generation erfolgreich zu sein, wenn es uns bei der jetzigen nicht gelingt.

> **Der Zehnte ist lediglich ein Richtwert, ein Startpunkt für uns.**

Um weiterzukommen und im Gespräch zu bleiben, ermutigen wir die Leute, den biblischen Standard ernst zu nehmen, auf dem der Zehnte fußt. Wir fordern unsere Mitglieder dazu auf

- Geplant zu spenden (etwas aus ihrem Budget dafür zur Seite zu legen)
- Prioritäten zu setzen (zuerst Gott etwas zu geben)
- Einen gewissen Prozentsatz zu geben (nicht einen bestimmten Geldbetrag)
- Großzügiger zu werden (den Prozentsatz regelmäßig zu erhöhen)[95]

Diese Schritte erlauben uns, alle in einen Verantwortungsprozess miteinzubeziehen, mehr als wenn wir die Leute mit einer überfordernden Botschaft verschrecken, wenn sie hören: „Geben Sie 10 %." Wir fordern die Menschen dazu heraus, einen Schritt nach dem anderen zu machen.

Wenn Sie sonntags nur Kleingeld in den Klingelbeutel werfen (manche bezeichnen das als „Trinkgeld" für Gott), planen Sie von nun an, wieviel sie geben möchten. Setzen Sie das vor allen anderen Ausgaben an die erste Stelle. Jede/r kann das tun, unabhängig von der Höhe seiner/ihrer Spende. Danach folgt ein bestimmter Prozentsatz, den man sich vornimmt. Es geht zunächst nicht um die *10* in den 10 Prozent, sondern um die *Prozent*. Wir sind überzeugt davon, dass dieses Umdenken eine Veränderung in der Kultur unserer Gemeinde bewirkt, und dass wir nun auf dem richtigen Weg sind. Wenn dieser Schritt erreicht ist, folgt der nächste automatisch. Das funktioniert wirklich!

Die Menschen sollten einen Ausgabenplan erstellen und als Erstes Gott etwas geben und das an einem gewissen Prozentsatz festmachen. Der erfolgreichste Weg, sie zu überzeugen, ist die Möglichkeit der bargeldlosen Zahlung. Einen gewissen Prozentsatz zu geben, bewirkt ein Umdenken, die bargeldlose Zahlungsmöglichkeit ist ein praktischer Aspekt. Je mehr Menschen auf diese Art und Weise spenden, desto mehr werden sie spenden und desto verlässlicher werden sie sein. Vor einigen Jahren mussten wir unsere Kirche nach einem Blizzard zusperren. Wir konnten keinen einzigen Gottesdienst feiern. Aufgrund der bargeldlosen Spenden hatten wir trotzdem Einnahmen. Seit einiger Zeit kann man über unsere Webseite spenden, und wir sind auf der Suche nach weiteren Alternativen (so sind wir unabhängig von Bargeld oder Schecks, die ohnehin niemand mehr mit sich herumträgt).

In unserer Gemeinde sprechen wir nur mehr einmal im Jahr über Spenden. Das Wochenende vor Thanksgiving ist diesem Thema gewidmet. In allen Wochenendmessen gibt es Präsentationen, in denen wir auf respektvolle Weise das Wissen der Menschen darüber auffrischen, wie viel es kostet, eine Pfarrgemeinde zu erhalten und Angestellte zu bezahlen, aber wir tun das keineswegs auf lästige oder gierige Art. Der Fokus dieser Botschaft liegt allein darauf, welch gute Arbeit sie mit ihrer Unterstützung ermöglichen. Wir danken ihnen und ermutigen potenzielle neue Spender/innen. An diesem Sonntag feiern wir unsere Pfarrgemeinde und die lebensverändernde Arbeit, die dort geschieht. Für viele Menschen ist dieses Wochenende eines der großartigsten im Jahr und nichts, was sie schnell hinter sich bringen wollen.

Wollen Sie mehr wissen oder tiefer gehen?
Schauen Sie sich unser Video zum Thema an. Gehen Sie auf rebuilt-parish.com, „Chapter 10, dann auf „Stewardship Sunday".

Nach der Botschaft geben wir allen Zeit, um über ihre Spenden nachzudenken und sich eine Verpflichtung für das nächste Jahr zu überlegen.

Wir bitten Sie, eine Karte auszufüllen, in der sie eintragen, wie hoch ihr Beitrag im nächsten Jahr sein soll. Diese Karten sammeln wir beim Altar, um klar zu machen, wie wichtig ihre Verpflichtung ist. Ihr Beitrag ist ein Beitrag zum Gebet.

Am selben Wochenende findet unser jährliches Businessmeeting statt. Mitglieder unseres Wirtschaftsrates beschäftigen sich mit dem Budget des laufenden und des letzten Jahres, sprechen über Einnahmen und Ausgaben. Dieses Treffen ist öffentlich. Damit setzen wir ein Zeichen für Transparenz, wenn es um Geld geht. Allerdings kommt kaum jemand. Das nehmen wir als positives Zeichen für die Gesundheit unserer Gemeinde wahr. Man vertrauet uns in Geldsachen.

Außerdem machen wir das Spenden zu einer gemeinsamen Sache. Wenn eine Naturkatastrophe passiert, wie etwa das Erdbeben in Haiti, Überschwemmungen in Pakistan oder der Tsunami in Japan, führen wir keine zusätzliche Sammlung durch, sondern überweisen einfach den Zehnten der Kollekte an die zuständige Organisation.

In den letzten Jahren unterstützten wir die Menschen unserer Pfarrgemeinde darin, tiefer zu verstehen, was Gott zum Thema Geld sagt, indem wir ihnen stabile Ressourcen anboten. Wir sind begeistert von Dave Ramseys Financial Peace University, einem Kursprogramm, das Menschen hilft, ihre finanzielle Situation zu verbessern und dadurch mehr spenden zu können. Es gibt auch andere großartige Materialien zur Unterstützung. Es geht darum, den Menschen zu helfen, mit ihrem Geld besser zurechtzukommen, und zwar auf eine Weise, die Gott gefällt, ihren Lebensstil verbessert und ihre Spenden erhöht.

Wie auch immer, das effektivste, um Nachfolge zu fördern, ist die Predigt. Wir sprechen zwar nur einmal im Jahr über das Spenden, ABER wir machen Geld immer dann zum Thema, wenn es in den Sonntagslesungen aus dem Lektionar vorkommt. In den letzten Jahren hatten wir immer wieder Predigtreihen dazu. Beim ersten Mal erforderte das viel Mut und brachte uns massive Kritik ein, weil Konsument/innen so etwas nicht hören wollen. Aber nachdem unsere Botschaft über Jahre hindurch beständig war, wurde es leichter für uns, die Leute hören besser zu und das Ergebnis verbessert sich stetig. Die Herzen der Menschen werden sich nicht über Nacht wandeln, aber wenn man wirklich lebt, was Gott uns über das Geld lehrt und darüber predigt, wird Gott die Herzen der Menschen verwandeln.

Unsere Einnahmen sind heute trotz der schwierigen Situation seit der Wirtschaftskrise im Steigen. Wir sind inzwischen schuldenfrei, können mehr Personal einstellen, konnten die Löhne erhöhen, Geld für Renovierungen und Reparaturen zur Seite legen, Rücklagen für größere Projekte schaffen, die uns bevorstehen. Durch die steigenden Einnahmen können wir auch unsere Diözese besser unterstützen und wir können mehr in caritative Projekte investieren.

Gehen Sie nicht hinkend durch die Welt

Im ersten Buch der Könige fragt Elija das Volk Israel „Wie lange noch schwankt ihr nach zwei Seiten? Wenn Jahwe der wahre Gott ist, dann folgt ihm! Wenn aber Baal es ist, dann folgt diesem!" (1 Kön 18, 21)

Das Volk wollte sowohl Gott als auch einem falschen Gott namens Baal dienen. Elija sagte ihnen, dass man nicht zwei Herren dienen kann. Man muss sich für einen entscheiden, sonst hinkt man im Glauben. Er fordert die Propheten des Baal zum Wettkampf heraus, um die Wahrheit des lebendigen Gottes unter Beweis zu stellen. Es ist eine lustige Geschichte, aber im Endeffekt gewinnt Elija, das Volk kommt zum Glauben, und sie geben ihren falschen Gott auf.

Gehen Sie nicht hinkend durch die Welt, schwanken Sie nicht. Benefizveranstaltungen sind einfache, nützliche und bewährte Methoden zur Geldbeschaffung. Sie mögen notwendig erscheinen. Für eine Schule, ein Krankenhaus oder anderen soziale Einrichtungen mag das stimmen. Aber für Gemeinden sind sie nicht mehr als Krücken. Wenn wir sie statt des Zehnten oder anderer Spenden nutzen, dann hinken wir und verkrüppeln uns und unsere Bemühungen. Unser Auftrag ist es, Jünger/innen zu gewinnen, Benefizveranstaltungen helfen dabei nicht. Sie bewahren die Mentalität des Konsums anstelle der Jüngerschaft Jesu.

> **Du bekommst, was du gibst.** [96]

SIE SCHAFFEN DAS!
SCHRITTE IN IHRER PFARRGEMEINDE

Schritt 1: Befolgen Sie als Leiter/in der Pfarrgemeinde das Wort Gottes in finanziellen Angelegenheiten und beginnen Sie mit dem Zehnten. Geben Sie Gott Ihre ersten zehn Prozent.

Schritt 2: Überdenken Sie Benefizveranstaltungen und widersprüchliche Systeme, die Ihren Mitgliedern verwirrende Botschaften darüber vermitteln, wie sie ihre Gemeinde unterstützen sollen. Wenn Sie sehr abhängig von solchen Veranstaltungen sind, dann befreien Sie sich davon, auch wenn das bedeutet, manche Projekte zu verschieben. Reduzieren Sie zusätzliche Sammlungen auf ein Minimum.

Schritt 3: Beten Sie über Ihre Spenden.

Schritt 4: Leben Sie Ihren Ressourcen entsprechend, passen Sie sich dem Spendenaufkommen an. Seien Sie gute Verwalter/innen.

Schritt 5: Predigen Sie über das Thema Geld, wenn es in den Lesungen vorkommt. Predigen Sie wirklich nur einmal im Jahr über Spenden für die Pfarre. Bitten Sie Ihre Mitglieder darum, sich zu verpflichten, basierend eben nicht auf Ihrem Finanzbedarf, sondern auf dem Bedarf der Menschen, Geld zu geben.

Wiederholen Sie diese Schritte Jahr für Jahr auf disziplinierte Weise. Lehren Sie Ihre Gemeinde mithilfe jedes dieser Schritte, ihre Spende am Ort der Gottesverehrung als Akt der Gottesverehrung zu sehen. Helfen Sie ihnen dabei, besser zu verstehen, dass sie es nur tun, um Gott zu ehren und in der Nachfolge zu wachsen. Hinken Sie nicht mit Benefizveranstaltungen durch die Gegend, wenn sie sagen, dass Sie Gott vertrauen. Gewinnen Sie Jünger/innen für Jesus und Gott wird Ihnen Geld schicken. Anbetung bedeutet, dass wir bestimmten Dingen einen Wert geben. Das ist es, was Gott von uns will, und er selbst hat uns gelehrt, wie wir das tun sollen. Immer wieder mahnt er: *„Man soll nicht mit leeren Händen vor mir erscheinen."* (Ex 23, 15)

Seit es die Kirche gibt, wurde jegliche Gabe für die Kirche und alles, was den Armen gegeben wurde, als Geschenk für Gott angesehen, als „Opfer" für den Herrn. In den ersten Jahrhunderten, als sich die Liturgie entwickelte, wurden die Gaben christlicher Caritas mit der Gabenbereitung in der Eucharistie in Verbindung gebracht. So konnten die Gläubigen ihre Gaben Gott selbst darbringen.[97] Heute befindet sich die Gabenbereitung mitten in der Messe. Wir geben Geld an unserem Ort des Gebets als einen Akt des Gebets. Es kostet uns nicht alles, wie das Opfer Jesu, aber es kostet uns etwas.

König David, der mehr über Anbetung wusste, als irgendjemand vor ihm, bestand darauf, dass seine Anbetung ihm etwas Bedeutendes und Opferwürdiges kostet (vgl. 2 Sam 24, 24). Das gleiche gilt auch für uns: Die Anbetung muss uns etwas kosten.

Andererseits ist das auch eine Investition. Die Arbeit für das Reich Gottes zu unterstützen, ist das intelligenteste, das wir mit unserem Geld tun können. Es ist offensichtlich die beste Langzeitstrategie, die es gibt. Jim Eliot schreibt: „*Der ist kein Narr, der hingibt, was er nicht behalten kann, damit er gewinnt, was er nicht verlieren kann.*"[98] Verwenden Sie Ihr Geld dazu, das Reich Gottes und Ihre Zukunft zu unterstützen.

„*Ich sage euch: Macht euch Freunde mit Hilfe des ungerechten Mammons, damit ihr in die ewigen Wohnungen aufgenommen werdet, wenn es (mit euch) zu Ende geht.*" (Lk 16, 9)

TUN SIE ES EINFACH

Geld spielt eine große Rolle in der Gewinnung von Jünger/innen. Aber wir werden sehen, dass es noch etwas anderes braucht. Ohne diese zusätzliche Verpflichtung, wird Ihre Kirche mit Konsument/innen gefüllt sein, und Sie werden keine neuen Jünger/innen gewinnen. Es ist schwierig, es ist arbeitsintensiv, und niemand wird es Ihnen danken (zunächst). Aber als Leiter der Pfarrgemeinde müssen Sie es einfach tun.

Jeder Mensch, nicht nur die Missionarinnen der Nächstenliebe, kann etwas Schönes für Gott tun. Das ist die Zukunft, das ist, was Gott für uns will: durch Liebe im Tun zu dienen.[99]

Mutter Teresa

11 RAUS AUS DEN KIRCHENBÄNKEN

Pfarrer Michael White: *In meinem ersten Jahr hier stand ich vor und nach jeder Wochenendmesse bei der Kirchentüre. Ich beantwortete Fragen, erfüllte Bitten, um den Leuten zu zeigen, dass ich es schätzte, dass sie da waren. Am Wochenende sperrte ich auch die Kirche auf, öffnete die Türen, kochte Kaffee, verkaufte Karten mit Informationen über Messintentionen und sorgte für Toilettenpapier bei den Herren (ich weiß nicht, wer sich bei den Damen darum kümmerte).*

Unter der Woche versuchte ich alle zu besuchen, die im Krankenhaus waren, mich um jede/n zu kümmern, der/die irgendetwas von mir wollte (ohne Rücksicht auf meinen Terminkalender), die Verwaltung zu erledigen, als Verantwortlicher für Transaktionen, Marketing, Kommunikation, Finanzfragen und als Chef zur Verfügung zu stehen. Ich war auch für das Beschwerdemanagement zuständig.

Die Erwartung – ja eigentlich die Forderung – war, dass ich alles tun würde, ganz egal, wie viel Personal ich hätte. Wenn es ein Treffen oder eine Versammlung zu irgendeinem Thema gab, erwartete man, dass ich dabei sei. Ohne meine Präsenz fehlte jeder Veranstaltung etwas. Wenn ich nicht zu einem Frauentreffen oder Jugendtreff kam, war das ein unglaublicher Affront. Und als ich aufhörte, diese unerbittlichen Forderungen zu erfüllen, warf man mir vor, faul, inkompetent oder „nicht pastoral" zu sein.

Vor kurzem telefonierte ich mit einem Kollegen und Freund. Ich erreichte ihn nicht, hörte aber am Anrufbeantworter die Nummer seines Mobiltelefons, sowie eine Liste weiterer Nummern, unter denen er am restlichen Tag erreichbar sei. Die Botschaft war klar: Wer immer Sie sind und was immer Sie wollen, rufen Sie mich an.

VORBEREITEN, NICHT VERWÖHNEN

Dieser hohe Level an „Kundenorientierung" ist im Klerus weit verbreitet. Es ist großzügig und selbstlos, uns wurde das so beigebracht. Es ist aber auch verrückt. Wenn sich jemand beschweren will und das direkt beim Chef machen kann, warum sollte er/sie das nicht tun? Wenn eine Frage auf der Webseite gestellt werden kann, die direkt den Pfarrer erreicht, dann macht man das auch. Wenn Sie den Pfarrer dazu bringen können, alles zu tun, angefangen vom Schlusssegen bei der Messe bis hin zum Anstoß, werden Sie sich kaum mit weniger zufrieden geben. Das führt zu immer größeren Forderungen und unvermeidbar ins Burnout, wie wir es leider so oft gesehen haben – manchmal sogar noch mehr bei Lai/innen als bei Priestern. Aber es gibt noch eine schlimmere Konsequenz. Ein solcher Zugang vonseiten der Hauptamtlichen garantiert, dass die Pfarrmitglieder fordernde Konsument/innen bleiben und keine Jünger/innen werden.

„Es liegt jedoch noch ein langer Weg vor uns. Zu viele Getaufte fühlen sich nicht der kirchlichen Gemeinschaft zugehörig, leben am Rande von ihr und wenden sich nur bei bestimmten Anlässen an die Pfarreien, um religiöse Dienste zu erhalten. Unter den Einwohnern der einzelnen Pfarreien, auch unter denen, die sich zum katholischen Glauben bekennen, gibt es immer noch verhältnismäßig wenige

Laien, die sich bereitwillig zur Arbeit in den verschiedenen apostolischen Bereichen zur Verfügung stellen." (Benedikt XVI.)[100]

Das Wort Dienst heißt im Lateinischen *ministerium* oder *servitium*, im Griechischen *diakonia*. Das beschreibt einen Dienst im Haushalt, den Dienst an den Tischen. Die Bibel sagt klar, wer diesen Dienst im Haushalt des Herrn tut:

„Und er gab den einen das Apostelamt, andere setzte er als Propheten ein, andere als Evangelisten, andere als Hirten und Lehrer, um die Heiligen für die Erfüllung ihres Dienstes zu rüsten, für den Aufbau des Leibes Christi." (Eph 4, 11f.)

Wenn Sie Pfarrer sind, dann lesen Sie das noch einmal. Wirklich, lesen Sie es noch einmal! Ein Pfarrer sollte die Mitglieder der Gemeinde nicht verwöhnen, sondern sie auf ihren Dienst zurüsten und vorbereiten.

Jesus bestand während seines Dienstes auf die Unterstützung und Hilfe seiner Jüngerschaft. Bei der Brotvermehrung, bei der Auferweckung des Lazarus, sie mussten ihm überall helfen. Es wurde von ihnen erwartet. Und Jesus war konsequent und machte seinen Teil erst, nachdem die Jünger/innen ihren getan hatten. Dienst ist eine Teamsportart.

Dasselbe galt für die junge Kirche. Die Apostel erfüllten ihre Rolle und achteten darauf, dass auch die anderen Gemeindemitglieder aktiv

> **Je mehr sich das Laienapostolat entfaltet, desto stärker spürt man das Bedürfnis nach gut ausgebildeten, heiligmäßigen Priestern. So artikuliert das Leben des Volkes Gottes selbst die Lehre des II. Vatikanischen Konzils über die Beziehung zwischen dem gemeinsamen Priestertum aller Gläubigen und dem Weihepriestertum. Denn im Mysterium der Kirche hat die Hierarchie Dienstcharakter (vgl. Lumen gentium, 10). Je mehr das Verständnis der den Laien eigenen Sendung vertieft wird, desto mehr tritt das hervor, was dem Priester eigen ist."** [101]

wurden. Sie beharrten felsenfest darauf. Paulus sagt: *„Achte darauf, dass du den Dienst erfüllst, den du im Auftrag des Herrn übernommen hast."* (Kol 4, 17)

Die endgültige Zentralisierung der Rollen des Bischofs und der Presbyter und die Ausbreitung des geweihten Lebens scheint vieles von den Diensten aufgesogen zu haben, wie es im Neuen Testament nicht zu finden ist. Daher entstand eine professionelle Dienst-Klasse. Thomas O'Meara meint: „Andere getaufte Christ/innen konnten auch körperliche Unterstützung leisten, aber sie wurden auf Distanz gehalten, sowohl vom tatsächlichen öffentlichen Dienst als auch vom Altarraum. Es gab Andeutungen, dass Dienst vor allem mit Methoden der Spiritualität und liturgischen Rubriken zu tun habe, dass die gefallene Welt nur so viel Erlösung vertragen würde, und dass alle, die keine Gelübde abgelegt haben, keine Gabe zum Dienst haben, sondern eher Zeug/innen sein können."[101]

> **Christ/innen, die Ihrer Pfarrfamilie nicht dienen, sind höchstens Baby-Jünger/innen.**

Die Kirche hat hier zum Glück eine Kurskorrektur vorgenommen. Wenn es darum geht, die Konsum-Mentalität zu verändern, ist die Frage, wer die Arbeit macht, wahrscheinlich die entscheidende. Es ist offensichtlich: Wenn Menschen nur bedient werden, dann sind und bleiben sie Konsument/innen. Wenn sie arbeiten, sind sie Diener/innen. Unsere Pfarrgemeinden werden ungesunde konsumorientierte Versammlungen bleiben, wenn die Menschen nicht dazu animiert werden, sich einzubringen und mitzuhelfen. Genau wie in einer Familie; die einzigen, die nicht helfen, sind die Babys. Christ/innen, die Ihrer Pfarrfamilie nicht dienen, sind also höchstens Baby-Jünger/innen.

Das Zweite Vatikanische Konzil schlug einen neuen Weg ein, der kürzlich von unseren Bischöfen wieder betont wurde. Sie helfen uns dabei zu verstehen, dass das, was als Laienapostolat bezeichnet wird, nicht Plan B ist, falls es zu wenige Berufungen gibt, sondern die reife Frucht aller Getauften:

Die amerikanische Bischofskonferenz schrieb 2005: *„Es ist ein Laiendienst, weil er von Lai/innen verrichtet wird. Die sakramentale Basis ist das Initiationssakrament, nicht das Weihesakrament. Der Dienst ist kirchlich, weil er seinen Platz in der Gemeinschaft der Kirche hat, deren Communio und Auftrag er dient, und weil er der Urteilskraft, der Autorität und der Beaufsichtigung durch die Hierarchie unterliegt. Schließlich ist es ein Dienst, weil es Teilhabe am dreifachen Geheimnis Christi als Priester, Prophet und König ist. In diesem ursprünglichen Sinn drückt der Begriff Dienst die Arbeit aus, durch die Mitglieder der Kirche den Auftrag und den Dienst Christi in der Kirche und in der Welt weiterführen.“*[102]

JEDE/R IST DIENER/IN

Dienst geht tiefer als nur zu helfen. Er drückt das Werk aus, durch das die Sendung Christi weitergeht, daher ist Dienst grundlegend für Nachfolge und Evangelisierung. Um eine lebendige Atmosphäre zu schaffen, die Ihre Mitarbeiter/innen zum Wachstum motiviert, müssen sie dienen. Um ein Ort von Energie und Enthusiasmus zu werden, der unwiderstehlich für Außenstehende ist, müssen wir die Insider/innen dazu bewegen, sich von den Kirchenbänken zu erheben. Besucher/innen, Gäste und Neuankömmlinge müssen bedient werden. Die Pfarrmitglieder dienen ihnen, aber auch einander. Nicht sofort und nicht von Anfang an, aber mit der Zeit wollen wir, dass alle Mitglieder zu einem unserer Teams gehören und unserer Pfarrfamilie und unserer Gemeinde dienen. Unser Ziel ist es einfach, dass jede/r ein/e Diener/in wird.

Einer für den anderen.[103]

Offensichtlich stellt sich die Frage: „Wie bringen Sie Menschen dazu zu dienen?" Wir in Nativity predigen die ganze Zeit darüber. Nicht, wenn wir Hilfe brauchen, wenn wir verzweifelt sind, sondern immer. Aber wir nörgeln nicht herum. Niemand möchte in einem Verliererteam arbeiten. Menschen möchten keine Lückenbüßer sein. Sie möchten einer Vision folgen und einen Beitrag zu etwas Gelingendem leisten. So predigen wir übers Dienen. Ein/e Jünger/in dient. Und um zu einem/einer Jünger/in Jesu zu werden, und um mehr Jünger/innen zu gewinnen, müssen Sie weiterhin dienen. Als Diener/innen sind unsere Mitglieder in der Siegermannschaft. Wir predigen über die Möglichkeit verschiedener Dienste, um den unterschiedlichen Gaben und Talenten unserer Pfarrmitglieder entgegenzukommen. Wir wollen, dass sie erkennen, wie Gott sie zum Dienst geformt hat:

„Es gibt verschiedene Gnadengaben, aber nur den einen Geist. Es gibt verschiedene Dienste, aber nur den einen Herrn. Es gibt verschiedene Kräfte, die wirken, aber nur den einen Gott: Er bewirkt alles in allen. Jedem aber wird die Offenbarung des Geistes geschenkt, damit sie anderen nützt.“ (1 Kor 12, 4–7)

Wir begrenzen andererseits aber auch die Dienste für diejenigen, die sich zum ersten Mal zur Verfügung stellen. Wenn es zu viele Möglichkeiten gibt, kann es passieren, dass sie gar nichts tun. Es ist dann verwirrend für sie, sich zu verpflichten und unmöglich für uns, es so zu organisieren, dass etwas Positives dabei herauskommt. Schlussendlich möchten wir, dass alle ihre Gaben in bestmöglicher Weise einsetzen, aber am Beginn wählen sie aus einigen einfachen Diensten, wie Kaffee kochen oder den Müll ausleeren. Niemand ist zu wichtig, um klein anzufangen. Außerdem kann niemand mit einem liturgischen Dienst einsteigen. Die Menschen müssen mit einfacheren, banaleren Aufgaben beginnen. Nur jene, die sich bereits erfolgreich in einem Dienst bewährt haben, werden zur Mitarbeit in der Liturgie eingeladen.

> **Unser Ziel ist es, dass jeder und jede Diener oder Dienerin wird.**

Um Dienste zugänglich zu machen, haben wir das Angebot „Dienen zuerst", ein Titel, den wir uns von der Willow Creek Gemeindekirche ausgeborgt haben. Es bietet die Chance, einen unserer Dienste auszuprobieren, und zwar einmalig und ohne jede Verpflichtung. Wenn es ihnen gefällt, kommen sie wieder; wenn es nicht passt, können sie etwas anderes ausprobieren.

Eine andere Möglichkeit, freiwillige Mitarbeiter/innen zu gewinnen, ist, nicht nur den Job überschaubar und leicht machbar zu gestalten, sondern auch die Verpflichtung. Wenn die Menschen dann sehen, dass sie wirklich einen Dienst tun können und es ihnen auch Freude macht, werden sie sich meist für mehr verpflichten.

Zu Beginn fordern wir eine Verpflichtung für zwei Stunden, zweimal im Monat. Das ist leicht verständlich, leicht zu merken und kein bisschen beängstigend. Das ist ein unglaublicher Wandel in der Kultur. In der Welt der Kirche ist es nämlich sonst oft üblich, einem kleinen Kreis von Menschen große und viele Verpflichtungen aufzuhalsen. Das macht Angst und ist kontraproduktiv.

Einer der Gründe, warum wir in Nativity z.B. keine Lehrer/innen für den Religionsunterricht fanden, war, dass wir extrem viel von Menschen erwartet haben, die noch gar nichts gegeben hatten. Die Aufgabe hätte Wissen gebraucht, das sie nicht hatten, und ein Zeitausmaß, das ihr ganzes Wochenende verändert hatte. Es gab kein System, um neue Mitarbeiter/innen zu gewinnen.

> **Es gab einfach kein „Biotop", um neue Mitarbeiter/innen zu gewinnen.**

Pfarrer Michael White: *Auf der anderen Seite gab es endlose Verpflichtungen. Wir pressten Menschen in Lücken, die gefüllt werden mussten, und hofften, dass sie so lange dort blieben, bis Jesus kommt. Ich erinnere mich, wie ich am Beginn meiner Tätigkeit hier den Religionsunterricht besuchte. Nachdem ich die etwas verwirrte Klasse und ihre verblüffte Lehrerin getroffen hatte, nahm sie mich beiseite und meinte verzweifelt: „Holen Sie mich hier raus. Vor zehn Jahren bin ich für jemanden eingesprungen, aber man fand nie einen Ersatz für mich. Ich bin keine Lehrerin!" Die Anfangsverpflichtung, um die wir Mitglieder bitten, ist unser Wachstums-Biotop für größere Hingabe im Dienst, manchmal sogar für Leitung.*

IM TEAM

Die Voraussetzung zur Mitarbeit in einem Team ist ein polizeiliches Führungszeugnis, eine Kinderschutzschulung und -überprüfung sowie ein ausgefülltes Bewerbungsformular und die Teilnahme an einem Vorbereitungstraining.

Wir kümmern uns durch Wertschätzung des Dienstes und ihrer Bemühungen um unsere Mitarbeiter/innen. Wir wollen sie fit für den Erfolg machen. Das bedeutet auch, dass wir sie innerhalb eines angemessenen Zeitraums einteilen, dass jede/r eine/n Supervisor/in zur Unterstützung hat, der ebenfalls freiwillig mitarbeitet, und dass alle das Handwerkszeug bekommen, das sie brauchen. Wenn sie erfolgreich sind, genießen sie ihren Dienst noch mehr und erweitern eventuell ihre Verpflichtungen. Wir arbeiten an einfachen, jährlichen Evaluationen, so dass Teamleiter/innen sicher sein können, dass sie gute Arbeit leisten und sie ihren Dienst noch immer gern tun. Wir ermutigen sie auch, sich eine Auszeit zu gönnen oder ein neues Betätigungsfeld zu suchen, wenn sie das möchten. Viele unserer Wochenendmitarbeiter/innen tragen so etwas wie eine Uniform, meist T-Shirts und Abzeichen. Dadurch sind sie leichter ansprechbar für Mitglieder und Gäste. Aber wir mögen diese Uniform auch deshalb, weil sie ein offensichtliches Zeichen dafür ist, wer zu unserem Team gehört. Das ist eine zusätzliche Bindung und gleichzeitig ein Zeichen dafür.

Zusätzlich zu den Mitarbeiter/innen, die am Wochenende tätig sind, haben wir Dutzende Mitarbeiter/innen, die unter der Woche da sind. Wie bereits erwähnt, haben wir zurzeit keine/n angestellte/n Pfarrsekretär/in. Der Großteil der Kanzleiarbeit wird von freiwilligen Mitarbeiter/innen erledigt. Sie kümmern sich auch um die Bestellungen und den Einkauf für das Café sowie um Materialien und Ressourcen für die Jugendangebote. Immer mehr Instandhaltungsarbeiten werden von Freiwilligen übernommen (wir hoffen, dass sie eines Tages alles übernehmen). Wie in vielen Pfarrgemeinden gibt es auch bei uns einen Besuchsdienst, der sicherstellt, dass viele Kranke zu Hause oder im Krankenhaus besucht werden, dass sich jemand um sie kümmert und für sie betet (auch wenn sie zu keiner Kleingruppe gehören). Diese Freiwilligen bieten auch regelmäßig Gebet in den vielen Häusern mit betreutem Wohnen an.

Ein weiser Mensch sagte einmal, dass Freiwillige nicht gratis sind. Wir sorgen dafür, dass es Snacks und Getränke für unsere Mitarbeiter/innen in unserer „Lounge für Ehrenamtliche" gibt (das klingt chic, ist in Wirklichkeit aber unsere Pfarrbüro). Sie haben eine Garderobe, Schließfächer und treffen sich mit anderen Freiwilligen, was Gemeinschaft und Freundschaft fördert. Wir ermutigen sie dazu, sich regelmäßig miteinander zu treffen, einander zu loben und ihre Erfolge gemeinsam zu feiern. Wir haben eine Vollzeitangestellte, Maria, die alle Freiwilligen (beg)leitet. Sie kümmert sich um sie, macht sie verantwortlich für unsere Sendung und unsere Werte und stellt sicher, dass sie geschätzt werden. Manchmal muss sie auch uns Hauptamtliche daran erinnern: „Macht das nicht, überlasst es unseren Freiwilligen!"

Trotzdem loben wir sie und bedanken uns bei ihnen (gemeint sind die Freiwilligen) nicht ständig öffentlich, weil wir nicht möchten, dass in der Kirche die Insider/innen im Mittelpunkt stehen. Es ist langweilig, in einer Pfarrgemeinde zu sein, in der sich alle ständig gegenseitig auf die Schultern klopfen, und das nimmt den Fokus von den Neulingen und legt ihn auf uns. Außerdem sollten sich Freiwillige nicht aus diesem Grund engagieren. Vergangenen Ostersonntag hatten wir 600 Mitglieder, die in T-Shirts ihren Dienst taten, 6000 Pfarrmitglieder und Gäste waren bei uns. Hinter den Kulissen haben wir unsere Mitarbeiter/innen ermutigt und ihnen gedankt (und auch für Frühstück und Mittagessen gesorgt), aber vom Altar aus haben wir unseren Gästen für ihr Kommen gedankt. Eine solche Akzentuierung kann zu einem Wandel der Kultur in Ihrer Pfarrgemeinde führen.

Möchten Sie mehr wissen oder tiefer gehen?
Treffen Sie unseren Verantwortlichen für die erwachsenen Freiwilligen und erfahren Sie mehr über die Gewinnung und die Begleitung von Ehrenamtlichenteams. Gehen Sie auf rebuiltparish.com/chapter 11 zum Video „Aufbau von Freiwilligenteams".

Nur weil Ehrenamtliche gratis arbeiten, bedeutet das nicht, dass sie alles nach ihrem eigenen Gutdünken machen können. Das ist eine weit verbreitete Einstellung in der Welt der Kirche und schlussendlich schafft sie immer Probleme. Stattdessen haben wir Werte und Standards, sowie Überprüfungen, die auch sonst überall obligatorisch sind. Dieses Werte und Standards wurden von Maria und ihrem Team entwickelt und werden im Angebot „Dienst schnuppern" erläutert, das jede/r durchläuft, bevor die Mitarbeit beginnt. Wenn jemand sich nicht daran hält, kann das ein Ausschlussgrund sein.

Wert 1: Freiwillige und ehrenamtliche Mitarbeiter/innen wissen, dass sie für Gott arbeiten. Neben dem Gebet im Team sollen unsere Mitglieder ihren Dienst mit einem Gebet beginnen und sich als Diener/innen Gottes sehen.

Wert 2: Freiwillige arbeiten in einem Team und kommunizieren klar und respektvoll miteinander und mit ihren Leiter/innen.

Wert 3: Freiwillige haben gemeinsame Zielvorstellungen und erkennen, dass sie in ihrer je spezifischen Weise dem Gesamtzweck der Kirche dienen. Es gibt keinen unwichtigen Dienst, ganz gleich, wie einfach oder bescheiden eine Aufgabe ist. Freiwillige sind für ihren Dienst verantwortlich und stehen dafür gerade. Sie arbeiten in jedem Dienst mit einer freundlichen, offenen und jede/n akzeptierenden Einstellung, besonders aber „Tim" und seiner Familie gegenüber. Sie priorisieren ihre Aufgaben, indem sie sich mit den Augen von Neuankömmlingen zu sehen versuchen. Sie achten darauf, dass sie nicht zu Diener/innen von fordernden Konsument/innen werden.

Wert 4: Freiwillige sind sensibel gegenüber physischen und emotionalen Hindernissen und gegenüber echten oder eingebildeten Hürden, die Gäste daran hindern könnten, etwas Großartiges bei uns zu erleben. Sie sind stolz auf ein sauberes und attraktives Umfeld, das so wenige Ablenkungen von der Botschaft zulässt wie möglich. Jede/r, vom Pfarrer bis zum/zur Verantwortlichen für die Sauberkeit am WC (und der jetzt für Toilettenpapier sorgt), übernimmt Verantwortung und legt – wenn nötig – selbst mit Hand an.

Wert 5: Die Freiwilligen bemühen sich darum, eine wirklich tolle Atmosphäre zu schaffen. Sie tauschen sich aus und arbeiten gemeinsam daran, den Standard unseres Dienstes stetig zu verbessern.

Um sicherzustellen, dass diese Werte gelebt werden, verpflichten die Mitarbeiter/innen sich auf folgende Standards:

Standard 1: Verlässliches Erscheinen
Wir erwarten von unseren Mitarbeiter/innen, dass sie ihre Aufgaben verantwortungsbewusst erfüllen und verlässlich sind. Wenn sie nicht da sein können, müssen sie selbst für Ersatz sorgen. Das ist ihre Verantwortung, nicht unsere.

Standard 2: Alltagskleidung erwünscht
Viele unserer Mitarbeiter/innen tragen spezielle T-Shirts, Jacken oder Schürzen, die sie kennzeichnen. Darüber hinaus sollen sie sich im Alltagslook kleiden, denn so kommt auch „Tim" in die Kirche.

Standard 3: Vorbereitung ist Pflicht
Unter der Woche kommunizieren wir online mit unseren Mitarbeiter/innen, um ihre Aufmerksamkeit und ihr Gebet auf das zu lenken, was am Wochenende passieren wird, und was wir erreichen möchten. Wir haben die beste Methode dafür noch nicht gefunden, aber wir wissen: Wir möchten im Laufe der Woche mit ihnen in Kontakt treten, damit sie gut vorbereitet in ihren Dienst am Wochenende gehen können. Uns als Hauptamtliche ist natürlich bewusst, dass am Wochenende Palmsonntag oder Adventsanfang ist. Es ist aber durchaus möglich, dass Freiwillige das nicht wissen.

Standard 4: Dienst und Gebet

Die alte Folge der Fernsehserie *Alle lieben Raymond*, in der Raymond draufkommt, dass man nicht in die Messe gehen muss, wenn man Platzanweiser ist, ist ein gutes Beispiel. In der Welt der Kirche ersetzen Aufgaben oft das Gebet. Einige Leute beschäftigen sich während der Messe mit irgendetwas, anstatt Gott Lob und Ehre zu geben. Sie glauben fälschlicherweise, dass ihr Tun wichtiger ist als ihr Beten. Wir bitten unsere Mitarbeiter/innen darum, bei einer Messe Dienst zu machen und eine andere mitzufeiern. Das funktioniert noch nicht gänzlich, aber wir sind auf einem guten Weg. Mitarbeit ist eine Form, Gott zu loben, aber es ist keine Alternative zum Gebet in der Gemeinde der Glaubenden in der Eucharistiefeier. Jünger/innen tun beides.

Standard 5: Mitarbeiter/innen sind erfolgreich

Wir bitten unsere Mitarbeiter/innen, darauf zu achten, was Gott sowohl durch sie und um sie herum tut als auch in der größeren Gemeinschaft der Kirche. Wir ermutigen sie, ihre Erfolge zu benennen und als Team zu feiern, sie mit anderen Teamleiter/innen zu teilen und ihren Beitrag zum großen Ganzen der Kirche zu leisten.

SIE SCHAFFEN DAS!
SCHRITTE IN IHRER PFARRGEMEINDE

- Beginnen Sie mit Teams (keine liturgischen Dienste): ein Begrüßungsteam vor der Kirchentüre oder eines beim Pfarrcafé. Versuchen Sie, zusätzlich zu den bisherigen, neue Leute einzuladen, die noch keinen Dienst haben. Machen Sie jemandem zum/zur Teamleiter/in, den Sie kennen und dem Sie vertrauen. Geben Sie ihm/ihr sowohl echte Autorität als auch Verantwortung.
- Investieren Sie in den/die Leiter/in und das Team, schenken Sie ihnen in der Startphase viel Zeit. Reflektieren Sie gemeinsam ihre Standards und Werte und blicken Sie darauf, was sie gemeinsam

erreichen möchten. Machen Sie sich Gedanken über die Kleidung. Kaufen Sie T-Shirts, Abzeichen, Schlüsselanhänger, oder was auch immer in Ihrem Umfeld passend ist.

- Wenn Sie beginnen, machen Sie in der Gemeinde keine große Sache daraus. Wenn die Gemeinde das macht, ist es o.k. Es geht darum, dass niemand sich zu viel erwartet. Sie haben vielleicht noch einen langen Weg vor sich, um die neuen Dienste nachhaltig zu festigen.

- Seien Sie vorbereitet auf etwaige Rückschläge (Leiter/innen hören auf; Ihr Team kommt am Sonntag nicht; irgendjemand beschwert sich über die Mühen). Lassen Sie sich nicht entmutigen und geben Sie nicht auf! Machen Sie weiter, auch wenn zwischendurch alles an Ihnen hängt. Aber hören Sie vor allem nicht auf, in Ihr Team zu investieren. Damit stellen Sie sicher, dass nicht alles die ganze Zeit an Ihnen hängen bleiben wird.

- Nachdem Sie Ihr Team gebildet haben, bauen Sie gleich das nächste auf (Parkplatzeinweiser/innen oder Technik). Beim zweiten Mal wird es schon leichter gehen.

DIE ANDEREN

Die Schriftstellerin Gertrude Stein spöttelte über Oakland in Kalifornien: Es gibt kein „dort" dort.[104] Unglücklicherweise kann man diese Substanzlosigkeit auch in vielen Kirchen finden. Menschen kommen und gehen, es fühlt sich so an, als gäbe es dort kein dort. Für Neulinge und Gäste sind unsere Mitarbeiter/innen „hier, hier".

Pastor Bill Hybels, der in seiner wahrlich erstaunlichen Gemeinde in der Nähe von Chicago den größten Mitarbeiterstab an Freiwilligen im ganzen Land hat, schreibt:

„Stellen Sie sich vor, was passieren würde, wenn Menschen in unserer Welt sich ein Serviertuch schnappten und so mit Freude andere Menschen im Alltag bedienten! So etwas würde unsere Welt verändern. Ich glaube, dass es eine Revolution der Freiwilligenarbeit geben könnte, und dass die Kirche hier wegweisend sein kann. Meiner Meinung nach sind Menschen Christus nie ähnlicher, als wenn sie das Leben anderer Menschen bereichern. Und Menschen, die weit von Gott entfernt sind, werden durch kaum etwas anderes berührt sein, als wenn sie Nachfolger/innen Jesu im 21. Jahrhundert kennenlernen, die wie Christus handeln."[105]

MITARBEITER/INNEN IN DER KIRCHE UND FÜR DIE KIRCHE

Es ist wunderbar, wenn man Mitglieder dafür gewinnt, den Dienst der Kirche in der Kirche zu tun. Aber nicht einmal das ist ausreichend, wenn es darum geht, eine gesunde Kirchenkultur zu schaffen, die Christus für uns will. Ihre Pfarrmitglieder müssen Diener/innen der Kirche sein und das in der Kirche und für die Kirche in der Welt.

Da draußen in der Welt möchten wir, dass unsere Freiwilligen Mitarbeiter/innen beim Wiederaufbau sind.

> *„Sie alle ermahnen Wir unablässig im Herrn, keine Mühe zu
> scheuen, durch keine Schwierigkeiten sich abschrecken zu lassen; mögen
> sie von Tag zu Tag an Stärke wachsen und in Tatkraft wirken (73).
> Wahrhaftig, schwer ist die Aufgabe, zu der wir sie aufrufen."*
> Papst Pius XI.[106]

12 MACHEN SIE MIT BEIM WIEDERAUFBAU

Von Anfang an übertrug Gott den Menschen eine Aufgabe, um in seiner Schöpfung zu dienen. Im Alten Testament lesen wir über diese Rolle, die sich verändert und immer größeres Augenmerk auf die Armen, die Witwen und die Waisen richtet. Eine Beziehung zu Gott verlangt auch gerechte und wahrhafte Beziehungen der Menschen untereinander, verbunden mit der Fürsorge für andere. Gott wünscht sich Anbetung nur in Verbindung mit solchen Taten.

Jesus stellt in seiner ersten Predigt im Lukasevangelium die Vision des Jesaja ins Zentrum: *„Der Geist des Herrn ruht auf mir; denn der Herr hat mich gesalbt. Er hat mich gesandt, damit ich den Armen eine gute Nachricht bringe."* (Lk 4, 18) Anderen zu dienen ist für Jesus das zweitgrößte Gebot, das er seiner Jüngerschaft gibt, und er verbindet es mit dem Grundauftrag der Evangelisierung: *„So soll euer Licht vor den Menschen leuchten, damit sie eure guten Werke sehen und euren Vater im Himmel preisen."* (Mt 5, 16) Es gibt bei Jesus auch keine Grenzen des Dienstes, den seine Jüngerschaft in der Welt tut. Und er macht klar, dass ihr Dienst das wichtigste Kriterium im Gericht sein wird: *„Darauf wird der König ihnen antworten: Amen, ich sage euch: Was ihr für einen meiner geringsten Brüder getan habt, das habt ihr mir getan."* (Mt 25, 40)

WARUM SAGTE ER DAS?

Im Zentrum der Lehre und Predigt Jesu steht die Ankündigung dessen, was er „die Königsherrschaft Gottes" nennt. Dieses Reich Gottes ist weniger ein Ort, nach dem wir suchen sollen, sondern eine Bewegung in der Welt und in den Herzen der Menschen, die offen dafür sind. Grundlegend für diese Bewegung sind eine Neuordnung unserer Welt, die Versöhnung der Schöpfung und eine Umkehr zum Willen des Schöpfers. Das Reich Gottes stellt das wieder her, was Gott von Anfang an wollte.

Das ist der Deal: Wir sind erlöst, Christus hat für uns den Tod besiegt, ein für alle Mal. Aber das bedeutet nicht, dass das alles war. Die Erlösung der Schöpfung ist das Werk Jesu Christi.

Nein, das ist ein Fasten, wie ich es liebe: die Fesseln des Unrechts zu lösen, die Stricke des Jochs zu entfernen, die Versklavten freizulassen, jedes Joch zu zerbrechen. **(Jes 58,6)**

An seinem Wiederaufbau arbeiten wir mit ihm gemeinsam.

Man kann es so sehen: Sie verlieren Ihr Haus infolge einer Zwangsvollstreckung, weil Sie die falschen Entscheidungen getroffen und Schulden gemacht haben. Jemand anderer kauft es, aber es verfällt. Noch ein/e andere/r kauft es und gibt es Ihnen zurück. Es wurde für sie erworben, aber es ist immer noch eine Ruine. Es muss immer noch restauriert werden. Erlösung und Wiederaufbau sind zwei verschiedene und doch verbundene Dinge. Christus erlöst, und in Christus bauen Christ/innen wieder auf.

Das Leben der Kirche ist von Anfang an durch diese Erneuerungsbewegung gekennzeichnet. In der Apostelgeschichte sind Petrus und Johannes kurz nach Pfingsten unterwegs zum Gebet, als sie einen von Geburt an Gelähmten treffen, der wegen seiner Gebrochenheit betteln muss, um zu überleben. Folgendes geschah:

„Petrus aber sagte: Silber und Gold besitze ich nicht. Doch was ich habe, das gebe ich dir: Im Namen Jesu Christi, des Nazoräers, geh umher! Und er fasste ihn an der rechten Hand und richtete ihn auf. Sogleich kam Kraft in seine Füße und Gelenke; er sprang auf, konnte stehen und ging umher. Dann ging er mit ihnen in den Tempel, lief und sprang umher und lobte Gott." (Apg 3, 6–8)

Dem Mann wurde mehr als Beweglichkeit geschenkt, er bekam neues Leben: Er kann wieder am gesellschaftlichen Leben teilnehmen und nicht nur zuschauen, er kann aufhören zu betteln und stattdessen arbeiten, er kann am Gottesdienst im Tempel teilnehmen. Das ist Wiederaufbau.

Wiederaufbau ist eine Bewegung des Reiches Gottes. Wenn wir uns am Dienst der Mission beteiligen, nehmen wir Teil an der Bewegung des Reiches Christi und verkünden und verbreiten seine Herrschaft auf der ganzen Erde. Dies wird erst vollendet, wenn der Herr wiederkommt, aber es hat bereits begonnen, und es ist in unserer Verantwortung, in seiner Gnade weiterzugehen.

FALSCHE UNTERSCHEIDUNG

Die Erlösung der Schöpfung ist das Werk Jesu Christi. An seinem Wiederaufbau arbeiten wir gemeinsam.

Moderne Missionsbewegungen entstanden, wie wir wissen, in der Aufklärung im 18. Jahrhundert und waren eine Frucht der neuen Freiheit und Hoffnung der Moderne. In den Vereinigten Staaten gab es durch die „große Erweckung" in den protestantischen Kirchen einen besonderen Anstoß. Diese Bewegung ermutigte Christ/innen dazu, ihren Glauben mit Kraft und Stärke anzunehmen, die Welt zu verändern und in eine neue Ära von Gerechtigkeit und Wohlstand voranzuge hen. Das Industriezeitalter hob die Armut in den Städten auf ein neues Level und machte diese Bewegung notwendiger denn je.

In den frühen Jahrzehnten des 20. Jahrhunderts entwickelt sich der amerikanische Protestantismus in zwei unterschiedliche Richtungen. Ein Zweig (der bald als liberal bezeichnet wurde) beschäftigte sich mehr und mehr mit sozialen Fragen und Veränderungen in diesem Bereich. Währenddessen schwand die Begeisterung für altmodische Evangelisierung und machte etwas Platz, das als „Social gospel"-Bewegung bekannt wurde.[107] Der andere Zweig, der fundamentalistisch war, antwortete darauf mit besonderer Betonung „der Gefahren der Welt, der Annehmlichkeiten einer separaten Religiosität, der zentralen Bedeutung des Evangeliums und der Endzeiterwartung".[108] Somit kam es zu einer Spaltung zwischen Evangelisierung und Dienst.

Die Ursprünge katholischen sozialen Handelns in diesem Land lagen vor allem in den Nöten und der Armut der vielen Immigrant/innen. Diese Sozialarbeit – eine parallele Entwicklung zur „Social gospel"-Bewegung – wurde in vielen Gemeinden furchtlos von Frauen getan, deren Beispiel gefeiert und nie vergessen werden sollte.

Später, als Katholik/innen zunehmend wohlhabender wurden, kümmerten sie sich auch um andere arme Menschen. „Als Fortschritt bezeichnet, war es eine Reformbewegung, die um die Jahrhundertwende aus der Mittelklasse heraus entstand: Gebildete Männer und Frauen glaubten an den Fortschritt und die Fähigkeit der Menschen, die Welt zu verbessern."[109] Diese Entwicklung führte zu erstaunlichen Programmen zur Verringerung von Armut, zu Familien- und Sozialhilfe, Gesundheitswesen, Bildung, Katastrophenhilfe, Anwaltschaft und vielem mehr. Das

> **Lassen wir Armut Geschichte sein.**
> **Bono**

Netzwerk katholischer Krankenpflege und Sozialeinrichtungen breitete sich weltweit aus. Diese Arbeit schien sich jedoch, genau wie bei den Protestant/innen, immer weiter von der ursprünglichen Aufgabe der Kirche zu entfernen. Viele Bemühungen schienen sich nicht nur in administrativer Weise zu unterscheiden, sondern auch in missionarischer.

Heute darf es keine solchen Unterscheidungen mehr geben, denn die Wahl zwischen der Rettung der Welt und der Veränderung der Welt kann man nicht treffen. Sie sind untrennbar miteinander verbunden, wie das Werk der Erlösung mit dem Wiederaufbau.

Wiederaufbau ist ein wichtiger Teil unserer Katholizität. Erneuerung von Pfarrgemeinden wird dadurch gefördert, weil diese Arbeit dabei helfen kann, Jünger/innen für Christus zu gewinnen. Es gibt einen wachsenden Konsens darüber, dass christliche Einheit und Wiederaufbau damit beginnen werden. In seinem Buch *The Next Christians* beschreibt Gabe Lyons es folgendermaßen:

„Ich beobachtete eine neue Generation von Christ/innen, die sich ermächtigt fühlen, wieder aufzubauen. Sie verfügen über eine Haltung von Demut und Verpflichtung, die zu einer Verjüngung der Glaubensbewegung führen soll. Sie haben eine bestimmte Denkart und handeln ganz anders als die Generationen vor ihnen. … Ich nenne sie Mitarbeiter/innen beim Wiederaufbau, weil sie die Welt so sehen, wie sie gemeint war und auf diese Vision hinarbeiten. Sie wollen die Gebrochenheit der Welt heilen ... Indem sie Samen des Wiederaufbaus säen, glauben sie, dass andere Menschen Christus durch uns sehen, und dass der christlichen Glaube eine viel reichere Ernte bringen wird.[110]

Unsere Pfarrmitglieder sollen dienen, unsere Pfarrgemeinden sollen Vorbilder des Dienens in unseren Gemeinden und darüber hinaus sein. Die Haltung des Dienens muss in das Pfarrleben integriert werden, im Gebet verwurzelt sein und aus der Eucharistie herausfließen als Antwort auf das, was wir empfangen haben. Es sollte ein wesentlicher Teil von uns selbst sein. Aber wie schaffen wir das in einer großen Pfarrgemeinde oder wie schaffen wir mehr davon in einer kleinen Pfarre? Wie schaffen wir es, die Last auf die Schultern vieler zu verteilen und sie dort zu belassen? Einige dieser Schritte unternehmen wir:

1. Haben Sie ein Ziel; planen Sie Zusammenarbeit

Wenn es auch nur den geringsten Zweifel gibt, was genau ein Dienst ist (und was nicht) oder unklar ist, warum man ihn macht, können Ihre besten Bemühungen scheitern. Der Einfachheit halber unterscheiden wir zwischen „missions" oder Sendung als Dienst außerhalb der Pfarrgemeinde und dem Dienst für andere Pfarr-mitglieder, den wir Freiwilligenarbeit nennen („ministry"). Das sind zwei austauschbare Begriffe für verschiedene Dinge, und wir sind überzeugt davon, dass Jünger/innen beides machen müssen, zumindest von Zeit zu Zeit.

Aufgaben zum Wiederaufbau geschehen
- Außerhalb der Pfarrgemeinde
- In Zusammenarbeit mit anderen
- Und dienen dazu, Gott zu lieben

Wenn Sie Autos waschen, um Geld für die Jugendgruppe zu bekom-men, ist das keine missionarische Aufgabe. Das ist Fundraising. Wenn Sie in Ihrer Nachbarschaft am Wahltag als Beisitzer/in helfen, ist das Gemeinwohlarbeit, aber nicht das, was wir meinen. Wir spre-chen darüber, Gottes Volk und seine Schöpfung zu dem zu machen, wie er sie wollte.

Das Schlüsselwort ist Zusammenarbeit. Unser missionarisches Wirken muss in Zusammenarbeit erfolgen. Was immer wir auch tun, ist nur ein Teil dessen, was Gott macht. Wohin wir auch gehen, Gott ist schon dort und lädt uns ein, mit ihm zusammen zu arbeiten. Und wohin wir auch gehen, Gottes Volk ist auch schon immer da, und er wirkt auch in den Menschen. Missionarischer Dienst hat nichts mit paternalistischer Großzügigkeit zu tun, es geht darum, in einem Team mit Gott und Menschen zu arbeiten.

Wenn man nicht allein arbeitet, ist auch die Gefahr geringer, dass aus etwas gut Gemeintem etwas Schlechtes herauskommt. Es geht nicht darum, dass wir selbst uns gut fühlen und andere bedürf-tig sind. Die Autoren Steve Corbett und Brian Fikkert stellen fest: „Eines der größten Probleme, wenn man Armut verringern will, ist, dass die Vorgangsweise die Armut der Betroffenen noch verschärft, sowie das Gefühl von Scham und Wertlosigkeit, während sich der Gott-Komplex der Reichen ebenso verschärft."[111]

Planen Sie all Ihre missionarischen Bemühungen vom Blickwinkel der Zusammenarbeit aus. Wenn in dieser gegenseitiger Respekt und Unterstützung gelebt werden, die durch den Glauben genährt werden, führt das zu Liebe.

2. Finden Sie Leiter/innen; stellen Sie ein Team zusammen

Missionarische Aufgaben sind wie Evangelisierung, zumindest in einer Mittelklassegesellschaft wie unserer, weil es so schwierig ist, den Blick darauf zu halten, wer nicht da ist, wie z.B. die Obdachlosen oder die Hungernden. Während Evangelisierung durch die gesamte Institution gehen kann, können missionarische Aufgaben das nicht. Es ist immer eine besondere und gut überlegte Übung, und wenn es keine/n Vorkämpfer/in gibt, der in Besprechungen und strategischen Diskussionen die Stimme erhebt, wird Ihre Arbeit nicht erfolgreich sein.

Ohne eine/n Leiter/in werden missionarische Aufgaben, wenn sie überhaupt getan werden, zu einem „Silodienst", der von der größeren Einheit abgeschnitten ist und im Kampf mit anderen Diensten um Ressourcen und Unterstützung steht und vielleicht sogar dagegen arbeitet. Ohne Leitung gibt es kaum Bemühungen in der Pfarrgemeinde, und sie werden auch nicht besonders fruchtbar sein. Ab und zu gibt es etwas – Pfarrmitglieder erwarten das schließlich –, und das Ergebnis ist laue Unterstützung. Ohne effiziente und ermächtigte Leitung gibt es immer nur wenige missionarische Aufgaben und wenige Menschen, die der Apathie der Vielen Widerstand leisten.

Als wir nach Nativity kamen, gab es einige beherzte Menschen, die im Namen der Pfarrgemeinde missionarisch unterwegs waren – Gott segne sie. Aber es gab ein Problem: Viel zu viel lastete auf den Schultern zu weniger, wodurch die Arbeit beschwerlich und sogar lästig wurde. Und als diese Menschen aufgaben oder starben, starben ihre Projekte mit ihnen.

Es gab einen Mann in der Pfarrgemeinde, der ein Herz für die Hungernden in Baltimore City hatte und eine Initiative ins Leben rief, monatlich mit Konservenessen durch die Stadt zu fahren. Er arbeitete lange und hart dafür, aber es war von Anfang an eine Sisyphusarbeit. Seine Vorratskammer wurde ständig von anderen Leuten benutzt, seine Plakate gingen verloren und das Traurigste: Wir Hauptamtlichen ignorierten ihn mehr oder weniger. Leider hatte er nie versucht, sich ein Team zu suchen, und sein gesamtes System war fehlerhaft. Seine Enttäuschung und Frustration wuchs, als seine Energie zu schwinden begann. Eines Tages kam er zu uns ins Büro und verließ die Pfarrgemeinde! Er gab uns die Schuld an seinem Scheitern, und in gewissem Sinn hatte er sogar Recht. Es gab keine Leitung und keine Unterstützung.

Es braucht eine gute Leitung, um missionarischen Aufgaben den Platz zu geben, den sie in der Pfarrgemeinde verdienen – als wesentliche Aufgabe der Jüngerschaft Jesu. Zurzeit haben wir für katholische Verhältnisse viele Mitarbeiter/innen, und es gibt eine Stelle für missionarische Aufgaben. Die wichtigste Aufgabe von Brian ist es, uns andere ständig an die Wichtigkeit der Mission zu erinnern.

Aber wenn Sie so sind, wie wir es vor kurzer Zeit noch waren, können Sie sich das nicht leisten. Das muss kein Hindernis ein. Es gibt wahrscheinlich jemanden in Ihrer Pfarrgemeinde, der das freiwillig machen würde, vielleicht jemanden, der bereits mitarbeitet. Finden Sie diese Menschen und heben Sie sie auf eine Stufe mit den anderen Mitarbeiter/innen. Laden Sie sie zu Besprechungen ein, ebenso zu Partys oder Essen der Mitarbeiter/innen. Geben Sie ihnen jegliche Unterstützung, die sie brauchen.

Und dann achten Sie darauf, dass sie nicht alles allein machen wollen. Ermutigen Sie sie dazu, ein Team zu bilden, das sie unterstützt und mit dem sie missionarische Aufgaben ausweiten können. Dann sorgt das Team auch dafür, dass die nächsten Schritte geschehen.

3. Um den größten Erfolg zu sehen, müssen Sie Ihre Bemühungen fokussieren

Pfarrer Michael White: *In einer Pfarrgemeinde, in der ich eine Zeit lang arbeitete, gab es eine aktive Gruppe von Menschen, die eine Suppenküche unterstützten. Sie machten Aufläufe und sammelten Essen; regelmäßig waren sie bei den Essensausgaben. Es gab eine andere Gruppe, die in einer Notschlafstelle für Obdachlose mitarbeitete. Sie sammelten und verteilten Socken, Toilettenartikel und warme Kleidung. An einem Wochenende vor Thanksgiving standen beide Gruppen bei der Eingangstür und baten um Unterstützung für ihr caritatives Projekt. Das ganze Wochenende über wurden sie immer aggressiver, hatten aber immer weniger Erfolg. Es war einfach kontraproduktiv. Wenn Menschen nicht wissen, was man genau von ihnen will, dann tun sie gar nichts. Wenn sie nicht wissen, wen sie unterstützen sollen, dann unterstützen sie niemanden.*

Manchmal ist das Problem nicht, dass zu wenig getan wird, sondern zu viel. Große und kleine Pfarrgemeinden haben missionarische Projekte. Niemand weiß genau, was sie eigentlich machen, niemand denkt an den ganzen Aufwand. Als Brian als Verantwortlicher hier anfing, brauchte er einige Monate, um den vielen Bemühungen nachzugehen, die unsere Pfarrmitglieder in unserem Namen bereits machten. Wir wussten nicht einmal, was es alles gab. Fokussieren Sie Ihre Bemühungen. Das wird schwierig, vielleicht sogar schmerzlich sein, weil niemand die gute Arbeit aufgeben möchte, die getan wird. Und es ist schwierig, fokussiert zu bleiben, weil es immer wieder Anfragen an Sie geben wird. Wenn es Ihnen aber gelingt, Ihre Bemühungen zu fokussieren, werden sie größeren Einfluss auf jene Menschen haben, denen sie zugute kommen sollen und auch auf Ihre Pfarre. Ihre Erfolge werden wieder mehr Mitglieder dazu motivieren, mitzutun und sich einzubringen.

Das Team soll mit einem Gebet beginnen und aus dem Gebet heraus die richtige Richtung finden. Sie müssen mit dem größten Respekt vor dem, was es gibt und was es früher gab, vorgehen. Trotzdem kann es sein, dass die Pfarrgemeinde das eine oder andere Projekt aufgeben muss, um die Arbeit fokussieren.

Wenn es darum geht, wo die missionarischen Aufgaben sind, hilft Rick Warren uns mit anderen, Inspirationen aus der Abschiedsrede Jesu zu ziehen: *„Aber ihr werdet die Kraft des Heiligen Geistes empfangen, der auf euch herabkommen wird; und ihr werdet meine Zeu-*

gen sein in Jerusalem und in ganz Judäa und Samarien und bis an die Grenzen der Erde." (Apg 1, 8)

Wenn man darüber nachdenkt, sind das drei ganz bestimmte Orte. In Jerusalem leben die Jünger, das ist also die nähere Umgebung. Aus Judäa und Samarien kommen sie ursprünglich her, das ist ihre Welt. Und dann gibt es noch die weite Welt. Er gibt uns also drei Aufträge. Ich weiß nicht genau, warum, vielleicht weil er wollte, dass die Kirche universal ist, und dass wir uns um jeden Menschen kümmern sollen. Eine einzelne Gemeinschaft kann nicht alles machen, aber wir können drei Dinge tun und wir entschieden, was das ist. Wir setzten uns zum Ziel, dass unsere Bemühungen alle drei Aufträge beinhalten sollten.

Wir arbeiten zurzeit mit zwei Gemeinden in Nigeria zusammen, und einige Dutzend Pfarrmitglieder sind schon dorthin gereist. Andere helfen uns hier mit der Arbeit. Die ursprüngliche Absicht ist es, mehr und mehr über die Gemeinde zu lernen, sie zu lieben und darin zu dienen. Diese Gruppe kümmert sich erst in zweiter Linie um spezifische missionarische Aufgaben.

Kürzlich haben wir eine Patenschaft für eine Schwesterngemeinde in Haiti übernommen, wo wir helfen, eine Schule nach dem Erdbeben wieder aufzubauen, sowie Unterstützung für Bildung und Nahrung zu geben. Auch dort haben wir dieselben Teams – diejenigen, die reisen, und die, die daheim bleiben. So können sich auch Menschen beteiligen, die nicht wegfahren möchten oder können. Natürlich gibt es die meisten Aufgaben in der Nähe, und wir entwickeln Partnerschaften mit verschiedenen Agenturen, die sich um Armut, Gewalt, vaterlose Kinder, Menschenhandel und Pro-Life-Aktivitäten kümmern. Hier ist unsere Hilfe überall gefragt.

Wollen Sie mehr wissen oder tiefer gehen?
Lernen Sie Brian kennen und erfahren Sie alles über unsere missionarischen Projekte, was wir gerade lernen und wie wir unsere Projekte und die Mitarbeiter/innen finanzieren. Er spricht über Möglichkeiten für Ihre Pfarrgemeinde, dass Sie jemanden für missionarische Aufgaben

entsenden können – national oder international. Gehen Sie auf rebuilt-parish.com, „chapter 12", dann auf „Meet Brian".

4. Beziehen Sie alle mit ein

Ein Teil unseres Plans für die Jüngerschaft unserer Mitglieder sind missionarische Aufgaben. Jede/r – zumindest jede/r, der/die physisch dazu in der Lage ist – ist gefordert zu dienen. Aber nicht die ganze Zeit, sondern immer wieder. Solange die Pfarrmitglieder missionarische Aufgaben als die Aufgaben anderer sehen, verhalten sie sich wie Konsument/innen. Jede/r muss dienen. Und es sollte nicht so einfach sein, dass man einen Scheck ausstellen kann, um die Bemühungen der anderen zu unterstützen. Unsere Mitglieder müssen die Ärmel hochkrempeln und miteinbezogen werden.

Wir wollen unsere Mitglieder dazu motivieren und mobilisieren, andere zu lieben und zu Jünger/innen zu machen, indem sie in unmittelbarer Umgebung, national und international helfen. Um unsere Mitglieder zu motivieren, haben wir über Wiederaufbau gepredigt. Wie alles andere, wird es nicht geschehen, solange die Aufforderung nicht von der Kanzel kommt. Und die Botschaft muss klar und herausfordernd sein. Aber die Predigt wird ins Leere gehen, wenn keine missionarischen Aufgaben verfügbar sind. Was Sie wann und wie tun sollen, muss klar sein. Wie man sich einbringen kann, sollte das einfachste in Ihrer Pfarrgemeinde sein. Es sollte sogar einfacher sein, mitzutun als nicht mitzutun. Sie müssen sich klar ausdrücken, was Sie tun, aber auch, was die anderen tun sollen, Schritt für Schritt. Machen Sie kleine Happen daraus. Wenn Sie sagen: „Wir renovieren ein Haus", kann ich Ihnen nicht helfen, weil ich nicht weiß, wie das geht. Wenn Sie sagen: „Wir gehen nach Afrika, um Initiativen für sauberes Trinkwasser zu unterstützen", überfordert mich das. Wenn Sie aber sagen: „Am Samstag streichen wir von 09.00 bis 12.00 Uhr ein Haus" oder „Diesen Sommer bringen wir zwei Wochen lang Medizin in ein Dorf in Nigeria und erfahren mehr über die Herausforderungen der Menschen dort", kann ich mich selbst als Teil dieses Projektes sehen.

Sorgen Sie für die ganze praktische Information: was man anziehen soll, wo man parken kann, diese Dinge. Zurzeit zahlen die Menschen ihre Reisekosten selbst, aber wir sorgen für Erfrischungen, Essen, Unterkunft. Das nötige Geld ist offensichtlich eine wichtige Frage. Da wir keine Benefizveranstaltungen machen, kommt unser Beitrag aus dem Budget, von dem wir einen gewissen Prozentsatz geben.

Andere Einwände könnten zu weiteren Überlegungen führen. Neben den Ausgaben gibt es Fragen zu den Reisen, zur Logistik und Sicherheit, die mit Diensten in anderen Gemeinschaften verbunden sind, vor allem im Ausland. Hier wird der Wert der Zusammenarbeit besonders wichtig. Es gibt unzählige Organisationen, mit denen Ihre Pfarrgemeinde zusammenarbeiten kann, und die sich um Sicherheit, Geldfragen und Zugänglichkeit kümmern, so dass Sie Ihre Leute quasi überall auf der Welt hinschicken können.

Es gab eine Zeit, als sowohl in den katholischen als auch protestantischen Gemeinden missionarische Aufgaben von professionellen Missionar/innen übernommen wurden, die ihr ganzes Leben damit verbrachten. Die Pfarrmitglieder mussten sie lediglich finanziell unterstützen. Die meisten Katholik/innen sind vertraut mit Spendenaufrufen von der Kanzel, wenn Missionar/innen, die auf Besuch sind, exotische Geschichten von weit entfernten Orten erzählen.

Aber heutzutage ist es möglich, für zwei Wochen nach Nigeria zu fliegen oder für ein langes Wochenende nach Haiti, genauso an einem Nachmittag in die Stadt, also eine vernünftige Zeitpanne, die viele in der Gemeinde zur Verfügung stellen können.

Wir sind auch zunehmend interessierter daran, was zwischen den Gemeinden und Gemeinschaften getan werden kann. Wir sind im Gespräch mit einer benachbarten evangelikalen Gemeinde und mit einigen katholischen Pfarrern in Baltimore darüber, was wir gemeinsam über konfessionelle, ethnische und sozioökonomische Grenzen hinweg tun können.

Wir nehmen an Gebetsspaziergängen in besonders gewalttätigen Stadtvierteln teil. Das Ziel ist, dass die Kirche eine Friedensvermittlerin wird. Dieses Frühjahr haben wir uns mit der benachbarten evangelikalen Gemeinde zusammengetan und einige Hunderte Menschen für ein Tagesevent motiviert. Durch einfache gute Werke wollen wir demütig als Leib Christi in unserer Gemeinde zusammenstehen. Während dies unsere ersten Schritte sind, können wir von anderen bereits mehr lernen. Eine wichtige Initiative in Portland beschreibt diesen aufregenden Trend und seine möglichen Auswirkungen, wenn es um Wiederaufbau geht.

„Christ/innen, die sich für den Wiederaufbau engagieren, agieren als Hände und Füße Jesu Christi und ziehen sich nicht in ihre Kirchen zurück und machen alles wie immer. Mit der Zeit hat sich die Kirche einen Platz am Tisch erarbeitet. Sie sind in ernsthafte Überlegungen zur Zukunft in Portland eingebunden und zeigen den Unterschied auf, den eine kulturelle Gegenbewegung für das Gemeinwohl machen kann an einem Ort, den man Heimat nennt."[112]

Der heilige Johannes Paul II. lehrte, dass Katholik/innen vollkommen bereit sein sollen, in diesem Bereich mit anderen Kirchen und kirchlichen Gemeinschaften zusammenzuarbeiten und sie einzuladen, in unseren Initiativen mitzuarbeiten.[113] Gemeinsam können wir offensichtlich mehr bewegen.

5. Feiern Sie

Wenn Sie ernsthaft missionarisch tätig sein wollen, beziehen Sie die Mehrheit Ihrer Gemeinde mit ein und fokussieren Sie Ihre Bemühungen, um den größtmöglichen Erfolg zu erzielen. Sie werden die Früchte Ihrer Arbeit sehen. Und Sie müssen weitermachen und feiern – nicht auf selbstgerechte Art, sondern so, dass Sie Gott die Ehre geben in allem, was Sie tun.

Vor einigen Jahren hatten wir ein großartiges Angebot, das wir Adventverschwörung nannten. Einige Kirchen haben sich hier zusammengetan. Es geht darum, Weihnachten mit größerem Fokus auf Gott zu begehen und Menschen mit Beziehungsgeschenken (z.B. Zeit, die man zusammen verbringt und in die Beziehung investiert) statt mit Materiellem zu beschenken. Wir luden alle ein, den Geldwert des Geschenks, das sie gekauft hätten, für unser Wasserprojekt in Nigeria zu spenden. Viel Geld kam zusammen, ungefähr fünf Mal so viel, als wir für den Brunnenbau gebraucht hätten. Später half eine Gruppe dabei, die Brunnen zu bauen und zeichnete das Ganze auf. Heute haben 90.000 Menschen frisches, klares Wasser aus den Brunnen.

Genau das ist der Punkt: Als wir an einem Wochenende das Video in der Gemeinde zeigten, mit den nigerianischen Kindern, die im Wasser planschten und spielten, war das einer der emotionalsten Momente in unserer Pfarre. Als die Menschen den Unterschied begriffen, den sie im Leben dieser Kinder bewirkt hatten, waren sie tief bewegt. Es gibt viel zu feiern, wenn Sie missionarische Aufgaben in Ihrer Pfarre übernehmen und wenn Sie sehen, was Gott durch Ihre Bemühungen bewirken kann.

„Die pfarrliche Dimension sozialen Engagements ist ein Teil dessen, was eine Pfarrgemeinde am Leben erhält und sie richtig katholisch macht. Effiziente soziale Arbeit hilft einer Gemeinde nicht nur, mehr zu tun, sondern auch mehr zu sein – eine tiefere Spiegelung des Evangeliums, Menschen, die beten und andere evangelisieren, eine treuere Gemeinschaft. Es ist ein wesentlicher Teil pfarrlichen Lebens."[114]

SIE SCHAFFEN DAS!
SCHRITTE IN IHRER PFARRGEMEINDE

- Suchen Sie nach einer Person, die ein Herz für das Werk des Wiederaufbaus hat. Vielleicht macht jemand schon etwas und würde diesen Dienst gern in die Pfarrgemeinde einbringen. Stellen Sie sicher, dass diese Person Zugang zum Pfarrer hat, sowie die nötige Infrastruktur der Mitarbeiter/innen.
- Helfen Sie dieser Person, ein Leitungsteam zu finden.
- Berichten Sie von allen früheren und jetzigen Bemühungen der Pfarrgemeinde, was funktioniert hat und was nicht, wer beteiligt ist, welche Ressourcen es gibt. All diese Informationen müssen zugänglich sein und ehrlich kommuniziert werden. Man sollte

auch Möglichkeiten bedenken, die es noch nicht gibt. Es muss klar sein, mit wem sie gerade zusammenarbeiten und welche potentiellen Projekte es gibt. Es kann auch jemand Empfehlungen dem Pfarrer gegenüber aussprechen, auf welche Projekte man sich konzentrieren sollte und welche man auch weglassen könnte. Der Pfarrer soll sich mit diesen Empfehlungen beschäftigen.

● Nachdem eine eindeutige Entscheidung darüber getroffen wurde, wo und wie die Pfarrgemeinde sich über die eigene Gemeinde hinaus engagieren will, soll der Pfarrer von Zeit zu Zeit darüber predigen. Währenddessen sucht das Team nach geeigneten Projekten, in denen Menschen sich engagieren können.

● Beten Sie für Ihre Partner/innen. Feiern Sie Ihre Erfolge.

MEIN NACHBAR KANN MIR DIE AUGEN ÖFFNEN

Pfarrer Michael White: *Unser erster „Ausflug" in eine missionarische Aufgabe weit von zu Hause weg war nach dem Hurrican Katrina. Nach dieser Katastrophe war es sehr einfach, Geld für die Soforthilfe zu sammeln. Aber wir beschlossen, dass es diesmal anders sein sollte, und ich teilte der Gemeinde mit, dass wir direkt vor Ort helfen wollten. Wir hatten keine Ahnung wie, wer, wo oder was wir tun sollten, aber ich ging mit der Idee trotzdem an die Öffentlichkeit. In den folgenden Jahren beteiligten sich Dutzende Pfarrmitglieder, aber der Beginn war das Kritischste.*

Es ist so wie bei vielen anderen Dingen: Wenn es einfach wäre, würde es ja jede/r tun. Aber es war ganz sicher nicht einfach. Wir fanden ein Team von einigen wirklich tüchtigen Leuten, und nach einigen Fehlschlägen fanden wir schließlich eine Pfarrgemeinde in Pass Christian, Mississippi, wo wir gebraucht wurden. Diese erste Reise dorthin war für uns sechs eine unvergessliche Erfahrung. Es sah aus, als wäre der Hurrican erst gestern gewesen. Obwohl die Straßen frei waren, sahen wir überall Zerstörung und Schutt: Autos, die in Bäumen hingen, Bäume, die in Häuser hineinragten, einige zerstörte Häuserblocks, andere waren gänzlich weggeschwemmt, und nur mehr das Fundament war übrig. Die Pfarrkirche war nur mehr eine leere, schlammige Hülse. Die Schule lag quasi schief. Die Direktion sah aus, als wäre sie zerquetscht worden. Noch nie zuvor hatte ich so eine zerstörte Stadt gesehen. Es gab kaum Anzeichen von Hoffnung oder Besserung.

Aber diese Erfahrung lehrte uns etwas, das all unsere folgenden Bemühungen beeinflusste. Das einzige, was wir bei der ersten Reise taten war, den Leuten und ihrem Pfarrer zuzuhören, als sie erzählten, was bei ihnen geschehen war. Einen ganzen langen Tag lang erzählten sie uns ihre Geschichte.

Ich erinnere mich, dass ich mich vor unserer Abreise bei einer unserer Gastgeberinnen entschuldigte, dass wir nicht wirklich etwas getan hatten. Sie sah mich erstaunt an und begann zu weinen. Sie brauchte einige Zeit, um sich wieder zu beruhigen. Schließlich schaffte sie es zu sagen: „Sie verstehen es nicht; Sie verstehen es einfach nicht."

Und plötzlich verstand ich. In der surrealen Umgebung ihrer zerstörten Gemeinde standen wir ihnen bei – wir standen da, um bei ihnen zu sein und sie zu lieben.

Die Bewegung des Reiches Gottes ist eine Bewegung der Liebe. Schließlich helfen wir mit, um die Herrschaft der Liebe wiederherzustellen. Und das werden wir nicht sehen – wir werden es übersehen –, wenn wir einander nicht dienen.

„Nur der Dienst am Nächsten öffnet mir die Augen dafür, was Gott für mich tut und wie er mich liebt. Die Heiligen — denken wir zum Beispiel an Mutter Teresa von Kalkutta — haben ihre Liebesfähigkeit dem Nächsten gegenüber immer neu aus ihrer Begegnung mit dem eucharistischen Herrn geschöpft, und umgekehrt hat diese Begegnung ihren Realismus und ihre Tiefe eben von ihrem Dienst an den Nächsten her gewonnen. Gottes- und Nächstenliebe sind untrennbar: Es ist nur ein Gebot."[115] (Deus caritas est18)

Christlicher Dienst ist mehr, als sich nur um die Bedürfnisse anderer zu sorgen. Es bedeutet nicht notwendigerweise, etwas zu tun, sondern es geht darum, Gott in den Menschen zu entdecken, denen wir dienen. Es geht darum, dass Gott uns durch unseren Dienst die Augen öffnet, und dass wir Gott noch tiefer lieben. Missionarische Tätigkeit ist die Praxis oder das Programm der Liebe durch die Kirche als eine Gemeinschaft der Liebe.

SIE SCHAFFEN ES NICHT ALLEINE

Wenn eine Pfarrgemeinde wachsen soll, braucht sie Jünger/innen, und diese wachsen aus dem Wort Gottes und aus der Eucharistie, indem sie ihr Leben miteinander teilen, tun, was Gott von ihnen will, wenn es um Geld geht und darum, anderen zu dienen.

Wie groß Ihre Pfarrgemeinde auch ist, Sie schaffen nicht alles alleine. Sie brauchen ein Team. Und nicht nur ein Team, sondern eine Gruppe von Menschen, die sich verlieben möchte.

*„Jesus stieg auf einen Berg und
rief die zu sich, die er erwählt
hatte, und sie kamen zu ihm.
Und er setzte zwölf ein, die er bei
sich haben und die er dann
aussenden wollte, damit sie
predigten und mit seiner
Vollmacht Dämonen austrieben."*
(Mk 3, 13–15)

13 SICH VERLIEBEN

Pfarrer Michael White: *In einem Lebensmittelladen traf ich einen Priester, der gerade seine erste Pfarrgemeinde übernommen hatte. Er war verständlicherweise aufgeregt und wollte davon erzählen. Seine erste Frage an mich war: „Was wird meine größte Herausforderung sein?" Ohne zu zögern antwortete ich: „Deine Mitarbeiter/innen." Und das sagte ich, ohne jemanden davon zu kennen. Einen Monat später traf ich ihn erneut (wieder im Lebensmittelladen). Ich fragte ihn, wie es lief. Er sagte: „Am liebsten würde ich sie alle feuern."*

MITARBEITER/INNEN, DIE KOPFSCHMERZEN BEREITEN

Früher gab es in Nativity zwei teilzeitangestellte Sekretärinnen, die einander im Hauptbüro gegenüber saßen. Sie sprachen nicht miteinander. Sie schauten einander zornig an, und es wirkte so, als würden sie sich hassen (und anscheinend mochten sie uns auch nicht besonders). Ihr früherer Chef hatte ihnen eine kurze Aufgabenliste gegeben, und diese arbeiteten sie ab. Sie machten es sehr deutlich, dass sie uns nicht helfen konnten.

Es gab auch den Buchhalter. Er war 90 Jahre alt (ja, wirklich!). Er war ein netter Herr, der der festen Überzeugung war, dass man Geld nicht ausgeben durfte. Es musste gezählt und gespart und dann sorgfältig verbucht werden und zwar in den riesigen Lederbüchern, die er von Ebenezer Scrooge geerbt hatte. Er musste natürlich sehr frustriert gewesen sein, weil Nativity keine Ersparnisse hatte. Dann gab es da noch eine flotte Jugendverantwortliche, obwohl es keine Angebote für die Jugend gab. Ihr Job schien darin zu bestehen, eine Tagesbetreuung für ihr dreijähriges Kind anzubieten. Es gab auch einen freundlichen, umgänglichen Mann, der sich um die Instandhaltung kümmerte, der wegen seiner Großzügigkeit von allen ausgenutzt wurde, und es gab einen ausländischen Hausmeister, der von allen ignoriert wurde.

Und schließlich gab es den „de facto Chef" der Mitarbeiter/innen, die Verantwortliche für den Religionsunterricht. Diese Dame hielt die Gruppe mithilfe eines sorgfältig gesponnenen Netzes von Tratsch, Intrigen und Drama zusammen. So war sie beschäftigt.

Der Arbeitstag richtete sich nach dem altehrwürdigen Zeitplan. Der Tag begann gegen 09.30 Uhr, als die Akolythen des früheren Pfarrers nach der Morgenmesse zum Kaffeeklatsch mit den Mitarbeiter/innen zusammenkamen. Das war der absolute Höhepunkt an Büroarbeit, wenn die Neuigkeiten des Tages ausgetauscht wurden. Schließlich richtete sich der Fokus der Bürounterhaltung auf das Tagesgeschäft: Mittagessen. Es wurde von der Pfarrgemeinde bereitgestellt und täglich ausgegeben.

Wenn man den Moment erwischen wollte, in dem die Pfarrkultur am authentischsten greifbar war, war das das Mittagessen der Mitarbeiter/innen. Es war eine Gerüchteküche, die beliefert wurde. Es gab eine „die"- und eine „wir"- Abteilung, und sobald man den Raum verlassen hatte, gehörte man zur „die"-Abteilung.

Als Gruppe waren diese Mitarbeiter/innen ungesund. Wir waren weit entfernt davon zusammenzuarbeiten, wir arbeiteten eher gegeneinander. Wir waren auch keine Leiter/innen, weil wir niemanden irgendwohin leiteten, schon gar nicht in die Nachfolge.

Wir hatten Glück, denn in den ersten zwei Jahren unserer Tätigkeit verließen uns die meisten dieser Leute. Beide Sekretär/innen
stürmten zu unterschiedlichen Zeitpunkten davon (wir wissen nicht
warum, wahrscheinlich konnten sie uns wirklich nicht leiden). Der
Buchhalter ging in Pension, und wir halfen der Jugendverantwortlichen, einen adäquateren Job für ihre familiäre Situation zu finden.
Die Verantwortliche für den Religionsunterricht bekam hinter unserem Rücken einen neuen Job und kündigte, als es für sie am besten
passte. Mit ihrem Weggang verursachte sie einigen Kollateralschaden.

Seither fanden wir gutes Personal, aber wir machten auch einige
schwerwiegende Fehler. Wie schon erwähnt, war es ein großes Problem, dass wir immer versuchten, zu schnell jemanden einzustellen,
dass wir uns nicht die nötige Zeit nahmen, um die richtige Person
zu finden, und dass wir oft nicht wussten, was wir genau von dieser Person wollten.

Wir müssen auch festhalten, dass es besonders in der Welt der
Kirche schwierig ist, jemanden einzustellen, weil es nicht genügend
geeignete Personen gibt. Neben der „Berufungskrise", was Priester
und geweihtes Leben angeht, gibt es auch eine Krise bei den
Lai/innen. Die Generation der Verantwortlichen für den Religionsunterricht und Jugendverantwortlichen, die nach dem Zweiten Vatikanischen Konzil entstand, geht nun in Pension, und es ist noch
nicht klar, wer sie ersetzen soll. Es würde den Rahmen dieses Buches
sprengen, wenn wir der Frage nachgingen, warum das so ist. Wir
sind uns nicht einmal sicher, ob wir das selbst wissen, aber wir werden uns mit dem Thema weiter beschäftigen. Eine wichtige Studie
fasst zusammen, was uns bevorsteht:

„Wir brauchen mehr junge Laienmitarbeiter/innen. Das Durch-
schnittsalter ist zu hoch. Junge Menschen würden neuen Elan bringen und wären ein Zeichen dafür, dass Laienmitarbeit eine Zukunft
hat. Sie wären auch besser für die Arbeit mit Jugendlichen und jungen Erwachsenen geeignet. Die wertvollsten jungen Menschen
wären diejenigen, die diesen Dienst als Berufung verstehen und die
dauerhaft mitarbeiten wollen."[116]

Wir waren überrascht, dass diese Situation zum Abwerben von Mitarbeiter/innen geführt hat: ein fest verwurzelter Teil der Kultur in der Welt der Kirche. Es sieht manchmal aus wie die Reise nach Jerusalem – diese Menschen hüpfen von Pfarrgemeinde zu Pfarrgemeinde. Sie kommen – wie Mary Poppins – mit einer Tasche voller Tricks; sie tun, was sie tun. Nachdem sie das getan haben, gehen sie weiter, um dasselbe in einer anderen Pfarrgemeinde zu tun. Manche verlassen schließlich das System und arbeiten in einer katholischen Schule, oder sie nehmen einen Job in der Diözese an, wo sie mehr bezahlt bekommen und bessere Arbeitsbedingungen haben.

Diese ständigen Wechsel höhlen die Verpflichtungen der Ehrenamtlichen aus und schwächen die Angebote. Die Kehrseite ist, dass es auch Mitarbeiter/innen gibt, die es sich an ihren Stellen bequem machen, als wären sie ihr ganzes Leben lang dort. Sie machen aus Ihrem Dienst eine bloße Anwesenheit und wollen dann direkt in Pension gehen. Wenn sie dann tatsächlich gehen, gibt es meist einiges zu reparieren.

Viele Diözesen haben mittlerweile ein Ausbildungsprogramm für den kirchlichen Dienst, was ein sehr positiver Schritt ist. Aber es ist noch nicht klar, wie erfolgreich diese Programme sind oder sein werden und wen sie anziehen. Wenn die Ausbildung nur theologisch ist, wenn sie nur von Theolog/innen oder religiösen Professionist/innen durchgeführt wird, die nicht in der Arbeit einer Pfarrgemeinde verwurzelt sind, wird das nicht sehr hilfreich für die Ausbildung sein. In Nativity war das Hauptkriterium für eine Anstellung die Verfügbarkeit und die Bereitschaft für einen Hungerlohn zu arbeiten. Dann hielten wir den Atem an und hofften das Beste. Das funktionierte sehr oft nicht. Die Probleme in vielen Pfarrgemeinden beginnen oft beim Personal. Wenn Sie gute Mitarbeiter/innen haben, wird auch die Kultur in Ihrer Gemeinde gesund sein.

> **Wir waren auch keine Leiter/innen, weil wir niemanden irgendwohin leiteten, schon gar nicht in die Nachfolge.**

PERSONALPLANUNG

Hier sind die Strategien, die wir von anderen übernommen und adaptiert haben, und mit denen wir momentan neues Personal finden. So haben wir unser Team in den letzten Jahren gefunden.

Strategie 1: Stellen Sie Menschen mit gutem Charakter ein

Ein Team ist nur so großartig wie seine Mitglieder. Also stellen Sie ein Team mit Menschen von Charakter auf: keine perfekten Leute mit tadellosem Vorleben, sondern Menschen mit gutem Charakter. Wie das Sprichwort sagt: „Charakter ist, wer du bist, wenn niemand herschaut." Oder, wie Thomas Paine es ausdrückt: „Der Ruf ist, was andere von uns denken; Charakter ist, was Gott und die Engel über uns wissen."[117]

Charakter betrifft das Innerste, Dinge wie Selbstbeherrschung, Disziplin, Respekt, Freundlichkeit, Ehrlichkeit, Integrität, Vertrauenswürdigkeit und Demut. Um in der Welt der Kirche Erfolg zu haben, braucht es heutzutage eine große Portion Demut. Demut ist mit Selbstvertrauen gepaart, nicht mit Hybris oder Stolz, einfach mit der positiven Haltung, die mit Glauben einhergeht. Der Hl. Paulus lehrt, dass Charakter von Bewährung kommt und zur Hoffnung führt, also ist es ein grundlegendes Erfordernis, wenn man für Gott arbeiten will. (vgl. Röm 5, 4)

Gehen Sie hier keine Kompromisse ein; hier geht es um etwas wirklich Wichtiges. Andere Strategien werden nicht funktionieren, wenn diese nicht die Grundlage sind. Ohne einen guten Charakter sind alle anderen Eigenschaften einer Person wertlos für Sie. Wenn der Charakter fehlt, werden Sie auf die eine oder andere Weise draufzahlen. Wenn Sie jemanden mit Charakterfehlern einstellen, werden sich Probleme in Ihrem Team ergeben. Bill Hybels glaubt:

„Einen guten Charakter kann man in einem 15-minütigen Vorstellungsgespräch kaum erkennen. Sie müssen sorgfältig überprüfen, ob die Person, die in Ihrem Team mitarbeiten soll, bisher ehrlich war und sich an Vereinbarungen gehalten hat; ob sie jemand ist, der

gut mit anderen in Beziehung sein kann, und jemand, der die Bemühungen anderer wertschätzt, wenn man erfolgreich war."[118]

Nachdem es bei uns um Nachfolge geht, muss ein guter Charakter
auch die Nachfolge Christi beinhalten. Stellen Sie niemanden an, der
die Nachfolge nicht ernst nimmt. Es geht nicht darum, wo die Person
begonnen hat oder wo sie sich gerade befindet, aber es ist sehr wichtig, dass sie auf diesem Weg ist. Halten Sie die Augen offen für Menschen, die sich von der Kirche entfernt haben, vielleicht finden Sie
dort jemanden, der geeignet ist. Diese Menschen werden sich auch
leichter tun im Umgang mit Menschen außerhalb der Kirche als Sie.

Barry ist ein gutes Beispiel: Er würde sich selbst als echten „Timonium Tim" beschreiben, dessen Weg ihn nach dem Besuch der katholischen Schule weit von der Kirche entfernte, aber der schließlich
zurück nach Nativity fand. Barry kam in eine Kleingruppe, begann in
unserem Café zu arbeiten und Nachfolge zu leben. In seinem Fall
waren die Kleingruppe und die Arbeit im Café sein Weg zurück zu
wöchentlichem Mitfeiern der Messe. Als eine Stelle frei wurde und
Barry sich bewarb, war es klar, dass er den Job bekam. Heute ist er der
Verantwortliche für unser Wochenende, eine Art Ingenieur, der sicherstellt, dass alles funktioniert und Probleme effizient gelöst werden.

Strategie 2: Stellen Sie fähige Menschen an

Natürlich werden Bewerber/innen nach ihrer Erfahrung gefragt. Erfahrung ist normalerweise gewünscht, gefordert und anerkannt. Wir
glauben aber, dass sich die Welt der Kirche so schnell ändert, dass
Know-how zu einer Belastung werden könnte – niemand weiß
mehr, wie's geht. Die Erfahrung Ihrer Mitarbeiter/innen wird nicht
notwendigerweise darauf angewandt werden können, wie Pfarrgemeinde heute und in Zukunft funktioniert. Und wenn sie noch dazu
die „Das haben wir immer so gemacht"-Mentalität haben, kann das
Ihr Team bremsen. Natürlich können Sozialkompetenz, Arbeitsmoral und das Wissen über Prozessabläufe hilfreich im Team sein. Aber
Erfahrung ist nicht das erste, nach dem wir Ausschau halten.

Wir sind auf der Suche nach Fähigkeit. Kann diese Person lernen, sich entwickeln, sich an schnell ändernde Umstände anpassen? Verfügt die Person über diese Fähigkeit? Selbstverständlich achten wir auch auf bestimmte Fähigkeiten, die eine Person für bestimmte Aufgaben braucht, obwohl es nicht heißt, dass sie den Job dann nicht bekommt, wenn sie diese noch nicht hat, aber über die Motivation verfügt, sich anzueignen, was gebraucht wird.

Lucas fällt in diese Kategorie. Er arbeitete stundenweise für uns, als er im College war und wuchs sozusagen mit uns auf, obwohl er kein Christ war. Nach dem College kam Lucas in die Kirche und wurde Teil unseres Teams. Während er im Glauben wuchs, eignete er sich immer mehr Wissen über unsere Aufgaben an und wie diese mit moderner Technologie unterstützt werden können. Dort liegen seine Fähigkeiten.

Kristin gehört ebenso in diese Kategorie. Gleich nach dem College hatte sie absolut keinen Hintergrund für das was sie bei uns tun würde. Aber ihre natürliche Fähigkeit und ihr disziplinierter Zugang zum Lernen erlaubten ihr schließlich, sich bei uns zu bewerben und in unserem Kommunikationsteam mitzuarbeiten.

Pfarrer Michael White: *Ein weiterer Teil von Fähigkeit ist Leidenschaft. Mein Grundsatz ist: „Ich möchte, dass sie sich mehr engagieren als ich." Wenn ich einer Person Verantwortung für einen gewissen Bereich übergebe, sei es Kinder, Technik, die Webseite, die mit größerer Leidenschaft daran arbeitet als ich (und ich bin sehr leidenschaftlich), dann weiß ich, dass es die richtige Person ist.*

Brian ist ein großartiges Beispiel dafür. Seine Laufbahn war typisch: Nach der katholischen Schule – während dieser Zeit ging er oft in die Kirche – und nach dem College entfernte er sich von Gott. Er kam schließlich wieder zurück und begann bei uns freiwillig mitzuarbeiten. Als es möglich war, gaben wir ihm eine volle Anstellung, und eine Zeit lang hatte er verschiedene Aufgaben. Aber inzwischen erwachte seine Leidenschaft zum Leben: missionarische Aufgaben.

Heute ist er unser Zuständiger dafür und sorgt dafür, dass dieses Thema an erster Stelle in unserer Pfarrgemeinde steht.

Strategie 3: Stellen Sie Menschen an, die Sie mögen

Als wir begannen in Nativitiy zu arbeiten, mochten die Mitarbeiter/innen einander nicht und kamen nicht miteinander aus. Interne Streitigkeiten und Gerüchte waren ein großer Teil der Kultur. Dadurch haben wir eine harte, aber wertvolle Lektion gelernt. Es macht keine Freude mit Menschen zu arbeiten, die Sie nicht mögen. Es raubt Ihrem Leben die Freude, lässt Arbeitstage länger erscheinen und trägt zum Burnout bei. Andererseits macht es Freude mit Menschen zu arbeiten, die Sie mögen oder sogar lieben, und es ist ein Segen. Nichts wird ein Team besser miteinander verbinden.

Hier geht es um Bauchgefühl. Sie können nicht in die Zukunft sehen und mit Sicherheit wissen, ob jemand ein Gewinn für Ihr Team sein wird. Sie müssen Ihrem Instinkt vertrauen, und wenn Sie in dieser Hinsicht keinen guten Instinkt haben, sollten nicht Sie für die Anstellungen zuständig sein.

Nachdem die Verantwortliche für den Religionsunterricht abgesprungen war, stellten wir einige andere an, die aus verschiedenen Gründen auch nicht passten. Um ehrlich zu sein, stimmte die Chemie mit keiner von ihnen (das lag nicht an ihnen, sondern an uns). Lisa begann vor einigen Jahren ehrenamtlich mit Kindern zu arbeiten, und es war erstaunlich, wie sehr die Kinder sie mochten. Heute ist sie die Verantwortliche für all unsere Kinderangebote, und wir mögen sie auch. Wenn Lisa in der Nähe ist, lächelt jede/r.

Strategie 4: Stellen Sie Menschen aus dem inneren Kreis an

Der einfachste Weg, wie Sie Strategie 1–3 am besten befolgen, ist Strategie 4. Ihre besten ehrenamtlichen Mitarbeiter/innen können die nächsten sein, die Sie anstellen. Schauen Sie, wer bereits freiwillig für Sie arbeitet: Mögen Sie die Leute, haben sie Fähigkeiten und einen guten Charakter. Verstehen sie den Auftrag und die Sendung Ihrer Pfarre? Wenn Sie Personal brauchen, stellen Sie sie an!

Wir haben diese Regel in den letzten Jahren befolgt und nun leben wir danach. Wir würden eine Ausnahme machen, wenn es einen besonderen Grund gäbe, aber den können wir uns gar nicht vorstellen.

Jeremy ist ein gutes Beispiel für diese Strategie, Maggie ebenfalls. Jeremy arbeitet eng mit unserem Technikteam für die Wochenenden zusammen. Wir bemerkten, dass er schlau und lustig ist, und wir hatten ihn gern in unserer Nähe. Maggie war eine wunderbare Freiwillige bei den Kleinkindern, und wir bemerkten, dass sie ein Herz für kleine Kinder hatte. Als sich die Gelegenheit bot, gaben wir ihnen einen Schreibtisch und ein Gehalt und sagten: „Ihr seid eingestellt." Ich kann mich erinnern, dass es eine Zeit gab, in der wir niemanden finden konnten, so sehr wir uns auch bemühten. Zurzeit haben wir eine lange Liste von Leuten, die wir sofort in unser Team aufnehmen würden, wenn wir uns das leisten könnten. Und vielleicht werden sie eines Tages Teil unseres Teams sein. Bis dahin sind sie unbezahlte Mitarbeiter/innen.

Strategie 5: Stellen Sie Menschen an, die sich in Ihre Pfarrgemeinde verliebt haben

Wir hatten auch Mitarbeiter/innen, die wir mochten, die einen guten Charakter hatten und fähig waren. Aber es funktionierte nicht, weil sie es nicht verstanden. Sie verstanden uns nicht. Manchmal dachten sie, dass es so wäre, aber es war nicht so. Sie verstanden nur einen kleinen Teil dessen, was wir taten und was sie ansprach, und sie setzten es mit dem Ganzen gleich. Als sie den Rest auch verstanden, erkannten sie, dass es nichts für sie war.

> **Wenn ich wirklich jemand Älteren einstelle, geht es mir darum, ob die Person sich in Apple verlieben wird. Wenn sich jemand in Apple verliebt, ergibt sich alles Übrige von selbst.**[119]

Wir hatten einen Kirchenmusiker, der ein wunderbarer Musiker war. Er leitete einen unglaublich tollen Chor, und zu Weihnachten und Ostern brachte er die Kirche zum Wackeln. Aber er fühlte sich nicht wohl dabei, wie wir unsere Kultur veränderten, und er distanzierte sich von uns, als sie sich wirklich veränderte. Schließlich verließ er uns. Wir gingen im Guten auseinander, wir sind immer noch befreundet. Wir gehören einfach nicht in dasselbe Team.

Stellen Sie nicht irgendjemanden an, ganz egal wie talentiert die Person ist, wenn er/sie nicht völlig mit der Mission Ihrer Pfarrgemeinde übereinstimmt. Die Person bei uns, die wahrscheinlich am besten verstanden hat, worum es uns geht, ist Maria. Sie kam nach dem College zu uns und war die erste Person, die wir anstellten, nachdem wir unsere neue Strategie entwickelt hatten. Die erste Jüngerin in unserer veränderten Kirchenkultur, Maria, hat sich zu einer Leiterin für unsere Mitarbeiter/innen entwickelt. Gleichzeitig bringt sie mehr und mehr Menschen auf den Weg der Nachfolge. Maria liebt unsere Pfarrgemeinde, und die Pfarrgemeinde hat sich in sie verliebt.

INVESTIEREN SIE IN IHRE MITARBEITER/INNEN

Ein Team zusammenzustellen erfordert über einen gewissen Zeitraum viel Arbeit und Beharrlichkeit. Nachdem sie das Team gefunden haben, braucht es ständige Pflege und Unterstützung. Und es wird nie aufhören, da man mit menschlichen Wesen immer in Verbindung bleiben muss. Es wird immer Abgänge und Zugänge geben, und jedes Mal verändert sich die Gruppendynamik: Die Gruppe ist immer wieder neu. Hier einige Dinge, die hilfreich für uns waren:

1. Gebet
Jede Woche beten wir gemeinsam als Team. Wir beten füreinander und für die Arbeit, die uns in der Woche bevorsteht. Während der Woche versuchen wir uns mit persönlichem Gebet gegenseitig zu stützen.

2. Respekt und Vertrauen

Wenn Sie Menschen anstellen, die Sie kennen und mögen, und wenn das Menschen von Charakter sind, wird es einfach sein, sie zu respektieren. Vertrauen ist komplizierter, weil es sowohl von Kompetenz als auch vom Charakter abhängt. Den meisten Menschen kann man in manchen Dingen vertrauen. Wenn ein Teammitglied Kompetenz zeigt, wird es leichter, ihm/ihr in mehreren Dingen zu vertrauen. Wenn Worte und Taten eines Mitglieds zusammenpassen, wird es auch immer leichter, ihm/ihr mehr und mehr hinsichtlich des Charakters zu vertrauen.

Ein Mangel an Vertrauen ist die Kluft zwischen dem, was erwartet und was gegeben wird, und es wird ganz unvermeidlich hin und wieder auftauchen. Und jedes Mal, wenn das passiert, muss man es ansprechen. Das ist herausfordernd, und niemand macht das gerne. Wenn es aber nicht getan wird, beginnen wir „Listen" über den/die jeweils andere/n zu schreiben. Jegliches Vertrauen verschwindet, und das Team kann zerstört werden. Investieren Sie in das Team und bemühen Sie sich, ehrlich und direkt zu sein; halten Sie ihre „Listen" kurz. Lassen Sie andere wissen, wenn Sie verletzt sind, verärgert oder wütend. Hören Sie nicht auf, miteinander zu sprechen.

3. Beständige Kommunikation

Pfarrer Michael White: *Ich weiß, dass es gängig ist, Besprechungen als langweilig und unproduktiv zu sehen, und leider sind viele Besprechungen wirklich so. Wir haben uns wirklich sehr bemüht, herauszufinden, welche Besprechungen wir wollten und brauchten, welche nützlich und produktiv und welche unproduktiv waren. Vielleicht ist der Schlüssel, den Zweck Ihrer Besprechungen beständig zu evaluieren. Ich bin ein großer Fan von Besprechungen, die Sinn und Zweck haben. Für Pfarrgemeinden ist das Buch Death by Meeting von Patrick Lencionie, eine wirkliche Hilfe.*[120]

Vor einigen Jahren, als wir noch dabei waren, unsere Strategie für die Pfarrgemeinde zu finden, hatten wir Besprechungen zum Thema Strategie. Das waren große, endlose Diskussionen, die oft ins Nichts, manchmal zu mehr Verwirrung als Klarheit führten und nur manchmal Erfolge brachten. Mittlerweile haben wir nur mehr wenige Besprechungen dieser Art für alle Angestellten, weil wir sie nicht brauchen und weil sie für viele Menschen Zeitverschwendung waren.

Als unsere Strategie klarer wurde, hatten wir Besprechungen darüber, wie wir sie implementieren wollten, und alle beteiligten sich daran, wie wir das tun könnten. Das waren damals wichtige Treffen für das Team, als wir erfuhren, wie wir vorgehen sollten, um unser Ziel zu erreichen. Auch solche Treffen haben wir nur mehr selten.

Jetzt, da unsere Strategie klar ist, wir auch die Methode kennen und wir mehr Angestellte haben, haben sich unsere Besprechungen nochmals verändert. Unser Team ist in Arbeitsgruppen aufgeteilt, die sich wöchentlich treffen. Diese Gruppen beschäftigen sich mit Erwachsenenbildung, Familienpastoral (Kinder und Student/innen), Kreativitätstechniken und Verwaltung. In diesen Besprechungen versuchen wir gut zusammenzuarbeiten und einen Konsens zu finden.

Alle Angestellten treffen sich nur zweimal in der Woche. Montags treffen wir uns zum Mittagessen (ja, wir haben das gemeinsame Mittagessen wieder eingeführt, aber mit neuem Sinn). Dieses Treffen ist eher auf Gemeinschaft ausgerichtet. Wir tauschen uns über Erfolge vom vergangenen Wochenende aus, sprechen darüber, was uns neu war oder was wir falsch gemacht haben, und feiern das gute Werk, das Gott mitten unter uns tut. Wir unterstreichen auch die Bemühungen der letzten Woche, erlauben uns, Atem zu holen und das Gefühl abzuschütteln, das wir uns in einer Tretmühle befinden.

Pfarrer Michael White: *Dienstags treffe ich mich mit allen Angestellten, um darüber zu sprechen, was gerade los ist, woran ich arbeite und was ansteht. Hier ist auch der Ort, wo sie mir Rückmeldungen geben können. Übrigens ist diese Besprechung neben dem wöchentlichen Treffen der*

Gruppenleiter/innen die einzige, an der ich teilnehme. Der Pfarrer muss nicht bei jeder Besprechung dabei sein, und er sollte es auch nicht sein. Wir haben auch kurze Treffen in der Mitte der Woche und einige am Wochenende, um diejenigen zu vernetzen, die da sind, und vor allem, um Information auszutauschen.

Zweimal im Jahr geben wir Mitarbeiter/innen-Exerzitien – eine Zeit des Gebets, der Einsicht und der Planung des Bevorstehenden. Wir investieren eine Menge in diese Veranstaltungen, damit sie produktiv und motivierend sind. Vor kurzem hatten wir eine eintägige Konferenz für alle Verantwortlichen, um Vision, Mission und Strategie miteinander zu teilen.

Was immer auch der Zweck Ihrer Besprechungen ist: Das Entscheidende ist Kommunikation.

Wollen Sie mehr wissen oder tiefer gehen?
Schauen Sie Michael und Tom zu, wie sie über Teamtreffen diskutieren und wie sie sie derzeit leiten. Gehen Sie auf rebuiltparish.com, „Chapter 13" und dann auf „Meetings".

4. Freude
Wir kennen den Wert, den Freude für ein Team darstellt. Das ist heute ein wesentlicher Teil der Kultur erfolgreicher Gemeinden und Institutionen. Wir wissen beide, dass wir nicht besonders gut darin sind, Spaß zu machen, aber wir arbeiten daran. Freude und Spaß fördern Respekt und Vertrauen. Sie stärken Kommunikation.

5. Wachstum
Neben den regulären Besprechungen gibt es auch Zeit für gemeinsames Lernen. Jede/r sucht sich seine Lektüre aus, und dann wird diskutiert, was gelesen wurde: Theologie, Kirchengeschichte, Ekklesiologie, Leiter/innenschaft. All das sind Themen für Diskussionen. Wir wollen, dass unser Team weiterlernt und weiterwächst.

6. Ausgleich

Sie müssen Ihren Mitarbeiter/innen nichts zahlen. Jesus hat das auch nicht getan. Unsere Schwesterngemeinde in Haiti hat keine bezahlten Angestellten außer dem Pfarrer, aber einige ehrenamtliche Mitarbeiter/innen. Ein Pfarrer, den wir kennen, kam eines Tages in seine neue Pfarrgemeinde, erfuhr, dass er keine Mitarbeiter/innen hatte und teilte seiner kleinen Gemeinde mit: „Ihr seid meine Mitarbeiter/innen".

Der Punkt ist: Wenn Sie Ihre Angestellten bezahlen, versuchen Sie, sie fair und den Standards entsprechend zu bezahlen. Wir trafen vor einigen Jahren die strategische Entscheidung, in unsere Mitarbeiter/innen zu investieren, indem wir die Gehälter erhöhten. Wir möchten es jungen Menschen ermöglichen, hier zu arbeiten und eine Familie sowie ein Leben neben Nativity zu haben. Und wir möchten auch, dass erfolgreiche Menschen darüber nachdenken, in einer Pfarrgemeinde zu arbeiten, ohne Risiko für die Wohnung oder die Krankenversicherung. Viele von uns vermuten, dass die schlechte Bezahlung in der Welt der Kirche ein Grund dafür ist, dass Menschen nicht in der Kirche arbeiten möchten.

> **Viele von uns vermuten, dass die schlechte Bezahlung in der Welt der Kirche ein Grund dafür ist, dass Menschen nicht in der Kirche arbeiten möchten.**

Natürlich ist das mit den Pfarrfinanzen verbunden, wie wir bereits festgestellt haben. Wenn nicht genug Spenden für die gesamte Pfarrgemeinde eingehen, werden Sie Ihre Mitarbeiter/innen nicht bezahlen können.

Unsere Mitarbeiter/innen wissen, dass ihre Gehälter für uns wichtig sind. Auch unsere Gemeinde weiß das, weil wir das im jährlichen Spendenaufruf erwähnen. Es gibt kein Nörgeln, keine Schuld, nur eine simple Tatsache: Das ist ihre Pfarrgemeinde, das sind ihre Mitarbeiter/innen, und es ist ihre Verantwortung, sie zu bezahlen.

SIE SCHAFFEN DAS!
SCHRITTE IN IHRER PFARRGEMEINDE

Es spielt keine Rolle, wie viele Mitarbeiter/innen Sie haben, ob sie Vollzeit-, Teilzeit-Angestellte, Freiwillige oder Praktikant/innen sind – sie können großartige Mitarbeiter/innen sein, wenn Sie die richtigen Menschen ins Boot holen und die richtige Aufgabe für sie finden.

Wenn Sie Mitarbeiter/innen haben
- Fordern Sie jede/n dazu auf, eine Arbeitsplatzbeschreibung für sich zu verfassen. Schauen Sie sich das im Team an.
- Treffen Sie sich einzeln mit jeder Person, die Ihnen untersteht. Nützen Sie diese Zeit, um über Persönliches und die Arbeit zu sprechen. Sprechen Sie über aktuelle Projekte, aber nutzen Sie die Zeit auch, um Vertrauen und Beziehung aufzubauen.
- Versammeln Sie Ihr Team, um gemeinsam zu lernen. Wählen Sie ein Thema, das alle interessiert.
- Beten Sie miteinander.
- Haben Sie Spaß! Wenn es notwendig ist, planen Sie das auch.

Wenn Sie keine Mitarbeiter/innen haben (und kein Geld haben, um jemanden anzustellen)
- Machen Sie eine Liste von allen Dingen, die Sie tun, die auch jemand anderer leicht machen könnte. Machen Sie eine zweite Liste mit allen Dingen, die jemand mit ein wenig Übung tun könnte.
- Nehmen Sie beide Listen ins Gebet mit und bitten Sie Gott, Ihnen die Menschen zu schicken, die diese Rollen erfüllen könnten. Sie wollen nicht, dass eine Person alles macht (das verschleppt das alte Problem nur). Beten Sie um ein Team.

GIB MIR DIE MENSCHEN, DIE ICH BRAUCHE

Pfarrer Michael White: An einem besonderen Tiefpunkt, nachdem un-
sere Angestellten uns verlassen hatten, und nach einigen Fehlschlägen
wollte ich niemanden mehr anstellen. Ich konnte nicht mehr. Ich war
fertig damit. Ich war an einem Punkt angelangt, an dem ich lieber al-
leine arbeiten und alles selbst machen würde (oder es bleiben ließ), als
mich wieder mit dem leidigen Thema der Beziehungen zu Angestellten
zu befassen.

Ich hatte das entschieden, als Tom einen jungen Mann traf, von dem
er dachte, dass er wunderbar zu uns passen würde. Ich wollte kein
Vorstellungsgespräch mit ihm (Chris) führen, obwohl wir dringend
Hilfe brauchten. Tom ließ nicht locker, aber ich blieb stark. Schließ-
lich bat er mich, die Frage wenigstens ins Gebet mitzunehmen, was
ich bisher nicht getan hatte. An einem Wochenende betete ich über
Chris und unsere neuralgischen Probleme mit den (fehlenden) Mit-
arbeiter/innen. Während des Wochenendes brachte ich das Problem
vor Gott und bat ihn um Führung „Warum gibst du mir nicht die
Menschen, die ich brauche, um das zu tun, was du von mir willst?"
Beständigkeit im Gebet zahlt sich aus, denn irgendwann an diesem
Wochenende schoss Gott zurück: „Ich werde dir die richtigen Leute
schicken, wenn du bereit bist, sie richtig zu behandeln."

Als Pfarrer habe ich keine wichtigere Aufgabe, als mich um
mein Team zu kümmern. Die Menschen sind nicht da, um mir zu
dienen. Ich bin da, um ihnen zu dienen und um es ihnen zu ermöglichen, andere zum Dienst zu führen. Meine Aufgabe ist es, ihr Vor-
kämpfer zu sein, wenn es um Ausgleich, um Ressourcen für ihre
Arbeit geht; ich muss sie für den Erfolg zurüsten und immer hinter
ihnen stehen. Als ich davon überzeugt war, schlug ich an diesem
Tag einen neuen Weg ein.

Später an diesem Abend, als ich gehen wollte, fiel mir ein, dass
ich Tom versprochen hatte, eine Entscheidung bezüglich Chris zu
treffen. Also sagte ich zu Gott: „Okay, was soll ich tun? Zeig es mir."

Es war spät, ich war erschöpft und ich wusste nicht, was ich tun sollte. Ich war in der Sakristei und ließ meine Kopf buchstäblich gegen den Schrank sinken. „Was willst du von mir? Zeig es mir."

Und dann erhielt ich die klarste, effizienteste Antwort auf ein Gebet, die ich je erhalten hatte. Genau in diesem Moment kam Chris völlig grundlos herein und sagte: „Hier bin ich." Seither ist er da, und er ist einer der beeindruckendsten Menschen, mit denen ich je zusammenarbeitete.

In den letzten Jahren waren wir reich von Gott gesegnet, der uns eine erstaunliche Gruppe von jungen Menschen schickte, die kreativ, fleißig, hoch motiviert sind und die sich in Christus und seine Kirche verliebt haben. Und sie sind nicht „meine" Angestellten. Sie sind Teil unseres Leitungsteams.

Investieren Sie in Ihre Angestellten und in Ihre Freiwilligen und übertrage Sie ihnen Verantwortung für Ihre Mission. Lieben Sie sie und helfen Sie ihnen, sich in Christus und die Kirche zu verlieben, so dass sie nirgendwo anders sein und nichts anderes mehr tun möchten. Helfen Sie ihnen, sich in das zu verlieben, was sie für Christus tun.

*„David setzte in Edom Vögte
ein. So wurde ganz Edom von
David unterworfen. Der Herr
half David bei allem, was er
unternahm. David war König
von ganz Israel und sorgte für
Recht und Gerechtigkeit in
seinem ganzen Volk.“*
(1 Chr 18, 13–14)

14 DIENEND
LEITEN

Die Autor/innen der Bibel waren nicht besonders kreativ in der
Benennung der biblischen Bücher. Nicht sehr überraschend
geht es im Ersten und Zweiten Buch der Könige um die Könige von
Israel und Juda. Die Bücher der Könige beschreiben mehr die Herzen der Leiter als die Historie oder ihre Taten.

David war bei weitem Israels größter Führer. Und in der Bibel
werden viele Kriterien beschrieben, die ihn für diesen Titel qualifizierten: Mut, Überzeugung, Bestimmtheit. Aber mehr als alles andere hatte David ein Herz, das ganz Gott gehörte. Man kann auch
sagen, dass er Gottes Führung folgte.

Leider taten das viele der folgenden Könige nicht. Immer und
immer wieder wird uns im Buch der Könige erzählt, dass die Herzen
der Führer oft weit von Gott entfernt waren. Sie folgten lieber ihrem
eigenen Herz und gerieten in ziemliche Schwierigkeiten.

Wenn der König unterging, ging auch das Volk unter. Das Reich
Davids wurde zerteilt, als sein Enkel Rehabeam den Rat der Ältesten

ignorierte, und als er auf Menschen hörte, die ihm sagten, was er hören wollte, und er die folgenschwere Entscheidung traf, die Steuern zu erhöhen, obwohl das Volk verzweifelt Entlastung gebraucht hätte. Das Ergebnis war schließlich ein Bürgerkrieg. Die zwei ärmeren, schwächeren Königreiche litten unter untreuen Königen und fielen ihren Feinden in die Hände.

In den Königsbüchern sind es das Scheitern der Könige und der Götzendienst, die den Völkern den Ruin brachten, nicht das Scheitern des Volkes. Das erste und zweite Buch der Könige machen ein fundamental wichtiges Prinzip klar: Alles steht und fällt mit der Leitung.

Was ist Leitung? Die Autoren und Managementexperten Ken Blanchard und Phil Hodges sind der Meinung, dass es grundsätzlich ein Beeinflussungsprozess ist. Jedes Mal, wenn Sie versuchen, die Gedanken und das Handeln anderer in eine neue Richtung zu lenken – egal ob im Privat- oder Berufsleben –, dann leiten Sie. Geschichte wird durch Leiter/innen gestaltet. Nie wird etwas Großes ohne Leitung erreicht. Und viel Schlechtes geschieht, wenn es keine Leitung gibt.

> **Alles steht und fällt mit der Leitung.**

Gott hat die Gabe der Leitung geschenkt, und er hat jede/n von uns so geformt, dass er/sie leiten kann. Jünger/innen sind Leiter/innen, in der Nachfolge geht es auch um Leitung. Und es gibt natürlich eine Hierarchie. Sie fängt bei Gott an. Gott möchte Leiter/innen in seiner Kirche, solche wie David, die – in anderen Worten – ihm völlig ergeben sind. Gott nützt und segnet Menschen, die seine Leitung in ihrem Leben akzeptieren.

Wenn Sie dieses Buch lesen (oder wenn Sie es immer noch lesen), will Gott Sie dorthin führen, wo Sie sind. Es ist Aufgabe des Papstes, die römisch-katholische Kirche zu leiten. Es ist Aufgabe Ihres Bischofs, Ihre Diözese zu leiten, aber das bedeutet nicht, dass Gott Sie nicht dazu berufen hat, ein/e Leiter/in zu sein. Er möchte Sie dazu benutzen, anderen Menschen zum Sinn ihres Lebens zu er-

schließen. Er erwartet von Ihnen, dass Sie Menschen in der Nachfolge unterstützen. Er beruft Sie zur Leitung. Wo immer und wie
immer Sie dienen, er möchte, dass Sie leiten.

Wollen Sie mehr wissen oder tiefer gehen?
Hören Sie sich die Diskussion von Michel und Tom über die einzigartige Rolle des Priesters als spiritueller Vater in der Pfarre
an. Ohne Klerikalismus und falsche Gleichmacherei übt der
Priester eine Autorität des Dienens aus. Gehen Sie auf rebuiltpa-
rish.com, „chapter 14" und dann auf „The Unique Role oft he
Priest".

ANSPRÜCHE AN LEITUNG

1. Seien Sie dienende/r Leiter/in

Wenn Sie das Wesen von Leitung bedenken, gibt es eine wichtige
Frage, die Sie sich immer wieder stellen müssen: „Bin ich ein/e dienende Leiter/in, oder diene ich mir?" Das ist eine Frage, die, wenn
sie ehrlich beantwortet wird, das Kernstück Ihrer Absichten und Motivation als Leiter/in offenlegt. Eine der schnellsten Methoden, wie
Sie den Unterschied zwischen einem/einer dienenden und
einem/einer selbstsüchtigen Leiter/in erkennen können, ist, wie
er/sie mit Rückmeldungen umgeht, denn eine der größten Ängste
selbstsüchtiger Leiter/innen ist, ihren Status zu verlieren.[121]

Im Markusevangelium versucht Jesus einmal, außer Sichtweite
zu sein, damit er seine engsten Jünger/innen lehren konnten. Er bereitete sie auf die Leitung der Kirche nach seinem Tod vor, damit sie
begriffen, was sie für die Leitung brauchen würden. In diesem
Kontext warnte er: *„Der Menschensohn müsse vieles erleiden und von
den Ältesten, den Hohenpriestern und den Schriftgelehrten verworfen
werden; er werde getötet, aber nach drei Tagen werde er auferstehen."*
(Mk 8, 31) Das waren Neuigkeiten. Welche Reaktion brachten sie
Jesus entgegen? Folgendes geschah:

„Sie kamen nach Kafarnaum. Als er dann im Haus war, fragte er sie: Worüber habt ihr unterwegs gesprochen? Sie schwiegen, denn sie hatten unterwegs miteinander darüber gesprochen, wer (von ihnen) der Größte sei." (Mk 9, 33–34)

Es gibt viele Menschen in Leitungspositionen, inklusive Pfarrer und Gemeindeleiter/innen, die ihre Aufgabe mit der Einstellung in Angriff nehmen, dass verantwortlich sein folgendes bedeutet: „Ich muss nichts tun (ich sage anderen, was sie zu tun haben)." Sie sind selbstsüchtige Leiter/innen, die nur ihre eigenen Position festigen möchten, ihr Programm durchbringen und bekommen, was sie wollen.

Jesus ist nicht nur ein spiritueller Leiter. Jesus ist das Urbild für jede Leitung. Er leitet vom Kreuz aus. Wenn wir vor Gott groß sein wollen, müssen wir wie Jesus sein und die Interessen anderer Menschen vor unsere eigenen stellen. Das ist nicht nur ein Dienst, es geht darum, Diener/in zu werden. Es ist eine Rolle, keine bloße Aktivität. Das ist der Weg hin zu großartiger Leitung.

> *Tut nichts aus Ehrgeiz und nichts aus Prahlerei. Sondern in Demut schätze einer den anderen höher ein als sich selbst. Jeder achte nicht nur auf das eigene Wohl, sondern auch auf das der anderen.*
> **(Phil 2, 3–4)**

„Seid untereinander so gesinnt, wie es dem Leben in Christus Jesus entspricht: Er war Gott gleich, hielt aber nicht daran fest, wie Gott zu sein, sondern er entäußerte sich und wurde wie ein Sklave und den Menschen gleich. Sein Leben war das eines Menschen." (Phil 2, 5 – 7)

Wir sagen, dass jemand eingebildet ist[122], wenn wir über Stolz sprechen. Um das Gegenteil zu erklären, sagte Paulus, dass Jesus sich selbst entäußert und sein ganzes Leben hingegeben hat. Er nahm seine Rechte – das Recht, angebetet zu werden, das Recht zu regieren, das Recht auf die Perfektion des Himmels – und gab das alles auf. Er entäußerte sich, um nicht nur Diener, sondern auch Sklave zu werden. Paulus beschreibt auch sein Leben so: *„Wenn auch mein Leben dargebracht wird zusammen mit dem Opfer und Gottesdienst eures Glaubens ..."* (Phil 2, 17)

Das ist dienende Leitung. Selbstsucht und Stolz abzulegen, um Weisheit, Wissen, Einsicht, gerechtes Urteilen und all die anderen Gaben des Heiligen Geistes anzunehmen. Und es geht auch darum, diese Gaben jenen weiterzugeben, denen Sie dienen. Andy Stanley beschreibt das Mentoring seiner Mitarbeiter/innen so, dass er seine Gaben für ihre Gaben hingibt.

> **Jesus ist das Urbild für jede Leitung.**

In dem Buch *„Good to Great"* zeigt Jim Collins, warum manche Unternehmen sich im Vergleich zu anderen mit ähnlichen Voraussetzungen wesentlich verbesserten. Ein wichtiges Element eines sich ver- bessernden Unternehmens ist es, eine/n Leiter/in auf höchstem Niveau zu haben.[123] Diese Leiter/innen weisen alle dieselben Qualtäten auf:

- Sie mischen Demut mit starkem professionellem Willen.
- Sie sind ehrgeizig, aber ihr Ehrgeiz ist auf das Unternehmen gerichtet, nicht auf sich selbst.
- Sie schreiben Erfolg anderen zu und nehmen die Verantwortung für Scheitern auf sich.

2. Seien Sie ein/e weise/r Leiter/in

Viele Pfarrgemeinde leiden, weil der Pfarrer von Menschen umgeben ist, die ihn hofieren und die ihm genau das sagen, was er hören möchte. Das war auch der Fehler von Rehabeam im ersten Buch der Könige. Ein/e Narr/Närrin ist einfach ein Mensch, dem Urteilsvermögen fehlt, und aus irgendeinem Grund scheint es in der Kirche nicht wenige davon zu geben. Narren/Närrinnen wollen Aufmerksamkeit, die sie nicht verdient haben, Ansehen, das sie nicht verdienen, und Einfluss, den sie nicht haben sollten (obwohl sie sich immer sehr darum bemühen). Pfarrleiter/innen müssen Acht geben, dass sie sich nicht närrisch verhalten, und dass närrische Leute keinen zu großen Einfluss haben.

Gleichzeitig muss man weise Berater/innen suchen. Ganz egal, welche Pfarrgemeinde Sie haben, es gibt sehr erfolgreiche Menschen bei Ihnen, die sie vieles hinsichtlich Leitung lehren können. Es gibt Pfarrmitglieder, die Sie kennen, die gutes Urteilsvermögen haben, das sie einbringen können, um Ihnen bei Entscheidungen zu helfen. Ein/e weise/r Leiter/in wird sich diese Menschen suchen, sie miteinbeziehen, sicherstellen, dass sie eine Stimme haben und ihnen zuhören. Einige Menschen sind weise, andere sind es nicht. Aber niemand hat die ganze Weisheit. Aus diesem Grund umgeben weise Leiter/innen sich mit weisen Menschen.

Als unsere Pfarrgemeinde zu wachsen begann, wuchs auch die Zahl der Menschen, die mit Leitung zu tun hatte. Es geht nicht um Besprechungen und Ausschüsse um derer selbst willen. Es geht vielmehr darum, die Weisheit um uns herum zu suchen. Wir haben zur Zeit Teams mit Berater/innen, die sich um Finanzen, Instandhaltung, Technik, Entwicklung, Personal und Strategieplanung kümmern. Wir haben keine Wahlen – denken Sie daran, dass es in der Bibel auch keiner Wahlen bedurfte. Stattdessen sind wir sehr sorgfältig in der Auswahl unserer Berater/innen. Wir wollen nicht die beliebtesten Leute, wir suchen

> *„Da rief Jesus sie zu sich und sagte: Ihr wisst, dass die Herrscher ihre Völker unterdrücken, und die Mächtigen ihre Macht über die Menschen missbrauchen. Bei euch soll es nicht so sein, sondern wer bei euch groß sein will, der soll euer Diener sein, und wer bei euch der Erste sein will, soll euer Sklave sein. Denn auch der Menschensohn ist nicht gekommen, um sich dienen zu lassen, sondern um zu dienen und sein Leben hinzugeben als Lösegeld für viele.“*
>
> **(Mt 20, 26b–28)**

die talentiertesten. Und wir nehmen ihren Rat sehr ernst. Wir haben auch so genannte „Verantwortungsteams", die Weisheit in unser Leben bringen. Einmal im Monat sprechen wir darüber, was sich in unserem Berufs- und Privatleben ereignet, und sie überprüfen mit uns, ob wir die Ziele, die wir uns gesetzt hatten, erreichten und welche Veränderungen es gab.

Der Tor hält sein eigenes Urteil für richtig, der Weise aber hört auf Rat. **(Spr 12, 15)**

3. Seien Sie ein/e lernender Leiter/in

In Apostelgeschichte 19 lesen wir eine lustige Geschichte, die gleichzeitig tragisch ist, weil sie beschreibt, was oft im Pfarrleben vorkommt. Paulus lebt in einer Stadt namens Ephesus. Er versucht, die Kirche in Ephesus zu gründen, indem er das Wort Gottes verkündet. Weil Paulus Paulus ist, wird seine Predigt durch außergewöhnliche Wunder begleitet, Kranke werden geheilt und Dämonen ausgetrieben. Diese Kraft kommt aus seiner innigen Beziehung zu Jesus Christus. Andere sehen im zu und geben ihm eine Chance, weil sie von den Ergebnissen beeindruckt sind, auch wenn sie nicht wissen, was sie tun.

„Auch einige der umherziehenden jüdischen Beschwörer versuchten, den Namen Jesu, des Herrn, über den von bösen Geistern Besessenen anzurufen, indem sie sagten: Ich beschwöre euch bei dem Jesus, den Paulus verkündet. Das taten sieben Söhne eines gewissen Skeuas, eines jüdischen Oberpriesters. Aber der böse Geist antwortete ihnen: Jesus kenne ich und auch Paulus ist mir bekannt. Doch wer seid ihr?" (Apg 19, 13–15)

Danach überwältigte sie der böse Geist, und sie rennen nackt davon. Sie sind also völlig geschlagen. Sie machten das Werk des Paulus nach ohne zu verstehen, wie es funktionierte.

Wie oft passiert das in der Pastoral? Wir haben das über Jahre so gemacht. Wir beobachteten die Erfolge anderer, machten alles nach, ohne zu versuchen, es zu verstehen (ganz abgesehen davon zu verstehen, was Gott von uns will). Und dann waren wir überrascht, warum wir scheiterten.

Pfarrer Michael White: *Ein Pfarrer, den ich nicht sehr gut kannte, rief mich an um mir zu sagen, dass er verärgert war. Ich fragte ihn, warum er verärgert sei, und er sagte: „Du hast meinen Sonntag ruiniert." Wie hatte ich das gemacht? Er hatte anscheinend Druck bekommen von Eltern in seiner Pfarrgemeinde, dass es dort auch eine „Jugendmesse" am Sonntagabend geben sollte (wie in Nativity), und er stimmte widerwillig zu. „Wir hatten sogar Pizza", beschwerte er sich. Das Problem war, dass er nicht verstanden hatte, nach welchen Prinzipien wir die Angebote für die Jugendlichen planten, und er hatte auch keine Lust, es zu lernen. Er kopierte einfach Details, und dann war er da, planlos, mit einem Angebot, das er nicht wollte, das nicht funktionierte und mit vielen Resten kalter Pizza.*

> **Wo es an Beratung fehlt,**
> **da scheitern die Pläne,**
> **wo viele Ratgeber sind,**
> **gibt es Erfolge.**
> **(Spr 15, 22)**

Es ging nie und geht auch nicht um die Pizza. Es geht darum, herauszufinden, wozu Gott Sie beruft und es dann umzusetzen. Die Kraft in einem Angebot oder einer Veranstaltung oder einem Dienst ist nie an der Oberfläche zu finden, auch nicht im Detail. Natürlich sind Methoden und Details wichtig und spielen eine Rolle. Aber die Kraft unserer Bemühungen kommt aus der engen Beziehung mit dem Herrn, und zuerst müssen wir verstehen, was er von uns will, dann müssen wir lernen, es auch zu tun.

Immer wenn neue Mitarbeiter/innen dazukommen und sich in der Pfarrleitung einbringen, sehen wir ihr Erstaunen über die Komplexität der Leitung einer Pfarre. Wir haben schon über den Mythos gesprochen, dass Kirche „einfach" sei. Das ist eine irreführende Lüge. Es ist übrigens auch nicht einfacher, eine kleine Pfarrgemeinde zu leiten, das kann sogar schwieriger sein. Heutzutage verlangt die erfolgreiche Leitung einer Gemeinde – gleich welcher Größe – fokussierte Bemühung und disziplinierte Überlegungen. Wir müssen uns Gedanken machen über Religionsunterricht, Liturgie, Musik, Gottesdienste für jede Altersgruppe, Budgeterstellung und -einhaltung, Finanzierung, Kommunikation, Copyright, Aufbau und Pflege von Organisationssystemen und Strukturen, Personal; Öffentlichkeitsarbeit, Betriebsleitung und Sicherheit. Die Liste ist noch nicht zu Ende. Wir müssen weiterhin mehr darüber erfahren, was wir zu tun versuchen. Das bedeutet, dass wir über unsere Vermutungen oder unser abergläubisches Verständnis hinaus zu tieferer Erkenntnis über folgendes gelangen müssen:

- Welchen Platz nimmt unsere Pfarrgemeinde im Leben der Menschen ein und warum haben Außenstehende kein Interesse?
- Was trägt zu effektiver Kommunikation in unserer Gemeinde bei?
- Welche Motivation haben Menschen, um sich einzubringen?

Wir müssen uns die Frage stellen, warum wir tun, was wir tun. Was wollen wir mit einem bestimmten Angebot erreichen? Was können wir als Erfolg zählen? Wie wird sich das Leben von Menschen als Ergebnis dieser Bemühungen verändern? Warum ist es unsere Zeit und unser Geld wert? Wie passt es mit der einzigartigen Berufung durch Gott für unsere Gemeinde zusammen? Und wir dürfen nicht aufhören, uns diese Fragen zu stellen, denn was heute funktioniert, kann morgen schon nicht mehr funktionieren.

Wie müssen Demut und Begeisterung üben, um von anderen zu lernen, die erfolgreich tun, was auch wir versuchen, und Gebrauch von den Ressourcen machen, die uns zur Verfügung stehen. Der Begriff „lernende Organisation", der von Peter Senge geprägt wurde und ein Grundbegriff für erfolgreiche Organisationen zu sein scheint, wird in der Zukunft in unserer Welt pausenlosen und beschleunigten Wandels wirken. Die Prinzipien werden leicht gefunden, aber es ist herausfordernd, sie im Fokus zu behalten: die Vernetzung von Teammitgliedern, eine Atmosphäre von Coaching und Lernen, Scheitern zulassen, um zu lernen, und vor allem: gute Kommunikation.

Für unsere wöchentlichen Treffen planen wir eine Lernzeit ein und ermutigen unsere Mitarbeiter/innen, sich Zeit für das Lernen zu nehmen, sowie für die persönliche Entwicklung, selbst wenn das bedeutet, dass sie auf andere Dinge verzichten. In unserem Budget planen wir auch Geld ein, damit unsere ehren- und hauptamtlichen Mitarbeiter/innen an den inspirierenden Konferenzen teilnehmen können, die viele der größten evangelikalen Kirchen im Land vermehrt veranstalten. Es ist sehr motivierend für Mitarbeiter/innen, lebendige Kirchen zu erleben, wo sie von erfolgreichen Pfarrleiter/innen lernen können. Diese Erfahrungen können absolut verwandelnd sein, wenn sie durch die Linse des katholischen Glaubens betrachtet werden (wie es für uns in Saddleback war). Es gibt viele Möglichkeiten zu lernen, aber der Startpunkt ist immer, demütig vor Gott zu sein, verwurzelt in seinem Wort, aufmerksam auf seine Weisungen.

„Der Weise höre und vermehre sein Wissen, der Verständige lerne kluge Führung, Gottesfurcht ist Anfang der Erkenntnis, nur Toren verachten Weisheit und Zucht." (Spr 1, 5, 7)

4. Seien Sie ein/e mutige Leiter/in

Jemanden zu leiten erfordert eine Portion Mut. Dies gilt vor allem für jene, die einen Kulturwandel in der Gemeinde herbeigeführt haben. So wurden wir glücklicherweise von Gott geschaffen. Gary Haugen, der Gründer von International Justice Mission,[124] schreibt:

„Wenn es darum geht, mutig zu sein, sollten wir uns den Mut Jesu vor Augen führen – die Kraft, furchtlos die Wahrheit zu sagen, die Freiheit, selbstlos zu lieben, die Stärke, sich unbeirrt am Kreuz auszustrecken. Und die Wahrheit, dass wir in unserem tiefsten Inneren dazu geschaffen sind."[125]

Mut zu haben bedeutet hinsichtlich der Leitung in erster Linie, die ganze Botschaft des Evangeliums zu verkünden, nicht nur die Teile, die die Menschen gerne hören. Es bedeutet auch:

- Die harte Wahrheit auf liebevolle Weise aussprechen
- Die Fakten auf den Tisch legen, auch wenn sie brutal sind
- Die schwierigen Telefonate führen – diejenigen, die niemand anderer machen will
- Die Menschen in unserer Pfarrgemeinde wirklich zu lieben, selbst wenn sie nicht in unserer Kirche sind und wenn sie manchmal nicht liebenswert sind

5. Seien Sie ein/e treue/r Leiter/in

Einige Dinge brauchen einfach Zeit. Pastoral ist eines dieser Dinge. Es ist ein Marathon, kein Sprint. Leitung in der Pastoral ist ein Langzeitprojekt. Der Autor und Business Blogger Seth Godin drückt es so aus: „Es ist ein Mythos, dass Veränderung über Nacht geschieht, dass richtige Antworten am Markt sofort funktionieren, oder dass große Ideen einfach so kommen. Das stimmt nicht. Es ist immer (oder fast immer) eine Sache von Wachstum. Tropf, tropf, tropf. Verbesserungen geschehen mit der Zeit, nicht wie ein Grand Slam Homerun. Wenn Ihre Organisation Erfolg haben will ohne Verpflichtungen, wird sie weder das eine noch das andere haben. Ein Teil von Leitung (ein wesentlicher Teil davon) ist die Fähigkeit, einem Traum treu zu bleiben. Es dauert lang genug, bis die Kritiker/innen verstehen, dass Sie so oder so Ihr Ziel erreichen, so dass sie Ihnen schließlich folgen."[126]

Sie werden die Kultur Ihrer Pfarrgemeinde nicht auf einmal und nicht über Nacht verändern. Das passiert langsam, es braucht Zeit. Geben Sie dem Prozess die Zeit, die notwendig ist. Sie müssen weitermachen und nicht aufgeben. Auch wenn nicht alles rund läuft und Menschen Sie in Frage stellen oder sich verabschieden, dürfen Sie nicht aufhören. Sie können Ihre Leitungsrolle nicht aufgeben, nur weil Sie frustriert sind, dass Menschen Ihnen nicht folgen.

Seien Sie ein/e ausdauernde/r Leiter/in. Achten Sie darauf, dass Ihre Treue durch den Glauben genährt wird. Bleiben Sie Jesus treu, und vertrauen Sie seiner Leitung und der Aufgabe, die er Ihnen gegeben hat. Paulus instruierte die Leiter/innen der Kirche in Ephesus vor seinem Abschied: *„Wenn ich nur meinen Lauf vollende und den Dienst erfülle, der mir von Jesus, dem Herrn, übertragen wurde: das Evangelium von der Gnade Gottes zu bezeugen."* (Apg 20, 24) Setzen Sie sich das Ziel, den Lauf zu vollenden, den Sie begonnen haben, die Aufgabe zu erledigen, die Gott Ihnen gegeben hat, und Ihren Teil zur Verkündigung des Evangeliums von Gottes Gnade beizutragen. Paulus fasste Leitung in der Kirche Christi perfekt zusammen. Wenn Sie mit Kindern oder Student/innen in freundlichem

Kontakt sind oder ihnen dienen, wenn Sie Telefondienst machen oder
für die Kirchenmusik zuständig sind, wenn Sie ein/e Platzanweiser/in
oder im Begrüßungsteam sind,
wenn Sie das in der Kirche Christi
tun, dann sind Sie berufen, eine/e
Leiter/in zu sein, und zwar auf die
Art und Weise, wie Paulus Leitung
beschreibt: *„Nehmt mich zum Vorbild,*
wie ich Christus zum Vorbild nehme."
(1 Kor 11, 1)

> **Bei Leitung geht es**
> **nicht um Titel, Positio-**
> **nen oder Arbeitspläne.**
> **Es geht darum, dass**
> **Leben sich gegenseitig**
> **beeinflusst.**[127]

SIE SCHAFFEN DAS!
SCHRITTE IN IHRER PFARRGEMEINDE

Wenn Sie Pfarrer sind, Verantwortliche/r für die Pastoral, ein/e pas-
torale/r Mitarbeiter/in, für den Religionsunterricht zuständig oder
für die Jugendarbeit:

- Hinterfragen Sie ehrlich Ihre Motive, wenn es um Ihren Dienst
  geht. Überprüfen Sie, warum Sie tun, was sie tun.
- Halten Sie die Augen offen nach Menschen in Ihrer Pfarrgemeinde,
  die Leitungsqualitäten haben, nach Menschen, die intelligenter
  sind als Sie oder die Dinge wissen, von denen Sie keine Ahnung
  haben. Ganz egal, wie Ihre Struktur aussieht, laden Sie diese Menschen in Beratungsgruppen ein, die Ihnen die Wahrheit sagen, sowohl für Ihr Leben als auch in Bezug auf Ihre Verantwortung in
  der Pfarre.
- Suchen Sie auch außerhalb Ihrer eigenen Pfarrgemeinde nach
  möglichen Ressourcen, auch in protestantischen Gemeinden.
- Beginnen Sie, Gelegenheiten, Probleme und Ängste zu evaluieren, die in Ihrem Dienst auftauchen.
- Beten Sie über Ihre Ängste, beschäftigen Sie sich mit den Situationen und nutzen Sie die Gelegenheiten.

„Denn erst zu der bestimmten Zeit trifft ein, was du siehst; aber es drängt zum Ende und ist keine Täuschung; wenn es sich verzögert, so warte darauf; denn es kommt, es kommt und bleibt nicht aus."
(Hab 2, 3)

15 SIE SCHAFFEN DAS!

E ine Vision ist ein Bild von etwas, das sein könnte und sein sollte. Es ist eine Zukunft, in der ein besseres Leben möglich ist. Eine Vision sagt auch, dass der Status quo nicht mehr gut genug ist, dass es einen besseren Weg gibt. Wenn Pfarrer und Pfarrleiter/innen Menschen nicht zu einer besseren Zukunft im Dienste des Herrn Jesus Christus führen, dann dümpeln sie einfach dahin. Wenn Sie in einer Pfarrgemeinde dienen, dann gibt es wahrscheinlich einiges, was sein könnte oder sollte, auch wenn es noch nicht da ist. Das ist eine Vision. Eine Vision ist wichtig. Ihre Vision kann Sie inspirieren, aber zuerst wird sie Sie verärgern. Gut. Fühlen Sie den Ärger. Er kann ein Treibstoff sein.

Bill Hybels schreibt über eine „heilige Unzufriedenheit", die Frustration, die Sie fühlen, wenn die Ihnen von Gott gegebene Vision Sie weit von der Wirklichkeit wegführt.[128] Manchmal erreichen wir das, was Hybels den Popeye-Moment nennt. Der berühmte Comiccharakter hielt einiges aus, bis er mit dieser Aussage explodierte: „Das halte ich aus, mehr geht nicht."

Die Held/innen der Bibel wurden von einer Unzufriedenheit getrieben, die sie zu der Entscheidung brachte, großartige Dinge für Gott zu tun. Mose wurde mordswütend über die Versklavung Israels in Ägypten. David war so beleidigt, dass Goliath Gott verspottete, dass er in den Krieg zog. Nehemia weinte an den Mauern Jerusalems, das verzweifelt war, und er schob alles andere zur Seite, um etwas an der Situation zu ändern. Sie alle hatten eine Vision von dem, was Gott von ihnen wollte, und dann mussten sie es einfach tun. Tatsächlich ist Nehemia ein Vorbild für Entschlossenheit und visionärer Leitung. Seine Kritiker/innen bedrohen ihn und verlangen, dass er aufgibt, aber er antwortet ihnen: *„Ich arbeite gerade an einem großen Werk; darum kann ich nicht kommen."* (Neh 6, 3)

AM BEGINN

Ganz gleich, in welcher Pfarrgemeinde Sie sind, wo Sie sich befinden oder welche Ressourcen Sie gerade zur Verfügung haben: Sie können beginnen, Ihre Gemeinde gesund wachsen zu lassen und zwar genau dort, wo Gott Sie hingesetzt hat.

1. Wenn Sie Pfarrer einer großen Vorstadtgemeinde sind, schaffen Sie das!
Es ist wahrscheinlich, dass es in Ihrer Nähe auch eine große evangelikale Gemeinde gibt. Und es ist auch wahrscheinlich, dass viele ehemalige Katholik/innen dort sind, vielleicht einige Ihrer früheren Pfarrmitglieder. Sie können folgendes tun: Gehen Sie hin und lernen Sie von den Menschen dieser Kirche. Sie können Ihnen viel beibringen, und sie werden gern mit Ihnen sprechen. Wenn nötig, können Sie vorher all das Unchristliche bereuen, was Sie über diese Kirche gesagt haben.

2. Wenn Sie Pfarrer einer Pfarrgemeinde auf dem Land oder in der Stadt sind, wenn Sie kein Geld und keine Mitarbeiter/innen haben, schaffen Sie das!

Beginnen Sie selbst, den Zehnten zu geben und beginnen Sie, alle in den Kirchenbänken herauszufordern, sich einzubringen, zu dienen und zu geben. Lernen Sie Ihre ganze Gemeinde kennen, nicht nur die Kirchgänger/innen, und gestalten Sie Ihre Wochenendpredigten mit diesen Menschen im Hinterkopf.

> **Ganz gleich, in welcher Pfarrgemeinde Sie sind. Sie können beginnen Ihre Gemeinde gesund wachsen zu lassen.**

3. Wenn Sie Diakon oder Pastoralverantwortliche/r sind, schaffen Sie das!

Blicken Sie aus dem Blickwinkel von Kirchenfernen in Ihrer Gemeinde auf Ihr Wochenenderlebnis. Wie fühlt sich das an, wie hört es sich an, wie wirken wir auf sie? Evaluieren Sie ehrlich Ihre Musik und beginnen Sie zu beten, damit Sie wissen, was Sie tun müssen. Schauen Sie sich den Eingang zu Ihrer Kirche oder Ihrem Pfarrhof an. Können Sie das schöner gestalten, vielleicht putzen, damit es einladender, vielleicht sogar unwiderstehlich wird?

4. Wenn Sie verantwortlich für den Religionsunterricht, Jugendverantwortliche/r, Pfarrsekretär/in sind, schaffen Sie das!

Suche Sie sich zwei oder drei Personen, die Sie respektieren und denen Sie vertrauen, die gerade keine Leitungsverantwortung in der Pfarrgemeinde haben, und starten Sie einen Evaluierungsprozess Ihrer Angebote. Evaluieren Sie alle Angebote, alles, was sich in Ihrer Pfarrgemeinde tut, alles, was um Raum und Ihre Ressourcen wetteifert, ebenso um die Aufmerksamkeit, die Zeit und das Geld Ihrer Pfarrmitglieder. Schreiben Sie eine vollständige Liste und versuchen Sie, den Sinn und Zweck jedes Angebotes herauszufinden. Dann diskutieren Sie darüber, was man weglassen kann, weil es nicht mit Gottes Idee für Ihre Pfarrgemeinde kompatibel ist.

5. Wenn Sie ein Pfarrmitglied sind, das sich Sorgen um seine Pfarre und den Pfarrer macht, der mit vielen Forderungen konfrontiert ist, schaffen Sie das!

Fragen Sie den Pfarrer, ob Sie am Wochenende die Menschen begrüßen sollen, die zur Kirche kommen. Bitten Sie andere, Ihnen zu helfen. Schauen Sie, wie viele Menschen sich Ihnen anschließen. Schaffen Sie Energie und Aufregung, die andere ansteckt. Bilden Sie eine Gebetsgruppe, um Ihren Pfarrer zu unterstützen.

Das sind klarerweise erste Schritte – Babyschritte –, aber damit beginnt jede Reise. Beginnen Sie irgendwo und bitten sie Gott um die Vision, die er Ihnen geben will.

FÜR JETZT

Das Buch Esther spielt in der herzzerreißenden Situation des Exils des Volkes Israel. An diesem Punkt der Geschichte hatten sie ihren geheiligten Tempel verloren, ihre geliebte Heimat und ihre kostbare Freiheit. Aber es erwartete sie noch Schlimmeres. Ein böser Berater des Herrschers, des Königs von Persien, plant die Vernichtung des ganzen jüdischen Volkes.

Aber Gott beruft Esther, ein einfaches jüdisches Mädchen, und setzt sie in die unglaubliche Position der Königin von Persien. Und dann pflanzt er in sie die Vision ein, ihr Volk zu retten. Das geschieht durch die Worte eines Freundes, der ihr sagt, dass sie zum König gehen und eingreifen muss; auch für eine Königin nicht ungefährlich. Ihr Freund sagt ihr:

„Denn wenn du zu dieser Zeit schweigen wirst, so wird eine Hilfe und Errettung von einem andern Ort her den Juden erstehen, du aber und deines Vaters Haus, ihr werdet umkommen. Und wer weiß, ob du nicht gerade um dieser Zeit willen zur königlichen Würde gekommen bist?" (Est 4, 14)

In anderen Übersetzungen heißt es: „Und wer weiß, ob du nicht zum Königtum gekommen bist für jetzt?" Natürlich macht Esther es und rettet sprichwörtlich den Tag. Gott versetzte sie in eine Position mit Einfluss und gab ihr eine Vision für genau die Zeit und die Umstände, in denen sie sich befand. Das sind Sie. Und Sie sind nicht allein!

Sie sind nicht allein mit dem Schmerz, wenn Sie Menschen sehen, die sich in Scharen von der Kirche verabschieden. Sie sind nicht allein mit der Traurigkeit darüber, dass im Leben so vieler Menschen irrelevante Dinge vorherrschen, unter ihnen Ihre eigene Familie und Ihre Freund/innen. Sie sind nicht allein mit der Frustration über den derzeitigen Zustand der Pfarrgemeinde, in der sie dienen. Sie sind nicht allein damit, wenn Sie wollen, dass sich etwas verbessert.

Sie sind nicht allein!

Sie sind nicht allein damit, wenn Sie glauben, dass die Kirche ein Ort sein sollte, an dem Menschen mit dem himmlischen Vater in Berührung kommen, ihren Erlöser kennenlernen und lernen, mit dem Heiligen Geist in Kontakt zu kommen. Sie sind nicht allein, wenn Sie nach Hilfe suchen, wie Sie Menschen zu freudiger und liebender Mitfeier der Eucharistie führen wollen. Sie sind nicht allein, wenn Sie sich wünschen, dass die Kirche Sinn, Zweck und Orientierung für das Leben von Menschen bringen kann.

Sie sind nicht allein, wenn Sie erwarten, dass Ihre Arbeit dazu führt, dass sich Leben verändern können. Sie sind nicht allein, wenn Sie wollen, dass Ihre Gemeinschaft größeren Einfluss auf Ihre Gemeinde hat, dass Menschen enger mit Jesus Christus verbunden sind.

Sie sind nicht allein. Gott ist mit Ihnen. Gott sehnt sich noch mehr nach Veränderung als Sie. Und vielleicht hat er Sie genau dorthin gesetzt, wo Sie sind für jetzt. Darüber hinaus beruft er andere, die dieselbe Leidenschaft teilen, um die Lebendigkeit einer Bewegung zu garantieren, deren Zeit gekommen ist. Dieser Zeitpunkt ist dazu da, um in Übereinstimmung mit dem Lehramt einen frischen Wind einzubringen für die Richtlinien, die durch das Zweite Vatikanische Konzil vorgegeben sind, um die nobelsten Bemühungen der katholischen Kirche wiederzubeleben und dahin zurückzukehren, was Gottes Wort uns sagt und was er von uns – seiner Kirche – will.

Wir sind berufen, eine Bewegung zu leiten, deren Zeit gekommen ist: um Pfarrgemeinde in der katholischen Kirche wiederaufzubauen.

Es ist eine Bewegung des ganzen Leibes Christi, um unsere Kirche von Konsumchrist/innen zurückzuholen und in die Hände demütiger und kühner Gläubiger zu geben, die durch ihren Glauben verändert wurden und die die Gesellschaft verwandeln.[129]

Wenn Sie sich bewegen, werden es andere auch tun. Denn Menschen lieben Bewegungen. Gott hat uns so geschaffen. Auch wenn die Sehnsucht verschüttet ist, können Sie sie erwecken.

> *Tu erst das Notwendige, dann das Mögliche, und plötzlich schaffst du das Unmögliche.*
> **(Hl. Franz von Assisi)**[130]

Wir können unseren Gemeinschaften die Herausforderung von Nachfolge zumuten, damit sie ergebene Jünger/innen Jesu Christi werden. Wir können aus unseren Pfarrgemeinde Oasen von Lebendigkeit und Geist machen, die unseren Jünger/innen helfen, überzeugender in der Gemeinde zu verkünden. Wir können die nächste Generation für Jesus begeistern. Anstatt einen Hindernisparcours zu rennen, können Menschen, die fern von Gott sind, die Kirche als großartigen Ort sehen, an dem man ihn kennenlernen kann. Unsere wachsenden Jünger/innen können einander freudig dienen und missionarische Aufgaben durchführen, die auf den Wiederaufbau der Schöpfung und eine Erneuerung des Angesichts der Erde hinzielen.

In diesem Buch geht es nicht nur darum, Kirche anders zu leben. Es geht darum, Teil einer Bewegung zu sein, die die Erfahrungen von Menschen mit der Kirche verändert, so dass unsere Gesellschaft mehr und mehr durch Christus verwandelt wird. Es ist nicht nur etwas, das es wert ist, dafür zu sterben, es ist wert, dafür zu leben, aber auch etwas, das es wert ist, sein Leben dafür zu geben. Und das ist die Bewegung der Königsherrschaft Gottes. Es ist keine „religiöse" Bewegung, es ist eine „königreiche" Bewegung. Es ist die Bewegung der Königsherrschaft Gottes.

„Die Huld des Herrn ist nicht erschöpft, sein Erbarmen ist nicht zu Ende. Neu ist es an jedem Morgen; groß ist deine Treue." (Klgl 3, 22–23)

Jeden Tag gibt es neue Wellen von Gnaden und Güte, die Gott Ihnen schickt. Gott möchte in Ihrer Pfarrgemeinde vor Ort wirken und etwas tun, das er nirgendwo sonst tut. Es ist großartige Arbeit durch Sie und durch die Menschen, die er nicht wiederholen wird, eine einzigartige Geschichte, der er nie wieder erzählen wird.

> **Wir sind berufen, eine Bewegung ins Leben zu rufen: Um das Pfarrleben in der katholischen Kirche wieder aufzubauen.**

Großartige Pfarrleitung verlangt die Vision, das zu sehen. Das bedeutet, dass Sie danach Ausschau halten müssen, danach hungern, fasten und beten, damit Sie das Großartige erkennen, das Gott durch Sie wirken will. Es gibt eine Aufgabe, aber er wartet auf eine/n Leiter/in. Gott wartet darauf, dass Sie die Hand heben und sagen: „Ich werde gehen. Ich werde fest anpacken und die harte Arbeit erledigen. Ich werden die Kugeln und die Kritik abkriegen, aber ich ertrage nicht länger Mittelmaß und Bedeutungslosigkeit. Ich schaffe das!"

Denken Sie darüber nach. Das ist die Kirche, die Jesus gegründet hat und für die er gestorben ist. Das ist die Kirche, die die Fülle des Glaubens hält und mit kompromissloser Autorität Moral lehrt. Das ist die Kirche, der die Eucharistie und die anderen Sakramente anvertraut sind. Das ist die Kirche, die gesegnet die Verehrung der Mutter unseres Erlösers bewahrt und fördert. Das ist die Kirche der Apostel und ihrer Nachfolger, der Märtyrer/innen, der Held/innen der christlichen Jahrhunderte: Petrus und Paulus, Hieronymus und Augustinus, Franz von Assisi, Thomas von Aquin, Katharina von Siena, Thomas Morus, Ignatius von Loyola, Mutter Teresa und Papst Johannes Paul II.

Das ist der Leib, den Christus als seinen formt, und der die Gesellschaft durch das Reich Gottes im Himmel und auf der Erde verändert. Es ist die Hoffnung der ganzen Welt. Glauben Sie es oder auch nicht: Sie halten in Ihrer Pfarrgemeinde die Hoffnung in Ihren Händen. Nutzen Sie sie. Geben Sie Kirche eine Bedeutung.

ANHANG A

EIN DETAILLIERTES BEISPIEL
DER VERÄNDERUNG UNSERER KULTUR

In unserem Teil der Welt möchte jede/r, dass der Gottesdienst am Heiligen Abend so früh wie möglich ist. Ganz gleich, wie viele Messen wir feierten, die Messe um 16.00 Uhr war jedes Jahr absolut überfüllt. Das war das alljährliche Beispiel für „Bringen wir es hinter uns". Die Menschen waren in der Kirche, im Eingangsbereich und darüber hinaus. Der Parkplatz und die angrenzenden Straßen waren vollständig verstopft. Es war die jährliche Übung frustrierter Bemühungen, verletzter Gefühle und enttäuschter Erwartungen.

Es war für alle eine furchtbare Erfahrung (bis auf die Insider/innen, die wussten, wie sie diese Situation für sich nutzen konnten). Hinter dem Chaos lag die verpasste Gelegenheit, in positiven Kontakt mit Menschen zu kommen, die keine Gemeinde hatten, aber an diesem Abend in die Kirche kamen. Heiligabend war ihre jährliche Erinnerung daran, warum sie hier nicht sein wollten. Es musste eine Möglichkeit geben, das besser zu machen. Jahr für Jahr probierten wir alles aus, was uns einfiel, um die Überfüllung zu kompensieren, und das Erlebnis für alle besser zu machen. Nichts funktionierte. Bis …

Pfarrer Michael White: *Eines Abends im Sommer musste ich an einer Ampel in der York Road stehen bleiben, ganz in der Nähe unserer Kirche. Ich befand mich vor dem Eingang zum Messegelände Maryland in Timonium. Es war zwar keine Messesaison, aber ich bemerkte, dass die Tore weit offen standen. Ich war noch nie drin und ich fuhr ohne Grund und ganz spontan hinein. Es gab einen riesigen Parkplatz und einige große Gebäude. Eines der größten war aus irgendeinem Grund auch offen. Ich stellte mein Auto ab und ging hinein. Ich wusste sofort, dass ich hier Weihnachten feiern wollte.*

Warum sollten wir nicht aus dem Hamsterrad ausbrechen, aufhören, lächerlich viele Messen zu feiern und stattdessen alle Pfarrmitglieder hier für die Feier versammeln und auch noch Platz für Gäste haben? Es wäre eine dramatische Veranschaulichung unseres Kulturwandels: Kirche anders leben, indem wir hinausgehen und zugänglich sein, wenn sie wirklich zu uns kommen wollen. So könnte es zu Weihnachten absolut nicht um uns gehen, sondern um all die Menschen, die nicht in den Kirchenbänken zu finden sind. Ich liebte diese Idee.

Tom: *Ich dachte, dass das verrückt sei. Ich meine, wer würde zu Weihnachten in eine Arena gehen? Und ich war sicher, dass meine Reaktion eine typische war (und ich sollte Recht behalten).*

Aber als wir die Idee diskutierten und darüber beteten, erschien es uns als kalkulierbares Risiko, das wir eingehen sollten. Der erste Schritt war, herauszufinden, was das kosten würde, und ob der Ort frei wäre. In diesem Sommer hatten wir einen Praktikanten, Bob, der herausfand, dass die Miete nur eine geringe Gebühr war, und dass wir dort willkommen waren. Also gingen wir. Wir stimmten nicht darüber ab, nachdem wir durch das Gebet sicher waren, dass wir Gott folgten, wohin er uns führte. Trotzdem entwickelten wir eine durchdachte Strategie.

Es sah bald so aus, als hätten wir zwei Projekte. Logistisch bedeutete das, dass wir unsere ganze Kirche für einen Abend ein paar Straßen weiter tragen mussten. Das erschien uns schon schwierig, aber noch herausfordernder erschien uns die Öffentlichkeitsarbeit. Wir wollten nicht nur die Menschen überzeugen, dorthin zu gehen, wir wollten, dass sie begeistert waren und ihre Freund/innen mitbrachten.

Wir trafen uns mit zwei unserer stärksten Pfarrleiter/innen. Bevor wir sie um Hilfe baten, fragten wir sie um Rat, den sie uns gern erteilten. Sie waren erschrocken und besorgt, und wir gaben ihnen Zeit, ihren Gefühlen Ausdruck zu verleihen. Aber danach kamen sie mit Begeisterung und Unterstützung zu uns. Dann baten wir sie, unsere Bemühungen zu leiten. Mitch würde sich um die Logistik kümmern, und Roni würde uns helfen, die Menschen zu überzeugen.

Auch die beiden holten sich Helfer/innen ins Team und bauten bereits solide Unterstützung und einen Kern für das Projekt, bevor wir überhaupt die Pfarrgemeinde informiert hatten. Die meisten unserer Freiwilligen wurden von Skeptiker/innen zu Unterstützer/innen, und wir konnten an ihnen sehen, wie wir es am besten der Gemeinde sagen sollten. Vor den allgemeinen Verlautbarungen stellten wir sicher, dass der Pfarrgemeinderat, unsere Mitarbeiter/innen und die freiwilligen Leiter/innen unsere Idee verstanden und akzeptiert hatten.

Ungefähr zwei Monate vor Weihnachten kündigten wir unseren Plan im Mitteilungsblatt im Wort des Pfarrers an. Wir dachten, dass es schriftlich am besten sei, da die Idee so unerwartet war, dass man sie leicht missverstehen könnte, wenn wir es nur in der Kirche ansagten. Wir wussten, dass fast alle verwirrt sein würden, daher wollten wir es klar schwarz auf weiß haben. Der Brief sprach auch klar die Probleme mit dem Heiligen Abend an (die von Jahr zu Jahr leicht in Vergessenheit gerieten), sowie die Vorteile, wenn wir uns nach draußen begaben. Außerdem wurde die Gelegenheit angesprochen, die dieser Plan für die entkirchlichten Menschen in unserer Gemeinde brachte.

Wir teilten gleichzeitig noch eine andere Entscheidung mit, eine große Entscheidung. Wir würden Menschen keine Wahl zwischen Kirche und Arena lassen: Wir würden *eine* Feier zu Weihnachten haben. Es war schwierig, diese Entscheidung zu treffen, aber wir waren überzeugt, dass sie entscheidend für den Erfolg unseres Plans war.

Das Echo war gewaltig: von vorsichtig neugierig bis offen feindselig. Wir gaben den Menschen einige Wochen Zeit, dann zeigten wir am Ende der Wochenendmessen ein Video, um sie umzustimmen. In dem Video zeigten zwei Schüler der High School, Billy und Gair, auf lustige Art die ganzen Probleme auf, die wir in den letzten Jahren hatten, während sie fröhlich über das Messegelände tollten und sich über die vielen Parkplätze freuten. Dazwischen zeigten wir Sequenzen von Elaine, einer liebenswerten und vornehmen Dame, die über ihren ursprünglichen Widerstand erzählte und wie sie ihre Meinung geändert hatte. Es ist sehr schwer, wütend zu sein, wenn man lachen muss, und dieses Video brachte die Menschen zum Lachen.

Es war ein Hit und gewann die Herzen vieler Menschen. (Es wurde in der Folge ein Weihnachtsklassiker, bekannt als das „Mehr Parkplätze!"-Video.)

Natürlich lachten nicht alle. Einer unserer Großspender/innen wollte sich zurückziehen, wenn wir den Plan nicht aufgaben. Seine jährliche Spende machte in etwa das aus, was Weihnachten uns kosten würde. So hatten sich die Kosten nun verdoppelt. Der Vollständigkeit halber erwähnen wir, dass er tatsächlich nichts mehr gespendet und die Pfarrgemeinde verlassen hat. Das war beängstigend. Natürlich gab es Anrufe, Beschwerden und all die vorsehbaren Schwierigkeiten, die mit jeder Veränderung einhergehen. Aber wir blieben stark.

In den folgenden Wochen zeigten wir zwei weitere Videos: Eines deckte das Praktische ab, wir zeigten, wohin man gehen musste, und was einen dort erwarten würde. Am Wochenende vor Weihnachten verbanden wir unsere Feier mit dem höheren Zweck, den Gott seiner Kirche gegeben hatte. Zu diesem Zeitpunkt überzeugten wir wahrscheinlich niemanden mehr, aber wir halfen unseren „Bekehrten", das Gute zu erkennen, das wir gemeinsam taten.

Die ganze Logistik funktionierte nach Plan dank einem wirklich tollen Team junger Leiter – Bob, Joe und Brian –, die sich vom Geist des Projektes anstecken ließen und es wahr machten.

Wollen Sie mehr wissen oder tiefer gehen?
Hören Sie Bob, Joe und Brian zu, die über die Veränderung der Weihnachtskultur berichten. Gehen Sie auf rebuiltparish.com, „appendix A" und dann auf „Changing Culture".

Der 24. Dezember 2005 war ein langer Tag, als wir auf 1500 leere Sessel in unserem Veranstaltungsort, der Ausstellungshalle, starteten. Das sind viele Sessel. Und niemand würde sich beeilen, sich zu setzen, das war sicher. Zwanzig Minuten vor der Messe war immer noch fast alles leer. Aber einige Minuten später, begannen die Leute einzutreffen, und es kamen immer mehr, sodass fast alle Plätze besetzt waren. In den letzten fünf Jahren wurde der Heiligabend am Messegelände zu einer unserer besten Traditionen. Wir mussten in eine größere Halle am Gelände ausweichen mit 3200 Plätzen und zwei Messen feiern. Heuer im Frühjahr feierten wir auch Ostern am Messegelände. Menschen, die nie in die Kirche kommen, fühlen sich dort sehr wohl, und viele, die dann in die Pfarrgemeinde kommen, beginnen dort.

Es geht hier nicht um den Heiligabend, es geht darum, den Kulturwandel zu unterstützen.

SIE SCHAFFEN DAS!
SCHRITTE IN IHRER PFARRGEMEINDE

Wenn Sie in Ihrer Pfarrgemeinde für etwas verantwortlich sind und es nicht gut läuft:

- Geben Sie zu, was nicht funktioniert. Aus Unzufriedenheit und Frustration können neue Ideen entstehen.
- Denken Sie anders. Gehen Sie kreativ an ein Problem heran. Beim Brainstorming gibt es keine schlechten Ideen. Das bedeutet nicht, dass es überhaupt keine schlechten Ideen gibt. Es gibt sie, aber verabschieden Sie sich nicht zu schnell von einer Idee, bevor sie geprüft und diskutiert wurde. Durch Gebet und ehrliche interne Diskussion stellen Sie sicher, dass es sich nicht nur um einen Impuls von Ihnen handelt oder um Ihren Willen geht. Versichern Sie sich, dass es eine Sache Gottes ist.
- Teilen Sie Ihre Idee mit kleinen, aber wachsenden Kreisen und beziehen Sie andere mit ein. Machen Sie andere zu Leiter/innen und zum Verkaufspersonal ihres kulturellen Wandels.
- Arbeiten Sie zusammen, beziehen Sie Menschen mit ein und zeigen Sie Interesse für die Emotionen der anderen, wenn es um Wandel geht. Aber lassen Sie sich nicht von Kritiker/innen und Neinsager/innen runterziehen. Gehen Sie keine Kompromisse ein, um es ihnen Recht zu machen, auch wenn es um Geld geht.

- Schaffen Sie ein Gefühl der Bewegung. Bringen Sie die Leute dazu, den Wandel als missionarische Aufgabe zu sehen, die mit der großen missionarischen Aufgabe der Kirche Christi in Verbindung steht. Sie ist eine Bewegung … also muss sie sich manchmal auch bewegen!

ANHANG B

EINIGE DER (VIELEN) DINGE,
DIE WIR IMMER NOCH NICHT WISSEN

In den letzten Jahren hatten wir immer wieder mit dem (zugege-benermaßen positiven) Problem zu kämpfen, dass wir am Sonntagmorgen überfüllt sind. Es sind so viele Menschen da, dass es dumm und kontraproduktiv wäre, Pfarrmitglieder zu bewegen, dass sie Gäste oder Neulinge einladen. Aber so etwas zu verhindern, unterminiert unseren eigentlichen Sinn und Zweck.

Wir begannen eine Strategieplanung, um zu sehen, wie wir das langfristig in den Griff bekommen können. Inzwischen setzten wir einige Maßnahmen, um das Problem kurzfristig zu entlasten (wie z.B. die Pfarrmitglieder zu ermuntern, dass sie außerhalb parkten oder ihre Plätze zu Spitzenzeiten aufgaben). Trotzdem fragen wir uns weiterhin, was wir sonst noch tun können, um dieser Herausforderung effektiver zu begegnen.

Wir entschlossen uns, etwas auszuprobieren, das erfolgreiche evangelikale Kirchen machen: „Videoübertragungen". Es ging vor allem darum, unsere Wochenendgottesdienste zu Spitzenzeiten mit Videotechnologie für Neulinge und Gäste abseits des Geländes zugänglich zu machen. Sie feiern anderswo. Videoübertragungen ermöglichen zusätzliche Sitzplätze, die nicht gebaut werden müssen.

Pfarrer Michael White: *Nach Rücksprache mit dem Erzbischof entschieden wir uns dafür, dass dieser Gottesdienst keine Messe sein würde, da er auf die entkirchlichten Menschen in unserer Gemeinde abzielte. Stattdessen lehnten wir uns an die alte Idee der „Katechumenenmesse" an, im Grund ein Wortgottesdienst (ohne Eucharistiefeier), mit derselben Predigt, die ich in der Kirche hielt, die mit Video übertragen wurde.*

Tom: *Der Rest des Gottesdienstes (die Musik, die Lesungen und Gebete) sind dieselben wie in der Kirche und werden live übertragen. Ich leitete den Gottesdienst. Wir wiederholten auch andere Elemente unseres Wochenenderlebnisses: das Willkommensteam, Kinderbetreuung, sogar ein kleines Pfarrcafé. Nachdem wir uns verschiedene Orte angesehen hatten, entschieden wir uns für ein Hotel, das Crowne Plaza. Wie investierten Energie, Mitarbeiter/innen und Zeit und natürlich Geld in dieses Experiment (es war nicht viel Geld, aber wir hätten es auch anders ausgeben können).*

Und es funktionierte nicht. Einige Menschen waren nett und kamen uns zuliebe, es gab auch ein paar Neugierige, aber es kamen nicht viele Menschen. Es gelang uns nicht, so viele entkirchlichte Menschen anzusprechen, wie wir gehofft hatten. Wir hatten das Projekt zeitlich begrenzt und wir hörten damit auf, als der Vertrag mit dem Hotel auslief.

Naiv hatten wir eine unserer eigenen Regeln gebrochen und einfach kopiert, was andere taten, ohne zu verstehen, wie wir es machen sollten. Nach dieser Erfahrung bemühten wir uns zu verstehen, was schief gelaufen war (das war sehr schmerzlich, da wir große Hoffnungen in das Projekt gesetzt hatten). Wir kamen zu dem Schluss, dass es wahrscheinlich an der Öffentlichkeitsarbeit gelegen hatte. Die Menschen in unserer Gemeinde wussten nicht wirklich viel über dieses Angebot im Crowne Plaza, und es war vorbei, bevor sie mehr darüber erfahren konnten. Und da es sich um ein ungewöhnliches Experiment in der Welt der Kirche handelte, hätten sie mehr Zeit gebraucht.

Pfarrer Michael White: *Ich wollte es unbedingt noch einmal machen und beweisen, dass wir es schaffen könnten.*

Tom: *Ich wollte das nicht. Es war sehr arbeitsintensiv und hätte uns überfordert. Um die Anzahl der Menschen zu erreichen, so dass es sich gelohnt hätte und das über einen Zeitraum hinweg, der die Mühe wert wäre, hätte es eine Öffentlichkeitsarbeitskampagne gebraucht, die wir uns nicht leisten konnten.*

Der Punkt ist, dass wir nicht wussten, was wir taten, und wir wissen es auch bei den Videoübertragungen noch immer nicht. Wir wissen, dass sie erfolgreich sein können, weil andere es machen. Wir wissen nur nicht, wie wir es hier machen sollen. Wir entschieden, es nicht zu wiederholen, wegen der oben genannten Gründe, aber wir waren weiterhin auf der Suche nach Ideen, wie wir unser Wochenenderlebnis zugänglicher machen könnten.

Zurzeit übertragen wir unsere Gottesdienste am Sonntag um 10.30 Uhr und um 17.30 Uhr live auf unserer Webseite. Anfänglich hatten wir technische Schwierigkeiten, und monatelang hatten wir weniger Mitfeiernde online als im Crowne Plaza, was sehr enttäuschend war. Aber anders als im Crowne Plaza kostet das weniger Zeit und Geld, so dass wir es leichter fortsetzen können.

Erst seit kurzem haben wir online Hunderte Besucher/innen und Betende wöchentlich. Es gibt eine Chat-Funktion, eine Möglichkeit, Gebetsanliegen zu formulieren, und man kann auch online spenden (bis jetzt haben wir 25 Dollar von einer Frau aus Dallas bekommen). Die Hauptzielgruppe sind entkirchlichte Katholik/innen in Timonium, Maryland, und es sieht so aus, als ob es immer mehr würden. „Besuchen Sie uns online" ist sicher eine niederschwellige Einladung, die unsere Pfarrmitglieder ihren Freund/innen und Familien gegenüber aussprechen können. Die Webseite hat auch unerwartete Vorteile. Pfarrmitglieder, die auf Reisen oder im Urlaub sind, können mit uns in Kontakt treten. Student/innen können mit ihrer Pfarrfamilie in Kontakt sein, wo immer sie auch studieren, und diejenigen, die Heimweh haben, sind nicht alleine. Ein Krankenhaus wandte sich an uns mit der Frage, ob wir dort nicht die Sonntagsmesse übertragen könnten. Obwohl das keine akzeptable Alternative zur Mitfeier der Messe in der Kirche ist, ist es wesentlich besser als es gar nicht zu tun (und ein erster Schritt zurück in die Kirche). Mittlerweile hilft es uns dabei, weiter zu wachsen.

Um die gesunde Kultur zu leben, die wir wollen, müssen wir wissen, was wir nicht wollen und was wir noch lernen müssen. Um eine wachsende Pfarrgemeinde zu sein, müssen wir zugeben, was wir derzeit falsch machen, was das Wachstum verhindert und wo wir wachsen müssen.

Wollen Sie mehr wissen oder tiefer gehen?
Besuchen Sie sonntags unseren online-Campus:
churchnativity.curchonline.org
MEZ: um 14 h, 15:30 h, 17 h, 22:30 h

UNSERE DERZEITIGEN HERAUSFORDERUNGEN

Wenn es um die Pfarrgemeinde vor Ort geht, gibt es vieles, das wir nicht wissen. Hier sind einige Herausforderungen, mit denen wir gerade intensiv beschäftigen.

1. Kommunikation
Wir wissen, wie man klar, widerspruchsfrei und zusammenhängend die Schritte erklärt, die Pfarrmitglieder auf den Weg der Nachfolge gehen sollen. Wir wissen nicht, wie wir diesen Prozess regeln oder im Auge behalten sollen.

2. Kleingruppen
Wir kennen den Wert von Kleingruppen und das Bedürfnis nach Beziehungen, um im Glauben zu wachsen. Wir wissen nicht, wie wir die Mehrheit unserer Gemeinde in Kleingruppen integriert und sie animiert, dort zu bleiben. Wir wissen nicht, wie wir die Lebensdauer unserer Kleingruppen bemessen sollen, wann es Zeit ist, sie zu teilen, sie zusammenzuführen oder sie zu aufzulösen.

3. Zeugnis geben
Wir haben die Macht entdeckt, die das Teilen der Erfahrungen der Pfarrmitglieder hat, wenn sie die Geschichte der Veränderung ihres Lebens durch die Beziehung mit Christus beschreiben. Wir wissen aber

nicht, wie wir Pfarrmitglieder dazu motivieren sollen, öffentlich über ihren Glauben zu sprechen, Zeugnis von der Veränderung ihres Lebens zu geben oder über ihre Jüngerschaft offen zu sprechen.

4. Junge Erwachsene

Wir sind noch am Überlegen, wie wir die Seelsorge mit jungen Erwachsenen gestalten. Wir sind anziehend für sie, aber wir sind uns nicht sicher, wie viele oder wie wir sie anziehen. Wir wollen besser darin werden, den jungen Menschen dabei zu helfen, Gott kennenzulernen, und zwar so, dass ER ihre Entscheidungen prägt, ihre Reinheit bewahrt und ihnen den Weg weist.

5. Technik

Wir wissen nicht, wie wir Daten über unsere Gemeinde sammeln und verwalten sollen. Wir wissen auch nicht, wie wir zu Rückmeldungen von ihnen oder Information über sie kommen. Und wir wissen schon gar nicht, was wir damit tun sollen, wenn wir sie haben. Wie alle anderen wissen auch wir nicht, wohin sich die Technik entwickeln wird, und wie wir Schritt halten können. Wir verstehen nicht, wie wir die unterschiedlichen Kommunikationsformen integrieren können. Und wir wissen gar nicht, wie wir mit Social Media umgehen sollen.

6. Mit Wachstum umgehen

Wir wissen nicht, wie wir weiter wachsen, auch unser Gelände ist begrenzt. Wir kämpfen damit, was getan werden kann, aber auch, was mit Ziegeln und Mörtel getan werden soll. Wir wissen: Das Letzte, das Baltimore braucht, ist ein neues Kirchengebäude, aber wir wissen auch, dass wir mehr Platz brauchen. Oder könnte unsere Pfarrgemeinde auch online wachsen? Wie wird ein Pfarrzentrum in Zukunft überhaupt aussehen? Wir wissen es nicht.

7. Das Gleichgewicht halten

Und – ob Sie es glauben Sie es oder nicht – wir haben das rechte Maß noch nicht gefunden, wenn es darum geht, die Bedürfnisse unserer

Gemeinde zu befriedigen und die Konsument/innen zu verwöhnen. Wir wissen, dass es eine Grenze dazwischen gibt, aber wir wissen nicht, wo sie ist.

Es wurde einer unserer Lehrsätze zu sagen: „Wir wissen nicht, was wir tun." Früher war uns das peinlich. Es klingt wie eine Entschuldigung für unser Scheitern. Manchmal ist es aber der erste Schritt in die Zukunft. Gleich welcher Herausforderung wir uns gegenüber stehen, es braucht immer wieder Übung, um das Problem zu benennen, einen Ausweg zu finden und eine logische Strategie zu entwickeln.

Anhang C

DEN WANDEL BENENNEN:
MISSION, VISION UND STRATEGIE

In den letzten Jahren haben wir unseren Auftrag klar erkannt, wir sahen, wie die Vision Gottes für unsere Pfarrgemeinde Form annahm und entwickelten eine erfolgreiche Strategie, um das alles Wirklichkeit werden zu lassen. Es ist eine unerwartete Herausforderung, all das in einer Art und Weise den Mitarbeiter/innen, Freiwilligen und Pfarrmitgliedern sowie Neulingen zu erklären, dass sie es verstehen und nicht vergessen. Wir kämpfen immer noch damit und auch darum, den Fokus auf unserer Pfarrmitglieder zu halten.

Die meisten Pfarrgemeinden und Gemeinden haben ein Leitbild, aber wie oft wird es ignoriert oder ist nicht bekannt, und wie häufig wird es Lügen gestraft? Die Kultur jeder Organisation wird durch die Werte geformt, nach denen die Einzelnen in der Organisation leben. Aber manchmal sind diese Werte unbewusst. Wie oft entdecken Leiter/innen in Organisationen jeglicher Größe, dass ihre besten Mitarbeiter/innen und größten Fans nicht erklären können, was genau die Organisation macht. Außerdem haben wir gelernt, dass Menschen, die eine Vision mittragen, ständig daran erinnert werden müssen, denn Bill Hybels meint, dass Visionen auslaufen.[131] Menschen vergessen darauf oder kennen sich nicht mehr aus. Sie werden abgelenkt und wenden sich ab. Sie müssen Gottes Vision und die Mission für Ihre Pfarrgemeinde immer wieder mit der Gemeinde besprechen.

Wir haben einige Aussagen gesammelt, die für uns mit den passenden Worten erklären, wer wir sind und wie wir glauben, dass Gott durch uns wirkt. Dieses Material überdenken wir in unseren jährlichen Exerzitien. Wenn neue Mitarbeiter/innen zu uns kommen, wird davon gesprochen; es ist die Basis für unsere Angebote. Und es ist ein entscheidendes Maß für den Erfolg.

UNSER GLAUBE

Ich glaube an Gott,
den Vater, den Allmächtigen,
den Schöpfer des Himmels und der Erde.

Und an Jesus Christus,
seinen eingeborenen Sohn, unsern Herrn,
empfangen durch den Heiligen Geist,
geboren von der Jungfrau Maria,
gelitten unter Pontius Pilatus,
gekreuzigt, gestorben und begraben,
hinabgestiegen in das Reich des Todes,
am dritten Tage auferstanden von den Toten,
aufgefahren in den Himmel;
er sitzt zur Rechten Gottes,
des allmächtigen Vaters;
von dort wird er kommen,
zu richten die Lebenden und die Toten.

Ich glaube an den Heiligen Geist,
die heilige katholische Kirche,
Gemeinschaft der Heiligen,
Vergebung der Sünden,
Auferstehung der Toten
und das ewige Leben.
Amen.

Apostolisches Glaubensbekenntnis

UNSERE MISSION

Liebe Gott – Liebe deine Mitmenschen –
Mach andere zu Jünger/innen Jesu

„Du sollst den Herrn, deinen Gott, lieben mit ganzem Herzen, mit ganzer Seele und mit all deinen Gedanken. Du sollst deinen Nächsten lieben wie dich selbst." (Mt 22, 37, 39)
„Darum geht zu allen Völkern und macht alle Menschen zu meinen Jüngern; tauft sie auf den Namen des Vaters und des Sohnes und des Heiligen Geistes, und lehrt sie, alles zu befolgen, was ich euch geboten habe. Seid gewiss: Ich bin bei euch alle Tage bis zum Ende der Welt." (Mt 28, 19–20)

UNSERE VISION

Kirche muss Bedeutung haben, indem wir Menschen zu Jünger/innen machen, die wiederum andere zu Jünger/innen machen. Wir tun das unter den entkirchlichten Katholik/innen im Norden Baltimores und wollen auch andere Pfarrgemeinden dazu bewegen.

UNSERE STRATEGIE

Zurzeit sind ein Drittel der Menschen, die als Katholik/innen erzogen worden sind, nicht mehr mit der katholischen Kirche verbunden. Unsere Strategie ist es, kreativ mit einer lebhaften und bedeutungsschweren Verkündigung der lebensverändernden Botschaft des Evangeliums auf die entkirchlichten Katholik/innen in unserer Gemeinde im Norden Baltimores zuzugehen. Wir wollen sie mit auf eine Reise nehmen, um voller Hingabe Jesus Christus nachzufolgen.
Unser Wochenenderlebnis ist der Kern unserer Strategie, und die Wochenendbotschaft ist der Kern des Erlebnisses. Musik, Botschaft und Verkünder/innen arbeiten zusammen, um eine unwider-

stehliche Atmosphäre von Energie und hervorragender Leistung zu schaffen, in der Neulinge sich wohlfühlen. Strategisch ebenso wichtig sind gute Wochenendangebote für Kinder und Student/innen, wo sie dieselbe Botschaft hören wie die Erwachsenen. Neulinge sollen ermutigt werden wiederzukommen. Menschen, die regelmäßig am Wochenende kommen, werden eingeladen, Mitglieder zu werden. Mitglieder sind herausgefordert, ihre nächsten Schritte zu gehen: die Wichtigkeit der Eucharistie zu erkennen, einen Dienst zu übernehmen, einer Kleingruppe beitreten, den Zehnten oder eine Spende zu geben, unsere missionarischen Aufgaben zu unterstützen, täglich eine stille Zeit mit Gott zu verbringen und Gott zunehmend in ihrem Leben zu ehren, zum Beispiel hinsichtlich der Moral. Mitglieder werden auch ermutigt, ihre entkirchlichten Freund/innen zu unserem Wochenenderlebnis einzuladen. Unsere Strategie ist, die Menschen dort zu treffen, wo sie sind, um sie dort zu den nächsten Schritten herauszufordern.

UNSERE WERTE

Lobpreis und Anbetung („worship")
Wir glauben an das Christentum, wie es das Lehramt der römisch-katholischen Kirche vorgibt. Die Feier der Eucharistie ist Quelle und Höhepunkt unseres Glaubens, den wir leben und dem wir mit unserem ganzen Leben auf lebendige Weise dienen wollen. Wie schätzen diese „dynamische Rechtgläubigkeit". Durch Ernsthaftigkeit und Qualität in Lobpreis und Anbetung ehren wir Gott. Wir schätzen Ernsthaftigkeit und Qualität.

Nachfolge und Jüngerschaft
Wir glauben, dass die Bibel das inspirierte und unfehlbare Wort Gottes ist. Unsere Predigt und Botschaft wollen die Bedeutung der Bibel für unser tägliches Leben erschließen.
Sich zu verändern und Christus ähnlich zu werden bedeutet das

zu tun, was Gottes Wort uns sagt, und führt uns tiefer in den Glauben hinein. Wir schätzen eine Veränderung des Lebens.

Gemeinschaft

Wir glauben, dass die Taufe uns zu einer Familie macht, die ständig durch die Sakramente genährt und erneuert wird, die uns lehren, einander und Christus zu lieben. Mit Kleingruppen wollen wir eine Kirchenkultur entwickeln, in der Menschen offen und authentisch sind und über ihr Bedürfnis zu wachsen und sich zu verändern sprechen. Wir schätzen eine gemeinsame Veränderung des Lebens.

Dienst

Wir glauben, dass der Heilige Geist uns Aufgaben gibt, die dazu führen, dass das Reich Gottes näherkommt. Wie erkennen den Ruf Gottes, in der Pfarrgemeinde zu dienen und darüber hinaus in unserer Stadt, in unserem Land, in der Welt. Im Dienst des Herrn können wir immer noch mehr tun. Wir schätzen diese Herausforderung.

Evangelisierung

Wir glauben, dass Jesus gekommen ist, um die Verlorengegangenen zu suchen und zu retten. Wir beachten Gottes Gebot, seinen Namen in der Welt bekannt zu machen. Wir suchen nach Gelegenheiten, wo entkirchlichte Katholik/innen sich uns anschließen können. Als Pfarrgemeinde wollen wir, dass Insider/innen sich um Fernstehende kümmern. Wir schätzen Wachstum und Gesundheit.

LITERATURHINWEISE

Zitate aus dem Englischen wurden von E. F. übersetzt, mit Ausnahme der Texte des Zweiten Vatikanischen Konzils, päpstlicher Dokumente (www.vatican.va) und Dietrich Bonhoeffer, Nachfolge, Gütersloher Verlagshaus August 2002.

Bibelzitate: Einheitsübersetzung der Heiligen Schrift

1 US-amerikanische Bischofskonferenz, Communities of Salt and Light: Reflections on the Social Mission of the Parish (Washington, DC: United States Catholic Conference, 1994), #1

2 Johannes Paul II., „Pastores dabo vobis" (Ich gebe euch Hirten), Nr. 18

3 Thomas J. Reese, „The Hidden Exodus: Catholics Becoming Protestants", National Catholic Reporter, April 28, 2011, http://ncronline.org/news/hidden-exodus-cathoics-becoming-protestants. Weitere Daten finden Sie im US Religious Landscape Survey des Pew Research Center's Forum on Religion and Public Life, Washington, DC: Pew Research Center, 2008.

4 Samuel R. Chad, Cracking your Church's Culture Code: Seven Keys to Unleashing Vision and Inspiration (San Francisco: Jossey-Bass, 2011), 2

5 Gabe Lyons, The Next Christians: The Good News About the End of Christian America (New York: Doubleday Religion, 2010), 165

6 Anmerkung der Übersetzerin: Zitat aus dem Film „Feld der Träume" mit Kevin Costner, „Wenn du es baust, kommt er zurück.", „If you build it, he will come." (1989)

7 The Beatles, „Hello Goodbye", written by Paul McCartney and John Lennon, recorded October–November 1967 on Magical Mystery Tour, Capital Records, 1967

8 Lewis Carroll, Through the Looking-Glass and What Alice Found There (New York: Bloomsburgy, 2001), 42–43

9 Vincent J. Miller, Consuming Religion: Christian Faith and Practice in a Consumer Culture (New York: Continuum, 2005), 210

10 Rodney Clapp, ed., The Consuming Passion: Christianity and the Consumer Culture (Downers Grove, IL: InterVarsity Press, 1998), 190–191

11 Zweites Vatikanisches Konzil, „Lumen Gentium", Dogmatische Konstitution über die Kirche, Nr. 8

12 Miller, Consuming Religion, 6

13 „US Catholics Attending Mass Weekly", Center for Applied Research in Apostolate (CARA), Zugriff: 10. Februar 2012, http://cara.georgetown.edu/CARAServices/FR/Stats/massattendweek.pdf

14 Dallas Willard, The Divine Conspiracy: Rediscovering Our Hidden Life in God (San Francisco: Harper San Francisco, 1998), 342

15 Anmerkung der Übersetzerin: Football-Mannschaft in Baltimore

16 Malcolm Gladwell, The Tipping Point: How Little Things Can Make a Big Difference (Boston: Little, Brown, 2000), 98–99

17 Perry Noble, „Six Leadership Mistakes I've Made", Perry Noble: Leadership, Vision & Creativity, May 11, 2010, Zugriff: 8. November 2011, http://www.perrynoble.com/2010/05/11/six-leadership-mistakes-ive-made

18 Jesus Jones, „Right Here, Right Now", written by Mike Edwards, recorded May 1990 on Doubt, Matrix Studios, 1990

19 Rick Warren, The Purpose Driven Church: Growth without Compromising Your Message & Mission (Grand Rapids, MI: Zondervan Pub., 1995), 14–16; deutsche Ausgabe: Kirche mit Vision; Gemeinde, die den Auftrag Gottes lebt (2010)

20 C. S. Lewis, Mere Christianity: A Revised and Amplified Edition, with a New Introduction, oft he Three Books Broadcast Talks, Christian Behaviour, and Beyond Personality (San Francisco: Harper San Francisco, 2001), 124

21 Avery Dulles, A Resilient Church: The Neccesity and Limits of Adaptation (Garden City, NY 1977), 33

22 Ökumenismusdekret des Zweiten Vatikanischen Konzils, „Unitatis Redintegratio", Nr, 3

23 Michael Scanlan, T. O. R., and James Manney, Let the Fire Fall (Ann Arbor, MI: Servang Books, 1986), 68–69

24 Cathy L. Grossman, „Most Religious Groups in USA Have Lost Ground, Survey Finds". USA Today, March 17, 2009, Zugriff: 10. Februar 2010, http://www.usa-today.com/news/religion/2009-03-09-american-religion-ARIS_N.thm

25 Thomas Reece, „The Hidden Exodus: Catholics Becoming Protestants." National Catholic Reporter, April 18, 2011, Zugriff: 3. Februar 2012, http://ncronline.org/news/hidden-exodus-catholics-becoming-protestants

26 Doug Fields, Purpose-Driven Youth Ministry: 9 Essential Foundations for Healthy Growth (Grand Rapids, MI: Zondervan, 1998), 43

27 Ibid., 17

28 Robert S. Rivers, From Maintenance to Mission: Evangelization and the Revitalization of the Parish (New York: Paulist Press, 2005), 23

29 Andy Stanley, The Grace of God (Nashville, TN: Thomas Nelson, 2010), 126

30 Paul VI., Enzyklika „Evangelii Nuntiandi", Über die Evangelisierung in der modernen Welt (1975), Nr. 14

31 National Conference of Catholic Bischops, Go and Make Disciples: A National Plan and Strategy for Catholic Evangelization in the United States (Washington, DC: United States Catholic Conference, 1993), 3

32 Edward P. Hahnenberg, „Sell your Soul: Catechesis in Consumer Culture", Catechetical Leader 18 (September/October 2007): 5

33 Johannes Paul II., Enzyklika „Redemptoris Missio", Die Sendung des Erlösers (1990)

34 Nicolo Macchiavelli, The Prince, trans. W. K. Marriott (Campbell, CA: FastPencil, 2010), 21

35 Tom S. Rainer, Surprising Insights from the Unchurched and Proven Ways to Reach Them (Grand Rapids, MI: Zondervan 2001), 93

36 Robert S. Rivers, From Maintenance to Mission: Evangelization and the Revitalization of the Parish (New York: Paulist, 2005), 22

37 Brad Powell, Change Your Church for Good (Nashville: Thomas Nelson, 2010), 137

38 Zweites Vatikanisches Konzil, „Unitatis Redintegratio", Dekret über den Ökumenismus

39 Seth Godin, Tribes: We Need You to Lead Us (New York: Portfolio, 2008), 113

40 Rivers, From Maintenance to Mission, 196

41 Dietrich Bonhoeffer, The Cost of Discipleship (New York: Touchstone, 1995), 59

42 Avery Dulles, A Church to Believe In: Discipleship and the Dynamics of Freedom (New York: Crossroad, 1982), 7–22

43 For further discussion, see Andy Stanley, Reggie Joiner, and Lane Jones, 7 Practices of Effective Ministry (Sisters, OR: Multnomah Publishers, 2004), 86–87

44 Anm. der Übersetzerin: Im Englischen heißt die Apostelgeschichte „Acts", das korrespondiert mit „action" (Maßnahmen im vorherigen Satz). Dieses Sprachspiel geht im Deutschen leider verloren.

45 Erwin Raphael McManus, An Unstoppable Force: Daring to Become the Church God Had in Mind (Loveland, CO: Group, 2001), 72–72

46 Matthew Kelly, Rediscover Catholicism: A Spiritual Guide to Living with Passion & Purpose, 2nd. rev. and exp. ed. (Cincinnati: Beacon Publishing, 2011), 55–56

47 Warren, The Purpose Driven Church, 51

48 Anmerkung der Übersetzerin: Hier ist das Buch von Dan Brown gemeint.

49 Stanley, Joiner, and Jones, 7 Practices of Effective Ministry, 146

50 Kelly, Rediscover Catholicism, 300–303

51 Brainyquote, „Mickey Mantle quotes", Zugriff: 26. März 2012, http://www.brainyquote.com/quotes/authors/m/mickey_mantle.html

52 Bonhoeffer, The Cost of Discipleship, 43–45 (dt. „Nachfolge", 1. Teil: Die teure Gnade)

53 Johannes Paul II., „Dies Domini", Der Tag des Herrn; 1998, Nr. 35

54 Neil Postman, Amusing Ourselves to Death: Public Discourse in the Age of Show Business (London: Penguin Books, 2006), 87

55 Ed Young, The Creative Leader: Unleashing the Power of Your Creative Potential (Nashville, TN: B&H Publishing Group, 2006), 52

56 Johannes Paul II., „Ecclesia de Eucharistia", Die Kirche der Eucharistie

57 Ibid.

58 Benedict XVI., „Sacramentum Caritatis", Das Sakrament der Liebe

59 Quoted in James C. Collins, Good to Great:Why Some Companies Make the Leap... and Others Don't, 1st ed. (New York: Collins 2001), 98

60 United States Conference of Catholic Bishops, Sing to the Lord: Music in Divine Worship (2007, http://www.yakimadiocese.org/pdf/SingToTheLord.pdf), Nr.1

61 Ibid., Nr. 124

62 Thomas Day, Why Catholics Can't Sing: The Culture of Catholicism and the Triumph of Bad Taste (New York: Crossroad, 1990), 64–65. Übersetzt von E. F.

63 Joseph Ratzinger, The Spirit of the Liturgy (San Francisco, CA: Ignatius, 2000), 136

64 United States Conference of Catholic Bishops, Sing to the Lord, 32

65 Zweites Vatikanisches Konzil, „Sacrosanctum Concilium" Konstitution über die Liturgie

66 Ratzinger, The Spirit of the Liturgy, 136

67 United States Conference of Catholic Bishops, Sing to the Lord, Nr. 32

68 Ibid.

69 Augustine, „Saint Augustine: Let us sing to the Lord a Song of Love", Sermo 34.1–3, 5–6; CCL 41, 424–426.

70 Anm. der Übersetzerin: Es gibt in Amerika keine automatische Zugehörigkeit zu einer Pfarrgemeinde wie in Österreich und Deutschland.

71 Andy Stanley, „Creating an Irresistible Environment", Ministry Today, March 23, 2010, Zugriff February 13, 2012, http://www.ministriestoday.com/index.php/ministry-news/18862-creating-an-irresistible-environment

72 Johannes Paul II. „Dilcecti Amici", An die Jugendlichen in der Welt

73 „Walt Disney", BrainyQuote.com, Xplore Inc, 2012, Zugriff: 20. August 2012, http://www.brainyquote.com/quotes/quotes/w/waltdisney131640.html

74 Quoted in David Kinnaman and Gabe Lyons, Unchristian: What a New Generation Really Thinks about Christianity ... and Why It Matters (Grand Rapids, MI: Baker Books, 2008), 142

75 „docere, delectare, movere" St. Augustine, De doctrina Christiana, ed. and trans. R. P. H. Green (Oxford University Press, 1985), 229

76 Zweites Vatikanisches Konzil, „Sacrosanctum Concilium", Konstitution über die Liturgie

77 „Quotes from Bishop T. D. Jakes", It's your Time, Zugriff December 15, 2011, http://www.itsyourtime.co.za./bishops-quotes

78 Anmerkung der Übersetzerin: Jimmy Swaggart ist ein Prediger der Pfingstbewegung in Amerika und Pionier der Fernsehevangelisation.

79 „Ethos, Pathos, and Logos". Durham Technical Community College, Durham Tech Courses Server, Zugriff: 27. Januar 2012, http://courses.durhamtech.edu/perkins.aris.html

80 (Humoralpathologie oder Viersäftelehre): Hippocrates, and Mark John Schiefsky, On Ancient Medicine (Leiden: Brill, 2005), 28, eBook

81 Gabriel Moran, „Augustine Despite Aquinas", Speaking of Teaching: Lessons from History (Lanham, MD: Lexington, 2008), 35

82 Andy Stanley, Deep and Wide: Creating Churches Unchurches People Love to Attend (Grand Rapids, MI: Zondervan, 2012), 117

83 Rainer, Surprising Insights from the Unchurched 218

84 Robert D. Putnam, Bowling Alone: The Collapse and Revival of American Community (New York: Simon & Schuster Paperbacks, 2000), 367

85 Gary Portnoy, „Where Everybody Knows your Name", written by Gary Portnoy and Judy Hart, recorded 1982, Angelo Addax Music Company Inc., 1982

86 Johannes Paul II. „Christifideles laici", Über die Berufung und die Sendung der Laien (1998), Nr. 26

87 C. S. Lewis, The Four Loves (New York: Harcourt Brace Jovanovich, 1991), 61

88 „Catholic Data, Catholic Statistics, Catholic Research", Center for Applied Research in the Apostolate (CARA), Zugriff: 10. Februar 2012. http://cara.georgetown.edu/CARAServices/requestedchurchstats.html

89 Bernard J. Lee and Michael A. Cowan, Gathered and Sent: The Mission of Small Church Communities Today (New York: Paulist, 2003), 11

90 Karl Rahner, The Shape of the Church to Come (New York: Seabury Press, 1974)), dt.: Strukturwandel der Kirche als Aufgabe und Chance (1972)

91 Council fo Trent, „Tithes Are to Be Paid in Full; Those Who Withhold Them are To Be Excommunicated. The Reports of Poor Churches are to be piously Supported" session 25, chap. 12

92 Amiram D. Vinokur, Richard H. Price, and Robert D. Caplan, „Hard Times and Hurtful Partners: How Financial Strain Affects Depression and Relationship Satisfaction of Unemployed Persons and Their Spouses", Journal of Personality and Social Psychology 71. No. 1 (1996): 166–179, Zugriff: 1. Februar 2012, http://www.isr.umich.edu.src/seh/mprc/PDFs/Vin_jpsp96.pdf

93 Pastor Rick Warren auf der Konferenz „Purpose Driven Church", Saddleback Church, Lake Forest, California (various years)

94 Das irische Volk musste die Church of England nicht länger unterstützen, ein Ergebnis des Zehnt-Krieges von 1869. Irish Church Acts, § 20 (1869).

95 Andy Stanley, Fields of Gold: A Place beyond Your Deepest Fears, a Prize beyond Your Wildest Imagination (Qheaton, IL: Tnydale House, 2004), 92–94

96 The New Radicals, „You get what you give", written by Gregg Alexander and Rick Nowels, Maybe You've been Brainwashed Too, MCA Records, 1998

97 J. A. Jungmann, The Mass oft he Roman Rite (New York: Benziger Brothers, Inc., 1995), 19–20

98 Jim Elliot and Elisabeth Elliot, The Journals of Jim Elliot (Old Tappan, NJ: F. H. Revell, 1978), 174

99 Teresa of Calcutta, A Simple Path, comp. Lucinda Vardey, 1st ed. (New York: Ballantine, 1995), 137

100 Benedikt XVI., "Kirchliche Zugehörigkeit und pastorale Mitverantwortung", Ansprache zur Eröffung der Pastoraltagung der Diözese Rom am 26 Mai 2009.

101 Johannes Paul II, „Pastores dabo vobis" (1992), Nr.3

101a Thomas F. O'Meara, Theology of Ministry (New York: Paulist Press, 1999), 31

102 US-Bischofskonferenz: Co-Workers in the Vineyard of the Lord (2005), 12 usccb.org/upload/co-workers-vineyard-lay-ecclesial-ministry-2005.pdf

103 Tom's Shoes, http://www.toms.com/one-for-one

104 Gertrude Stein, Everybody's Autobiography (New York: Cooper Square Publisher, 1971), 289

105 Bill Hybels Mehr erleben - Begeistert in der Gemeinde mitarbeiten. Die Mitarbeiter-Revolution. Gerth, Asslar, 2006

106 Pius XI., Sozialenzykika „Quadragesimo Anno" (1931)

107 Jay P. Dolan, „Toward a Social Gospel", The American Catholic Experience: A History from Colonial Times to the Present (Notre Dame: University of Notre Dame, 1992), 321–326

108 James F. Engel and William A. Dyrness, Changing the Mind of Missions (Downers Grove, IL: InterVarsity, 2000), 61

109 Dolan, The American Catholic Experience, 340

110 Lyons, The Next Christians, 47

111 Steve Corbett and Brian Fikkert, When Helping Hurts: How to Alleviate Poverty without Hurting the Poor – and Yourself (Chicago, IL: Moody, 2009), 65

112 Lyons, The Next Christians, 183–184

113 Johannes Paul II., „The Concern of the Church fort he Social Order" Sollicitudo Rei Socialis

114 National Conference of Catholic Bishops, Communities of Salt and Light, 1

115 Benedict XVI. „Deus Caritas est", Gott ist die Liebe

116 Dean R. Hoge and Marti R. Jewell, The Next Generation of Pastoral Leaders: What the Church Needs to Know (Chicago, IL: Loyola, 2010), 114

117 „Thomas Paine", BrainyQuote.com, Xplore Inc, 2012, Zugriff: 15. August 2012, http://www.brainyquote.com/quotes/quotes/t/thomaspain117868.html

118 Bill Hybels, Axiom: Powerful Leadership Proverbs (Grand Rapids, MI: Zondervan, 2008), 75

119 Steve Jobs, TopTen.com, Zugriff: 16. August 2012, http://www.toptentopten.com/topten/steve+jobs+quotes+of+all+time

120 Patrick Lencioni, Death by Meeting: A Leadership Fable... about Solving the Most Painful Problem in Business (San Francisco, CA: Jossey-Bass, 2004)

121 Ken Blanchard, The Servant Leader (Nashville: Thomas Nelson, 2003), 17

122 Anmerkung der Übersetzerin: Im Englischen heißt es „full of himself", das Gegenteil, das im Deutschen mit entäußert wiedergegeben wird, heißt „emptied himself".

123 Collins, Good to Great, 21–22

124 Anmerkung der Übersetzerin: Das ist eine gemeinnützige, christliche, international tätige Nichtregierungsorganisation, die sich den Opfern schwerster Menschenrechtsverletzungen in Entwicklungs- und Schwellenländern widmet.

125 Gary A. Haugen, Just Courage: God's Great Expedition fort he Restless Christian (Downers Grove, IL: IVP, 2008), 104

126 Seth Godin, Tribes: We Need You to Lead Us (New York: Portfolio, 2008), 131–132

127 John C. Maxwell, Goodreads.com, Zugriff: 16. August 2012, http://www.goodreads.com/quotes/230972-leadership-is-not-about-titles-positions-or-flowchartsit-is

128 Bill Hybels, Holy Discontent:Fueling the Fire that Ignites Personal Vision (Grand Rapids, MI: Zondervan, 2007), 23

129 David Kinnaman and Gabe Lyons, Unchristian: What a New Generation Relly Thinks about Christianity – and Why it Matters (Grand Rapids, MI: Baker, 2007), 83

130 St. Francis of Assisi, Zugriff: 20. August, 2012, http://www.brainyquote.com/quotes/authors/f/francis_of_assisi.html

131 Bill Hybels, Axiom: Powerful Leadership Proverbs (Grand Rapids, MI: Zondervan, 2008), 52

DIE AUTOREN

Michael White machte seinen Bachelor an der Loyola University Maryland und sein Doktorat an der Päpstlichen Gregoriana in Rom in Ekklesiologie. Nach seiner Priesterweihe in der Erzdiözese Baltimore war er fünf Jahre lang Sekretär von Kardinal William Keeler, der damals Erzbischof war. In dieser Zeit war er auch verantwortlich für die Organisation des Papstbesuches von Johannes Paul II. in Baltimore.

Seit er Pfarrer in Nativity ist, verdreifachte sich die Zahl der Messmitfeiernden an Wochenenden von 1400 auf über 4000. Außerdem wuchs die Verbindlichkeit hinsichtlich der missionarischen Aufgaben der Pfarrgemeinde, was sich durch einen signifikanten Zuwachs an Spenden und Mitarbeiter/innen verdeutlicht.

Tom Corcoran machte seinen Bachelor an der Loyola University Maryland und sein Doktorat in Theologie an der Franciscan University in Steubenville. Corcoran hatte in der Pfarrgemeinde Nativity schon verschiedene Aufgaben, so dass er einen guten Überblick über die Arbeit in der Pfarrgemeinde und die Leitung gewann. Zunächst war er der Verantwortliche für die Jugendarbeit, danach zuständig für Kinderpastoral und Kleingruppen. Zurzeit unterstützt er den Pfarrer in der Leitung der Pfarrgemeinde und ist verantwortlich für die Entwicklung der Wochenendbotschaft, strategische Planung und Personalentwicklung.